어느 저널리스트의 죽음

어느 저널리스트의 죽음: 한국 공론장의 위기와 전망

손석춘 지음

1판1쇄 펴냄 2006년 10월 20일
1판2쇄 펴냄 2006년 10월 30일

펴낸이 | 정민용
주간 | 박상훈
기획위원 | 박미경
책임편집 | 정민용
편집 | 박후란, 성지희, 안중철, 최미정
디자인 | 서진, 송재희
제작·영업 | 김재선, 박경춘

펴낸곳 | 도서출판 후마니타스
등록 | 2002년 2월 19일 제6-0449호
주소 | 서울 종로구 홍파동 42-1 신한빌딩2층(110-092)
편집 | 02-739-9929 제작·영업 | 02-722-9960 팩스 | 02-733-9910
홈페이지 | www.humanitasbook.co.kr

값 10,000원

ISBN 89-90106-27-3 03070

어느 저녁 기자의 죽음

한국 공론장의 위기와 전망

손석춘 지음

후마니타스

차례

3부 죽은 공론장 살리기

일러두기

정기간행물과 단행본 등은 겹낫쇠(『 』)로, 인터넷 매체와 방송 프로그램은 단꺽쇠(〈 〉)로 표시했다. 단, 자주 인용되는 국내 일간신문은 가독성을 고려하여 겹낫쇠 표시를 하지 않았다(예: 경향신문, 동아일보, 문화일보, 부산일보, 조선일보, 중앙일보, 한겨레 등).

저자 서문

이 책의 제목, 『어느 저널리스트의 죽음』은 도발적이다. 너무 감상적이 아니냐는 지적도 있을 법하다. 하지만 저자는 그렇게 생각하지 않는다. 저널리스트의 죽음, 곧 저널리스트가 제구실을 못하고 있는 것이야말로 우리 시대가 뒤틀려 있는 가장 큰 이유이기 때문이다.

본디 이 책은 '미디어 공론장을 어떻게 활성화할 것인가'를 화두로 구상되었다. 잘 알다시피 공론장public sphere은 독일의 사회철학자 하버마스Jürgen Habermas의 개념으로, 간추려 말하면 '모든 사람이 자유롭고 평등하게 참여해서 여론을 형성하는 마당'이라 할 수 있다.

물론, 모든 사람이 자유롭고 평등하게 참여해서 여론을 형성하는 마당이 현실적으로 가능한가는 꼼꼼히 따져 보아야 할 문제다. 하버마스 자신도 공론장을 '이념형'의 개념이라고 밝힌 바 있다. 실제로 공론장은 한 사회의 민주주의가 어느 수준인가를 판단할 수 있는 잣대가 될 수 있다. 한 사회의 정치적 질서가 얼마나 많은 사람들의 자유롭고 평등한 참여를 보장하는지, 또 그 참여 속에서 얼마나 많은 숙의deliberation가 이루어지는지에 따라 민주주의의 성숙도가 달라질 수 있기 때문이다.

언론에 대한 냉소가 퍼져 가고 있지만, 현대 사회에서 사회 구성원들 대다수가 정치 현실을 이해하고 참여하는 것은 미디어의 정치 보도에 기초해 있음은 분명한 사실이다. 문제는 공론장의 핵심 구실을 하는 저널리즘, 곧 '미디어 공론장'이 전혀 제구실을 못하고 있는 데 있다. 이에 대한 비판과 문제 제기는 이미 언론계 안팎에서 꾸준히 제기되어 왔다.

기실 한국 언론은 권위주의 산업화 과정을 거치면서 시장의 독과점을 통해 엄청난 경제적 이익을 챙겼고, 그 특혜의 일부는 이들 부자 언론에 종사하는 언론인들에게 돌아갔다. 이른바 '민주화 시대'가 열렸다고 하지만 이러한 사정에는 전혀 변화가 없다. 권위주의 기득 집단의 한 구성원으로 기능했던 이들은 언론 환경에 역행하는 힘으로 작용했다. 그 결과 오늘날 우리 모두가 목도하고 있는 바와 같이 저널리즘에 대한 불신이 쉽게 개선되기 어려울 정도로 심화되었다.

한국 저널리즘의 위기를 한국 사회의 중대 문제로 인식해야 하는 것은, 그것이 비단 신문사나 방송사의 위기만이 아니라 공론장의 위기이자 민주주의의 위기이기 때문이다. 우리 사회가 관심을 갖고 톺아봐야 할 의제들이 미디어 공론장에서 제대로 다뤄지지 않을 때, 민주주의의 과제이든, 사회 발전의 과제이든 진척될 수 없다는 것은 애써 말할 필요가 없을 것이다. 그것이 낳는 부정적 결과는 '사회적 약자'에게 전가될 수밖에 없다. 실제로 오늘날 한국 미디어 공론장의 위기는 이 땅에서 살아가는 사람들의 구체적 삶의 현실에서 비이성적 갈등과 분열의 심화, 민중의 고통으로 나타나고 있다. 요컨대 공론장을 어떻게 살려낼 것인가는 저널리즘의 문제만이 아니라 한국 민주주의의 시대적 숙제다.

이 책은 죽은 공론장, 죽은 저널리즘을 살려 내는 일차적 주체로서 저널리스트에 초점을 맞췄다. 상식의 수준에서 판단하더라도 저널리즘이 죽은 원천적 이유이자 결국 해결의 주체 형성은 다름 아닌 저널리스트에 있기 때문이다. 한국 공론장의 위기를 다룬 이 책의 제목이 '어느 저널리스트의 죽음'인 까닭이 여기 있다. 여기서 '어느'라는 관형사가 붙은 까닭은 국어사전의 의미 그대로다. '어느'는 "여럿 가운데 대상이 되는 것이 무엇인지 물을 때 쓰는 말" 또는 "여럿 가운데 똑똑히

모르거나 꼭 집어 말할 필요가 없는 막연한 사람이나 사물을 이를 때 쓰는 말"이
다. "관련되는 대상이 특별히 제한되지 않음을 이를 때 쓰는 말"이기도 하다. 누구
라고 말할 것도 없이 저자를 포함해 불특정 저널리스트 모두의 문제라는 것이다.

저자는 조지 오웰의 소설 제목 그대로 『1984』년에 저널리스트가 되었다. 재
벌 신문과 신문 재벌을 거쳐 국민주 신문에서 23년째 기자로 살아가고 있다. 한국
저널리즘의 죽음을 증언하고 부활의 절박함을 호소하려는 저자의 이번 책이 같은
시대를 살아가는 동료 기자들에게 어떻게 이해될지는 모르겠다. 다만 어느 때부
터인가 기자들의 동료 의식이 공범 의식으로 바뀐 세태를 모르쇠할 수 없었음을
토로하고 싶다. 진정한 동료 의식에 기대고 싶기도 하다. 저자가 지금까지 써
온 언론에 대한 날선 비판은 바로 이 땅의 모든 저널리스트가 자신이 쓰고 싶은
글을 자유롭게 쓸 수 있도록 하는 바람의 다른 표현이었다는 말을 전하고 싶다.

그래서다. 저자와 같은 시대에 저널리스트로 활동하는 모든 분께, 그리고 무
엇보다 이 땅에서 앞으로 저널리스트로 살아갈 젊은 벗들, 그러니까 '아직 오지
않은 어느 저널리스트'에게 이 책 『어느 저널리스트의 죽음』을 바친다.

이 책이 나오기까지 많은 분들의 도움을 받았다. 척박한 출판 환경에서 한국
민주주의를 지며리 천착해 온 후마니타스의 박상훈 주간은 『과격하고 서툰 사랑고
백』에 이어 책 출간에 선뜻 나서 주었다. 저술과 출판에 도움을 준 한국언론재단에
도 고마움을 전한다. 이 책을 써 가는 과정에서 저자가 강의실에서 만난 젊은 지성인
들의 맑고 열정적인 눈빛은 저자에게 아직 오지 않은 저널리스트의 믿음을 주었다.

2006년 가을　손석춘

저널리스트의 죽음과 공론장의 위기

1

2006년 현재 이 땅에서 저널리스트로 살아가는 사람은 1만 명 남짓이다. 신문과 방송, 통신, 인터넷 신문을 두루 합친 숫자다. 인터넷 신문의 급증으로 통계에 잡히지 않은 기자들까지 염두에 두면 기자는 무장 늘어날 터이다. 모든 사람이 기자가 되는 세계에 살고 있기에 저널리스트의 숫자는 갈수록 의미가 희미해질 수도 있다.

실제로 모든 사람이 기자로 활동하는 세상을 전망하는 담론도 나오고 있다. 미국의 언론학자 길모Dan Gillmor는 모든 사람이 저널리스트가 되는 '풀뿌리 저널리즘'Grassroots Journalism을 제시했다. 이미 대한민국에도 '시민기자'라는 말이 나돌 만큼 정보 통신 기술의 발전이 저널리즘에 새로운 지평을 열어 가고 있는 것도 분명해 보인다.

하지만 냉철하게 짚을 필요가 있다. 아무리 정보 통신 기술이 발달한 세상이 오더라도 모든 사람이 저널리즘으로 '밥'을 먹고 살아갈 수는 없는 일이다. 어떤 일로 밥을 먹고 살아가는 일, 그것을 생업이라 하지 않던가. 생업生業은 한자의 뜻도 그렇지만 생의 업이다.

더구나 기자는 한 사회에서 민주주의에 가장 중요한 공론장을 만들어 가는 직업이다. 따라서 그것을 생업으로 지닌 사람들이 시나브로 자신의 직업에 회의를 느끼고 있다는 사실은 두려운 문제가 아닐 수 없다.

한국기자협회가 2006년 8월에 전국 기자들을 대상으로 한 여론조사 결과는 저널리스트들 스스로 저널리즘을 불신하고 있다는 사실을 극명하게 '증언'해 준다. 기자들은 가장 신뢰하는 언론사를 묻는 설문에서 절반에 가까운 45%가 "없다"라고 답했다. 그 수치는 신뢰도 1위로 나타난 한겨레(15.0%)는 물론, 조선일보(4.0%), 중앙일보(3.7%), 동아일보(2.0%)의 신뢰도를 모두 합친 수치보다 높다.

더 흥미로운 대목은 한국 신문 시장을 독과점하고 있는 세 신문사의 신뢰도를 모두 합쳐도 한겨레(15.0%)에 이르지 못한다는 사실이다. 중앙 일간지 가운데 가장 신뢰받는 신문으로 1위와 2위를 기록한 한겨레와 경향신문에 대해 기자들이 영향력을 전혀 평가하고 있지 않을 만큼 신문 시장, 곧 여론 시장은 왜곡된 구조를 지니고 있는 셈이다. '공표'한 발행 부수를 유지하기 위해 비싼 경품과 무가지를 살포해야 하는 언론 상황을 누구보다 기자들 스스로 명확하게 인식하고 있다.

그 결과는 기자들의 줄 이은 이직 현상으로 나타나고 있다. 가령 기자 연봉이 가장 높은 조선일보에서 2006년 1월부터 6월까지 24명의 기자들이 사표를 냈다. 그 가운데 12명은 '구조 조정'으로 인한 이직이라 할 수 있지만 다른 12명은 자발적 퇴사이고, 모두 1995년 이후에 입사한 젊은 기자들이다.

이 신문사 노조의 조사 결과 "이직·전직과 관련해 회사의 가장 큰 문제가 무엇이라고 보나"라는 질문에 응답자의 39.7%가 "조직을 믿지 않으려는 냉소적인 분위기"라고 답했다. 또 37.3%는 "인간적 측면보다 효율성이 중시되는 분위기"라고 답했다. 무엇보다 사표를 낸 기자들은 "회사가 신뢰 회복을 위해 발 벗고 나서야 하고"(51.5%), "후배들의 자존심을 세워 주고 격려하는 노력을 기울여야 한다"(30.7%)고 답했다. "평기자들의 의견 전달을 가로막는 집단이 존재하는 것 같다"거나 "중간 간부들도 윗사람 눈치 보기 바쁜데, 후배들이 당당하게 목소리를 낼 수 있겠느냐"는 우려도 나왔다. 조선일보사 노동조합이 발행하는 『조선노보』에 따르면, 편집국의 한 기자는 2005년 연말에 '구조 조정'을 지켜보며 "소모품처럼 쓰이다 언젠간 나에게도 닥칠 일"이라고 생각했다. 조선일보의 보도와 논평에 '소모품'처럼 쓰이다 쫓겨날 운명, 바로 그것이 대한민국에서 가장 발행 부수가 많은 신문사의 기자가 느끼는 '현실 감각'이다.

비단 조선일보만이 아니다. 한국 언론재단이 발행하는 월간 『신문과 방송』이 2006년 5월에 실시한 기자 의식 조사 결과는 오늘의 저널리스트 상황을 그대로 보여 준다. 기자들의 42.6%가 '기자직을 그만두거나 이직 혹은 전직하고 싶은 의향이 있다'고 답했다. 물론, 전직 의사가 전혀 없다고 응답한 사람은 13.6%, 없는 편이라는 대답은 42.8%로, 기자 직업에 '만족'하는 사람이 절반을 넘지만, 기자 열 명 가운에 네 명 이상이 이직이나 전직을 꿈꾸는 것은 '신뢰하고 있는 매체가 없다'는 여론조사와 더불어 많은 것을 시사해 준다.

기실 한국 저널리즘이 불신 받고 있다는 진단은 어제 오늘의 문제는 아니다. 저널리즘의 죽음은 꼭 10년 전인 1996년에 제기되었다. 전국언론노동조합연맹(언론노련)이 저널리즘의 위기를 진단하고 대안을 마련하기 위해 구성한 '언론개혁위원회'가 1년 동안 활동한 뒤 펴낸 책의 표제가 『죽은 언론 살리기』(1996)였다. 저자는 당시 언론노련 정책기획실장으로서 시민 단체와 언론 운동 단체가 함께하는 언론개혁연대회의를 제안했고 그것은 언론개혁시민연대(1998)로 결실을 맺었다.

그로부터 10년이 흘러 통합방송법과 신문법이 제정되고 법제화의 성과가 시나브로 나타나고 있지만, 놀랍게도 오히려 저널리즘은 더 악화되고 있는 것이

현실이다. 저널리즘의 죽음은 그 저널리즘을 구성하는 저널리스트들의 좌절로
곧장 이어질 수밖에 없다. 그래서다. 한국 저널리스트들을 스스로 '소모품'으로
자조하게 만들고 절망에 잠기게 하는 저널리즘의 오늘을 실체 그대로 인식해야
한다.

2

　한국 저널리즘의 오늘을 분석하는 이 책의 기저를 이루는 이론적 틀은 '분단
공론장의 갈등구조론'이다. 분단 공론장이란 한국의 저널리즘과 미디어 공론장
이 갖는 다음의 세 가지 주요 특징을 집약하는 저자의 개념이다. 첫째, 한국의
미디어 공론장은 상층 기득 세력의 이해와 관점에 의해 과도하게 독과점되어
있다. 둘째, 다른 시각과 관점 내지 다수 민중의 아래로부터의 요구에 대해 지극
히 배타적이다. 셋째, 공론장의 갈등 구조는 서로 다른 관점 사이의 합리적이고
이성적인 토론과 경쟁으로 이루어지는 것이 아니라, 이데올로기적 왜곡과 직접
적 배제의 형태를 띤다. 한마디로 말해 한국의 미디어 공론장은 우리 안팎의
중대 '이슈'들과 민중적 삶의 현실에 대한 합리적 이해와 이성적 소통으로부터
단절된 지배적 관점의 독과점 구조를 일방적으로 재생산하고 있다는 것이다.
　공론장의 분단은 한국에서 미디어 공론장이 형성되는 역사적 특수성에서 비
롯된다. 두루 알다시피, 토지와 신분제도에 바탕을 둔 중세 지배 체제에서 벗어
나 근대 민주주의 사회를 열어 나가는 길에서 유럽과 한국은 확연하게 달랐다.
중세 체제를 부정하는 아래로부터의 움직임이 신문을 비롯한 공론장을 형성하면
서 민주주의 사회를 열어 온 유럽과 달리 한국의 미디어 공론장은 아래로부터의
움직임을 처음부터 적대시하면서 등장했다.

조선 후기에 농업과 상공업에서 자본주의 맹아가 성장하고 신분제도가 동요한 사실이 밝혀진 것은 한국 역사학계의 큰 성과다. 하지만 역사학계는 물론, 사회과학자들도 신분제도가 흔들리면서 커뮤니케이션 구조 또한 변동의 조짐이 뚜렷했던 사실에는 충분히 주목하지 못해 왔다. 조선 후기에 민간 출판물인 ‘방각본’이 나타났고, 기존의 향회에서 ‘대소민인’大小民人이 한 자리에 모여 논의함으로써 이미 그것을 ‘민회’民會로 불렀던 사실, 그리고 아래로부터의 요구가 극단적으로 표출된 민란과 농민전쟁은 중세 조선 사회에서 아래로부터 올라오는 공론장의 맹아였다.

바로 그 점에서 근대 공론장의 맹아론은 기존의 자본주의 맹아론이 ‘생산력의 변화’라는 토대만을 중심에 놓고 연구되어 온 점에 비추어 새로운 지평을 열어준다. 생산력을 중시한 기존의 ‘내재적 발전론’을 보완할 수 있기 때문이다.

문제는 그 공론장의 맹아가 민중의 의식과 더불어 성숙해 감으로써 근대 민주주의 사회의 공론장을 형성하기 전에 자본주의 열강의 침략으로 자주적 발전의 길이 단절되었다는 데 있다. 그 결과 아래로부터의 공론장의 맹아가 밖으로부터 외세의 침략적 개입과 그 외세와 손잡은 중세 지배 세력의 결합으로 형성된 위로부터의 공론장에 의해 억압됨으로써, 공론장 자체가 분단되었다.

그 맥락에서 저자는 근대 언론의 생성을 놓고 언론학계에서 대립해 온 이식론移植論, a transplantation theory이나 접목잡종론接木雜種論, a graft hybrid hypothesis과 달리, 개항기 형성된 “민중과 체제 사이에 경계를 긋는, 분단선이 뚜렷한 갈등 구조”의 특징을 강조하고 이를 ‘분단 공론장’으로 개념화해 왔다(손석춘, 『한국공론장의 구조변동』, 커뮤니케이션북스, 2005).

분단 공론장의 갈등 구조는 그 뒤 일제 강점기와 한반도 분단 시대를 거쳐 지속되어 왔다. 물론, 분단 공론장의 경계선을 뚫으려는 아래로부터의 요구는 끊임없이 분출되었다. 가령 조선시대 후기 공론장의 맹아에서부터 러일전쟁 뒤『대한매일신보』와 일제의 무단통치 아래 지하 신문, 그리고 해방 공간에서 봇물 터지듯 창간된 신문들과 4월혁명 공간에서 새로운 공론장의 요구, 군사독재 아래 자유 언론 실천 운동들이 그것이다. 그리고 시기별 분출 과정에서 시대정신을 반영하는 새로운 신문이 언제나 창간되었다.『대한매일신보』를 비롯해『조선독립신문』, 그리고 해방 공간의『조선인민보』, 4월혁명 공간의『민족일보』, 유신 시대 해직 기자들에 의한 새로운 신문 창간의 꿈들이 그것이다.

하지만 분출 뒤에는 언제나 억압이 뒤따랐다. 공론장의 분출 앞에 허물어지던 경계선은 곧 체제를 재정비한 세력에게 억압당했다. 일본 제국주의의『대한매일신보』탄압과 곧 이은 전면 폐간, '지하신문' 전면 통제와 친일 신문 창간 허용, 해방 공간의 미군정에 의한 진보적·중도적 신문의 전격 폐간, 5·16쿠데타 뒤의『민족일보』폐간과 발행인 조용수의 처형, 10·24 자유언론실천선언 기자들의 대량 해직 등이 그것이다. 그 결과 체제와 민중 사이에는 다시 확연한 경계선이 그어진다.

하지만 공론장의 갈등 구조와 그 경계선을 없애려는 민중의 요구는 '시지프의 신화'처럼 단순히 반복되지 않고 공론장의 분단선을 조금씩 약화시켜 갔다. 억압 체제에서 분출된 공론장의 요구가 다시 억압을 받아 분단의 경계선이 그어지지만, 분출 과정을 거치면서 아래로부터의 공론장은 어떤 형태로든 넓어질 수밖에 없었다.

그럼에도 공론장의 외적 왜곡과 내적 배제라는 두 가지 특성은 여전히 공론장을 분단하고 있고, 더욱이 남과 북으로 갈라진 분단 시대 또한 이미 형성된 공론장의 분단을 강화함으로써 '분단 공론장의 중층 구조'를 형성해 왔다.

결국 한국 공론장은 출발부터 밖(외세)으로부터 그리고 위(기득권 세력)로부터 틀 지워짐으로써 유럽의 길과 달리 아래로부터의 공론을 배제하는 구조가 형성됐다. 따라서 분단 공론장의 '갈등 구조'는 처음부터 체제-반체제의 대립적 요소를 동반한 역동성dynamics을 그 특징으로 할 수밖에 없었다. 아래로부터 갈등의 표출이 자유롭지 못하고, 밖과 위로부터 제한된 특성을 지녔기 때문이다.

3

이상과 같은 논의의 연장선에서 1부와 2부에서는 한국 저널리즘의 죽음이라는 진단이 어디서 비롯되는가를 규명할 것이다.

우선 1부는 분단 공론장의 외적 왜곡을 분석한다. 외세에 대한 자유로운 토론을 언론이 오히려 가로막는 보도와 논평을 사안별로 비판할 것이다. 분석의 대상이 된 저널리즘은 2005년 이후의 것으로 삼았지만, 기실 한국 언론은 첫 출범부터 일본 제국주의에 대한 정확한 인식을 가로막은 '원죄'를 지니고 있다. 외세에 대한 저널리즘의 문제의식 부재를 분석한 1부를 꼼꼼히 읽은 독자들은 한국 저널리즘을 단순히 친미와 반미로 구분하는 게 의미가 없다는 사실을 발견할 수 있을 것이다.

2부는 분단 공론장의 내적 배제를 다룬다. 아래로부터 올라오는 요구를 배제해 온 역사의 연장선에서 구체적 사례 분석은 1부에서와 마찬가지로 2005년 이후에 일어난 사건들이 그 대상이 될 것이다. 현재 진행형인 사안이 많기에 저널리즘의 내적 배제에 대한 분석이 독자들의 판단에 도움이 될 수 있으리라고 확신한다.

3부에서는 '죽은 공론장'을 살리는 문제를 살펴볼 것이다. 한국 언론 개혁 운동의 철학적 바탕을 논의하고, 언론 자유를 위협하는 자본의 논리에 어떻게 맞설 것인가의 문제를 검토한다. 선거 공론장이 민주주의를 꽃피게 하는 데 기여하려면 그 선결 과제가 무엇인가도 짚어 볼 것이다. 마지막으로 노무현 정권 시대의 언론 개혁 상황을 비판적으로 분석하며 앞으로의 과제를 제시한다.

1부 | 밖으로부터 왜곡의 저널리즘

'평화 위기'와 저널리즘의 정확성

2005년 봄. 한반도에는 짙은 전운이 감돌았다. '북핵 위기'와 주한미군의 '동북아 기동군 개편'이 맞물리면서, 자칫 한반도 평화가 깨질 수도 있는 위기 상황이었다. 따라서 한국 언론이 '북핵 위기'를 대대적으로 부각해 보도한 것은 '환경 감시'라는 저널리즘의 고전적 구실에 비추어 자연스럽고 당연한 일이다.

하지만 급변하는 환경을 한국 언론이 얼마나 정확하게 '감시'하고 있는지 분석할 필요가 있다. 언론이 급변하는 현실의 그림을 엉뚱하게 보여 줄 때, 국가의 대응이 잘못될 수밖에 없고 그 결과는 현실을 살아가는 민족 구성원 모두에게 큰 비극을 불러올 수 있기 때문이다. 한국 언론이 '북핵 위기'를 집중적으로 보도한 것은 2005년 2월 10일 조선민주주의인민공화국 — 1995년 언론노조·기자협회·피디연합회 등 언론3단체는 공동으로 발표한 "통일언론실천선언"에서 '북'을 정식 국호로 표기할 것을 제안했다. 이 책은 이 제안의 합리성을 수용한다. — 외무성이 핵무기 보유 및 6자회담 무기한 중단을 선언하면서였다. 핵무기를 보유했다는 공식 선언은 큰 변화임에 틀림없다.

조선일보는 2월 11일자 사설 "北, 다시 벼랑에서 核을 굴리려는가"에 이어 12일에도 사설 "北核 대처할 '한반도 대전략' 내놓아야"를 실어 민감하게 보도했다. 동아일보도 2월 11일자에 "北 '핵보유 대화거부' 최악의 선택이다", 12일자에

北, 다시 벼랑에서 核을 굴리려는가

북한은 10일 외무성 성명을 통해 북핵 해결을 위한 베이징 6자회담 참가를 무기한 중단할 것이라고 선언했다. 성명은 또 "우리는 자위를 위해 핵무기를 만들었다"고 밝혔다. 북한이 핵무기 제조를 공언하고 6자회담을 무기한 거부하고 나섬으로써 북핵 위기는 다시 고비를 맞게 됐다.

북한이 이미 핵무기를 보유하고 있다는 분석은 그동안 많았다. 북한 당국도 간접적 표현으로 핵무기 보유를 넌지시 시사해 왔다. 그러나 이번처럼 외무성 공식 성명을 통해 "핵무기를 만들었다"고 밝힌 것은 처음이다. 북한의 주장이 실제로 핵보유 선언인지 아니면 핵 보유 주장으로 미국과의 대결 수위를 높이려는 전형적인 벼랑끝 전술인지는 좀더 지켜볼 필요가 있을 것 같다. 그러나 북한이 국제사회와의 정면대결을 피하지 않겠다는 듯한 태도를 취하고 나온 이상 미국의 대응도 달라질 수밖에 없을 것이다. 북핵을 둘러싼 한반도 상황이 소용돌이에 휩쓸릴 가능성도 함께 커진 것이다.

북한은 자신들이 6자회담을 거부하는 것은 미국의 대북 적대정책이 여전하기 때문이라고 주장했다. 부시 2기 행정부가 북한정권을 인정하지 않고 있다는 인식이다. 그러나 부시 대통령은 지난 2일 국정연설에서 북한정권에 대한 비난을 최대한 자제하면서 북핵 문제를 외교적 방법으로 해결할 뜻임을 밝혔다. 이후 6자회담이 재개될 것이라는 전망이 곳곳에서 나왔고 관련국들의 움직임도 부산했다. 북한의 이번 선언은 국제사회의 이런 기대를 송두리째 뒤엎는 것이다.

북한은 국제사회와 정면으로 맞대결할 때만 뭔가를 얻어낼 수 있다고 믿는 자기 최면(催眠)에서 깨어나야 한다. 상대가 자신의 수를 훤히 읽고 있는 상황에서 과거의 수법에 집착하는 것은 상황을 통제불능의 상태로 몰고갈는지 모른다. 북한은 이럴수록 국제사회에서 자신들이 '늑대가 나온다'는 고함으로 동네 사람들을 뛰어나오게 만들다 끝내 늑대에게 희생돼 버린 양치기 소년이 돼 간다는 사실을 알아야 한다. 북한의 선언이 있기 직전까지도 6자회담 재개를 낙관하고 있던 한국 정부는 북한 당국의 생각을 제대로 짚기나 하고 있는지 의문이다.

조선일보, 2005년 2월 11일 사설

"對北정책 '북핵 不容'에 맞춰야"를 내보냈다. 흥미로운 것은 사주가 주미대사로 '발탁'된 중앙일보의 태도이다. 중앙일보는 첫 보도를 시작한 날부터 연속 사흘 동안 사설을 실었다. 2월 11일자 사설 "북, 또다시 벼랑 끝 전술인가"를 시작으로 "'새로운 상황'엔 새로운 대처 필요하다"(2월 12일자)와 "북핵 대응 당당하게 하라"(2월 14일자)를 내보냈다.

한국의 신문 시장을 과점한 세 신문이 평양의 핵 보유 선언에 대해 쓴 사설들을 분석하면 세 가지 공통점이 드러난다.

첫째, 북의 핵무기 보유에 초점을 맞춰 이를 '맞대결'이나 '벼랑끝 전술'로 비난한다. 가령 조선일보는 11일 사설에서 "북한은 국제사회와 정면으로 맞대결할 때만 뭔가를 얻어낼 수 있다고 믿는 자기 최면(催眠)에서 깨어나야 한다"고 규정한다. 동아일보는 "핵 보유를 선언하면서 대화를 거부하는 이중의 도발"이라며 "작년 6월 이후 6자회담을 거부한 이유가 미국의 대북(對北) 정책 변화를 촉구하기 위한 것이 아니라 핵 보유를 완성하기 위한 것이 아닌가 하는 의심을 피할 수 없게 됐다"고 주장했다(11일자). 중앙일보는 성명 발표를 "스스로 묘혈을 파는 행위"(11일자)라고 규정해 가장 강렬하고 자극적으로 논평했다.

둘째, 한국 정부의 대북 정책에 대한 비판이다. '묘혈 파는 행위'로 규정한 중앙일보는 "북한의 입장을 배려하면 북한이 우리 의도대로 나올 것이라는 환상에서 이제 벗어나야 한다"고 정부를 비판하며 "기존 대북 정책을 원점에서 재검토"하라고 요구했다(11일자). 다음 날 사설도 "근시안적인 정부의 대북 접근책 탓이 크다"고 한 뒤 "북한의 비위를 건드리지 않으면 북한이 핵도 포기하고 남북 관계도 정상화시킬 것이라는 근거 없는 낙관론이 화를 키운 것은 아닌지 자문해 보길 바란다"거나, "일방적 북한 감싸기라는 비전략적 발상에서 벗어나야 한다"고 압박했다(12일자). 이어 14일자 사설에서는 "한반도의 불안감과 긴장을 고조시키는 북한의 돌출 행동에 대해 아무런 항의나 따끔한 경고의 발언도 내놓지 못한다면 그것은 문제"라고 다그쳤다. 심지어 "최소한 '경협은 계속된다'는 식의 저자세 발언은 나오지 않아야 한다"고 주문했다. 동아일보도 '안보리 제재'까지 언급하며 정부의 대북 정책을 재점검하라고 주장했다(11일자). 이어 "이제 대북 정책의 큰 방향을 다시 생각해야 한다"며 "유화일변도의 대북 저자세가 핵 문제 해결을 지연시킨 것이 아닌지도 돌아봐야 한다"고 강경 대응을 주문했다(12일자). 더 나아가 동아일보는 "정부가 북한에 실질적인 압박이 될 지렛대의 동원을 고려할 시점이 됐다"며 "예컨대 남북 경협의 속도 조절을 통해 북한에 단호한 메시지를 보내는 방법도 있다"고 제안했다. 조선일보는 "북한의 선언이 있기 직전까지도 6자회담 재개를 낙관하고 있던 한국 정부는 북한 당국의 생각을 제대로 짚기나 하고 있는지 의문"이라고 비판했다(11일자). 이어 북핵 문제에 대해 정부가 "북핵 불용不容이라는 원칙만을 되풀이하는 것은 국민을 헷갈리게 만들 뿐"이라며 "지금 정부가 해야 할 일은 북한의 핵무기 보유 선언이 진실인지를 가려내고, 만약 북한이 실제로 핵무기를 보유하고 있다면 핵무기 불용 원칙을 뒷받침할 후속 정책을 내놓는 것"이라고 강조했다. 조선일보는 또 "국가의 명운命運을 보존할 정부 나름의 '한반도 대전략'이 시급히 제시돼야 한다"고 촉구했다.

셋째, 한·미 동맹의 공고화다. "정부는 사태의 추이가 명확해질 때까지는 더이상의 성급한 발언을 자제하고 한·미 동맹의 견고성을 과시해 국민의 불안감을 해소하고 북한이 오판하지 못하도록 강력한 경고"를 하라는 중앙일보의 요구가 대표적이다(14일자). 동아일보 사설(12일자)도 "국제사회의 목소리를 모아 북한에 압력을 가하는 것도 중요하다"며 "특히 반 장관은 한·미 공조에 한점 흔들림이 없도록 대책 마련에 최선을 다해야 한다"고 주장했다.

조선일보 12일자 사설은 "북핵 위기의 수위가 올라갈수록 한·미·일 공조의 필요성은 더욱 높아진다"면서 "북한과는 기본적인 의사소통도 못하고 미국과의 공조도 문제가 있다면, 결국 대한민국은 한반도 위에서 벌어지는 위험천만한 핵核 게임에서 손발이 묶인 채 관중석에서 지켜볼 수밖에 없는 딱한 처지에 놓이게 되는 것"이라고 '한·미 공조'를 강조했다.

하지만 세 신문의 분석과 다르게 국제사회는 평양의 외무부 성명을 단순히 '핵무기 보유 선언'으로만 국한하지 않았다. 6자회담에 참여한 각 국은 성명의 '진의' 파악에 나섰다. 한·미 외교장관 회담(2월 14일)에 이어, 왕자루이王家瑞 중국 당 대외연락부장의 방북 및 김정일 국방위원장과의 면담(2월 21일), 그리고 서울에서 열린 한·미·일 3자 고위급 협의(2월 26일), 6자회담 중국 수석대표인 우다웨이武大偉 외교부 부부장의 방한 및 한·중, 미·중 협의(3월 2~3일), 한국 외교부 차관보의 러시아 방문(3월 9~13일) 등이 그것이다.

그 결과는 한국 언론의 진단과 사뭇 다르다. '핵무기 보유'와 '6자회담 참여 중단'으로 보도된 북의 외무부 성명을 조금만 깊이 들여다보면, '핵무기 조건부 보유'와 '6자회담 조건부 참여'라는 '조건'에 무게 중심이 있기 때문이다. 중국과 러시아 그리고 일본과 미국조차 북쪽의 성명에 대해서 '핵 보유 선언을 통한 평화적 해결의 거부'라는 편향적 해석은 내놓지 않았다. 실제로 조선민주주의인민공화국 외무부 성명은 미국과 '우방 관계'를 맺고 싶었지만 미국이 이를 거부했다는 점을 명시하고 있다. 6자회담 또한 미국이 실질적으로 대화할 의지가 있다면 얼마든지 회담에 참석하겠다는 뜻을 표현하고 있다.

그런데도 앞서 분석했듯이 한국 언론은 북쪽을 일방적으로 비난하고 남쪽의 '포용정책'을 수정하라고 요구하는가 하면 한·미 동맹의 강화를 촉구하고 나섰다. 미국의 신보수주의 세력(네오콘)과 거의 같은 논리를 전개한 셈이다. 미국 조지 부시George W. Bush 2기 행정부에 네오콘의 목소리가 강화된 상황에서 한국 언론이 그들의 논리를 대변하는 것은 적잖은 문제를 지닌다.

여기서 찬찬히 짚어 볼 필요가 있다. '대량살상무기 개발'과 '9·11테러 개입'이라는 거짓 명분을 내세워 이라크를 침략해 들어간 부시의 제국주의 정책은 미국 안에서는 물론이고 유럽에서도 비판받고 있다. 게다가 미국 부시 행정부가 조선민주주의인민공화국의 김정일 체제를 바꾸려는 의도를 지니고 있는 것은 더 이상 비밀이 아니다. 부시 대통령은 물론이고, 체니Dick Cheney 부통령, 럼스펠드 Donald Rumsfeld 국방장관이 틈날 때마다 그런 의지를 밝혔다. 부시 2기의 국무장관으로 취임한 콘돌리자 라이스Condoleezza Rice는 북을 일러 '폭정의 나라'로 규정하며 '민주주의의 확산'을 주장했다. 부시 대통령의 취임사 또한 '미국 체제'의 확산을 노골적으로 강조하고 있다.

정세현 전 통일부 장관이 최근 한 강연에서 솔직하게 털어놓았듯이 "미국은 남북 관계가 호전될 때마다 절묘하게 북핵 의혹을 제기했다." 북핵 위기라는 것이 미국의 의도된 전략이라는 비판이다. 정 전 장관은 또 "부시 행정부는 협상 아닌 항복을 얻으려 6자회담을 열었다"고 강조했다.

더구나 조선민주주의인민공화국은 성명을 발표한 뒤 '진의 알리기'에 적극 나섰다. 미국이 대북 적대시 정책을 철회하면 언제든지 6자회담 참가는 물론이고 우방으로 지내겠다는 것이다. 미국은 "북한을 침공할 의사가 없다"는 의사 표명으로 충분하다고 주장하지만, 이는 사실상 '대외적 명분'에 지나지 않는다. 침략

"한국의 主敵은 누구인가"를 묻는 미국의 목소리

미국 하원 국제관계위원회 헨리 하이드 위원장은 10일 한반도 청문회에서 "(한국이 미국의) 도움이 필요하다면 당신(한국)의 주적(主敵)이 누구인지 분명히 해야 한다"고 말했다. 그는 "서울에서 나오는 안보문제에 대한 혼란스러운 신호는 우리가 북한과 직면하고 있는 도전을 더 어렵게 만들 뿐"이라고 했다. 하이드 위원장은 또 "한국과 중국 정부의 과도한 대북 지원 정책이 북한의 핵 협박을 오히려 부추기고 있다"면서 한·중 양국이 미국과 보조를 맞춰야 한다고 말했다.

하이드 위원장의 발언은 상호 공조(共助)라는 말과 수사(修辭)로 포장돼 왔던 한·미 공조 속에 실제로는 간단치 않은 불협화음이 깔려 있음을 분명하게 확인시켜 주고 있다. "주적이 누구인지 분명하게 말해야 한다" "과도한 대북 지원이 북한의 핵위협을 부추기고 있다"는 하이드 위원장의 지적은 한국 정부의 대북정책에 대한 미 의회의 회의(懷疑)와 불만의 내용이 무엇인지도 확실하게 해 준다. 아시안월스트리트저널지도 11일 "한국의 대북 포용정책은 북한에 대해 현실적인 군사적 선택 수단도 없는 상태에서 워싱턴의 행동 공간을 제약하고 있다"면서 한·미 간의 입장차이가 더욱 선명하게 확대되고 있다고 보도했다.

북한은 6자회담 거부 및 핵보유 선언 후 한달이 지나도록 눈에 띄는 태도 변화를 보이지 않고 있다. 미국 역시 9일 크리스토퍼 힐 주한 미대사가 "북한에 중도(中道)의 길은 없다"고 밝힌 데서 분명해지듯 원칙적이고 단호한 입장을 고수하고 있다. 이 양자 사이에서 한국 정부는 부산스럽기만 할 뿐 구체적인 입장을 정리하지 못한 채 엉거주춤하고 있는 것으로 비치고 있다. 이런 상황에서 한·미 간에는 주한미군의 역할 문제를 놓고 새로운 갈등 조짐까지 나타나고 있다.

미국은 나름의 핵 해결 시간표에 따라 한국에 대해 분명한 입장 선택을 요구하고 나설 것이다. 그렇다면 한국이 북핵문제에 대한 중재자인 듯 처신할 수 있는 시간도 그리 길지 않을 것이다. 하이드 위원장의 발언이 그 전조(前兆)인지도 모른다. 정부가 북핵 문제에 대한 구체적 입장을 토대로 미국 내의 한국 불신론(不信論)을 제거해야 할 필요가 그만큼 촉박해진 것이다.

조선일보, 2005년 3월 12일 사설

하지 않겠다는 '문서 보장'을 거부하고 있음은 물론이고, '테러 지원국' 해제나 경제 제재 조치 해소에도 의지를 보이지 않았다.

미국에 대한 한국 언론의 편향은 북의 '핵 보유 선언' 꼭 한달 뒤인 3월 10일, 미국 하원의 헨리 하이드Henry Hyde 국제관계위원장이 한반도 청문회에서 "(한국이 미국의) 도움이 필요하다면 당신(한국)의 주적主敵이 누구인지 분명히 해야 한다"고 밝혔을 때도 극명하게 드러났다. 한국 국방부가 '주적' 개념을 삭제한 사실을 비판한 그의 발언은 명백한 내정간섭이다. 더구나 '세계화'가 급속도로 진행되고 있는 21세기에 특정 국가를 '주적'으로 명문화하는 것은 논리적으로도 맞지 않고 실제로 그런 나라도 드물다.

문제는 한반도 긴장이 높아지는 데 일차적 책임이 있는 미국의 보수파 의원이 저지른 내정간섭에 한국 언론이 비판은커녕 맞장구를 치는 데 있다. 3월 12일자 조선일보 사설("'한국의 주적은 누구인가'를 묻는 미국의 목소리")은 "북한은 6자회담 거부 및 핵 보유 선언 후 한 달이 지나도록 눈에 띄는 태도 변화를 보이지 않고 있다"며 우리 정부에 "미국 내의 한국 불신론不信論"을 제거하라고 촉구한다. 중앙일보도 사설("대북 포용책에 대한 미 의회의 강경 기류")에서 "정부는 한·미 공조의 원칙을 분명히 미국 조야에 밝히고 우리가 불필요한 오해를 받지 않도록 대미 외교를 강화해 나가야 한다"고 주문한다. 동아일보 사설("한국의 敵은 누구냐고 묻는 미국")은 "정부는 한·미 간 신뢰의 토대가 흔들리지 않도록 좀 더 분명한 입장을 보여야 한다"고 강조한다.

그러나 한반도에 대한 미국의 정책은 3월 10일 시점에서 볼 때 2월 10일 시점보다 더 경직되어 있었다. 미국은 주한미군 2사단 아래에 첨단 무기로 무장한 '슈퍼여단'을 세계 최초로 편성하고, 2월 말에서 3월 초까지 '임진강 도하훈련'을 벌였다. 슈퍼여단만이 아니다. 예정보다 2년이나 앞당겨 주한미군의 '미래형 사단' 개편에 나섰다. 미국의 신임 태평양 사령관은 미 의회에서 "동북아 신속 기동군"의 필요성을 역설했다. 중국 전국인민대표자대회가 〈반국가분열법〉을 사실상 만장일치로 통과시킴으로써 대만해협의 파고가 높아 가는 상황에서 주한미군의 성격 변화는 우리에게 큰 재앙이 될 수 있다.

하지만 한국 언론에서 마땅히 제기해야 할 '전쟁 우려'는 찾아볼 수 없다. 전쟁 위험성을 뒤늦게 인식한 노무현 대통령이 "주한미군의 역할 확대, 이른바 전략적 유연성 문제를 둘러싸고 우려하는 목소리가 있으나 분명한 것은 우리의 의지와 관계없이 동북아 분쟁에 휘말리는 일은 없다"고 밝힌 연설을 되레 비판하고 나섰다.

한국 언론의 친미나 반미 성향을 따질 이유는 없다. 한국 저널리즘에서 중요한 것은 한반도 평화를 위협하는 세력에 대한 정확한 보도와 논평이다. 정확성은 저널리즘의 기본 덕목 아닌가. 더구나 그것이 민족 구성원 모두의 삶과 직결되는 사안이라면 정확성은 단순히 '덕목' 차원이 아니다. 언론의 존재 이유이다.

‘독도 저널리즘’의 실패

‘빙산의 일각.’ 보이지 않는 진실을 강조할 때 쓰는 말이다. 표면에 드러난 빙산 아래에 더 커다란 빙산이 잠겨 있기 때문이다.

사실 보도를 중시하는 저널리즘에서도 ‘빙산의 일각’은 많은 것을 시사해 준다. 단순히 드러난 사실만 보도하지 않고, 드러나지 않은 사실까지 포착해 진실을 알려주는 게 저널리즘의 본령이다.

일찍이 월터 리프만Walter Lippmann은 선구적 저서 『여론』Public Opinion에서 저널리즘에 진실이 중요함을 강조했다. 리프만은 진실의 기능을 세 가지로 압축했다. 첫째, 숨어 있는 사실을 규명하는 것이다. 리프만의 말을 빙산에 비유하자면 표면에 드러난 ‘일각’이 아니라 수면 아래에 보이지 않는 빙산까지 주목해야 함을 의미한다. 사건의 총체성을 파악하려면 ‘숨어 있는 사실’을 규명할 필요가 있다. 둘째, ‘숨어 있는 사실’들을 서로 연관 짓는 것이다. 이는 단편적 사실만을 부각하지 않고 여러 사실들이 어떤 연관을 맺고 있는지 분석해야 한다는 의미이다. 셋째, 사람들이 그것에 근거해 행동할 수 있는 현실의 구도를 그리는 것이다. 현실의 구도, 현실의 그림을 밑절미로 사람들은 어떻게 대응할까 결정하게 된다.

리프만이 제시한 진실의 기능을 새삼 적시하는 까닭은 다른 데 있지 않다.

일본의 독도 영유권 도발을 보도하는 한국 언론이 표면 현상에 매몰되어 있기 때문이다. 2005년 3월 16일 일본 시마네 현 의회가 이른바 "다케시마의 날" 조례 안을 가결한 뒤 4월 15일 일본 정부가 각료회의를 열고 "다케시마는 일본 땅"이 라고 명시한 '외교청서'를 승인할 때까지, 독도는 한국 저널리즘의 주요 취재 대 상이었다.

하지만 한국 저널리즘에서 독도는 섬 이름 그대로 '독도'獨島가 되었다. 표면 아래 잠겨진 진실을 파악하는 데 실패했기 때문이다. 일본 시마네 현은 물론, 중앙정부가 독도를 "일본 영토"라고 주장하는 데는 역사적 문맥과 정치·군사적 변화가 깔려 있다. 그 숨어 있는 사실들을 정확하게 짚어 주는 것이 저널리즘의 과제라고 할 수 있다. 하지만 한국 언론이 진실을 규명하고 연관성을 분석하는 데 얼마나 기여했는지 냉철하게 톺아볼 필요가 있다. 그렇지 않을 때, 독도 문제 는 다시 일과성 사안으로 넘어갈 수 있기 때문이다. 실제로 이미 한국 저널리즘을 겨냥해 '냄비 언론'이라는 비아냥이 일본 언론에서 흘러나오고 있다.

독도 문제가 처음 불거진 것은 1905년이다. 을사늑약이 맺어진 그 해에 일본 은 독도를 슬그머니 일본 영토로 삼았다. 곧이어 우리 땅 전부를 강탈했다. 1945 년 해방으로 영토를 되찾았기에 당연히 독도의 주권도 우리가 되찾았다고 볼 수 있다. 하지만 역사적 전개 과정은 조금 복잡했다. 미국은 1945년 일본의 항복을 받은 뒤 미국 샌프란시스코에서 패전국 일본을 상대로 평화조약을 체결(1952년 4월 28일 발효)했다. 바로 그 조약에서 독도 문제는 분쟁의 씨앗을 남겼다. 당시 미국은 '평화조약'의 1차 초안(1947년 3월)에서 5차 초안(1949년 11월)까지는 독도를 한국 영토로 명문화했다. 하지만 미국은 일본의 '로비'에 흔들렸다. 6차 초안(1949년 12월)에선 슬그머니 삭제해 일본 영토로 바꾸려고 시도했다. 하지 만 다른 연합국의 동의를 받지 못하자 조금 물러섰다. 한국이나 일본 어디에도 넣지 않은 채 조약문을 성안했다. 당시 이승만 정부는 주미 한국 대사에게 수정

교섭을 지시했다. 미 국무부는 싸늘하게 답했다. "독도는 한국의 일부로 다뤄지는 것이 결코 아니다. 1905년께부터 일본 시마네 현 오키 지청 관할 아래 있었고 이 섬은 예전에 한국에 의해 영토 주장이 이뤄졌다고 생각되지 않는다."

일본은 지금도 미 국무부의 이 답신을 '애용'한다. 일본은 독도를 '주일 미 공군의 폭격 연습장'으로 미국에 '로비'했다는 분석이 유력하다. 실제로 1948년 미군의 폭격 연습으로 독도에서 고기를 잡던 우리 어민들이 학살당하는 일이 벌어졌다. 1953년 5월에는 일본인들이 미국 성조기를 게양하고 독도에 상륙하기도 했다.

여기서 우리는 1905년과 1945년이 동아시아 질서가 정치적·군사적으로 재편되던 시기임을 주목할 필요가 있다. 동아시아 재편의 결정적 계기가 된 러일전쟁에서 일본은 독도의 '가치'를 발견했다. 러일전쟁 당시 일본은 독도와 일본 영토를 잇는 해저 전선을 부설했다. 일본 도고 함대가 러시아 원정 함대를 격파했을 때도 독도를 적극 '이용'했다. 결국 일본은 1905년 독도를 '다케시마'라 부르며 시마네 현의 소관 아래 편입한다는 내용을 고시하고 1906년 4월 이 사실을 조선 정부에 알렸다. 하지만 당시 우리는 외교권을 박탈당해 대응하지 못했다. 흔들리던 조선 왕정은 미국에 기대하고 있었지만, 정작 미국은 '가쓰라—태프트 협정'으로 일본의 조선 지배를 인정했다. 미국이 그 대가로 얻은 것은 필리핀이었다. 일본이 독도를 자기 영토로 강변하는 출발점에, 미국의 뒷받침이 있었던 것이다.

1945년의 해방 공간도 마찬가지다. 일본 중심의 제국주의 체제가 붕괴되고 동아시아는 미국이 주도하는 새로운 체제로 재편되고 있었다. 대한민국의 신생 정부 자체가 미국의 영향을 강력하게 받았다. 미국을 비판하는 사람은 곧바로 '친북 세력'이라는 낙인이 찍혀 대낮에 살해당하기 일쑤였던 시기였다. 하지만 바로 그 순간에 미국은 일본에게 독도를 슬그머니 넘기려 했었다.

여기서 유의할 대목은 두 차례의 독도 침탈 시기에 우리 정부가 모두 동아시아의 재편이라는 판도를 온전히 읽는 데 실패했다는 사실이다. 비단 조선왕조나 대한민국 초대 정부만이 아니다. 바로 그 시기에 한국 저널리즘도 동아시아 재편이라는 변화의 큰 판도를 읽어 내고 이를 보도하는 데 실패했다. 삶의 환경 감시라는 저널리즘 본연의 과제에 비추어 이는 대단히 심각한 잘못이었다. 가령 1905년을 전후로 한 시기에 대한제국의 언론들은 일본 제국주의의 본질에 대한 인식이 크게 부족했다. 심지어 일본을 우리 근대화를 도와주는 나라로 찬양하는 언론도 많았다. 해방 공간도 마찬가지다. 특히 1948년 대한민국 정부 수립 뒤 미국에 대한 비판은 철저한 '금기'가 되었다.

그 연장선에서 2005년의 독도 문제를 성찰할 필요가 있다. 한국 언론은 작게 보도했지만 2004년 이후 미국이 독도를 바라보는 눈이 변했다는 사실이 구체적 증거로 확인되었다. 사이버 외교사절단 '반크'VANK : Voluntary Agency Network of Korea의 분석에 따르면 미국 중앙정보국CIA은 일본의 독도 영유권 주장을 교묘하게 뒷받침하고 있다. 가령 CIA 2002년 보고서는 독도를 "일본의 주장으로 분쟁이 되었다"고 간단히 소개했다. 그런데 2004년 보고서를 보면 확연히 달라졌다. "격렬하게"intensified나 "조명되다"highlighted라는 단어를 추가해 마치 분쟁이 격렬하게 벌어지고 미해결 문제가 새롭게 조명되고 있다는 듯이 지적했다. 실제로 2005년에 들어서서는 "미해결"unresolved이라는 표현이 들어가고 일본 쪽 요구인 "조업 권리"fishing rights라는 말도 첨가됐다.

CIA가 제작한 국가 지도는 세계 주요 웹사이트에서 '기준'이 된다. 실제로 '독도/다케시마' 병기 사이트는 2004년 7월 622개였지만 12월에는 2,010개, 2005년 3월에는 2,180개로 점차 늘어나고 있다는 게 반크의 지적이다.

하지만 대다수 한국 언론은 반크의 지적을 대수롭지 않게 보도했다. 미국 정보국이 괜스레 지도를 바꿀 리는 없다는 점에 주목한다면, 한국 언론의 일과성 보도는 분명 아쉬운 대목이다. 독도 문제의 역사를 두고 볼 때, '일본의 독도 야욕 뒤에는 늘 미국이 있다'는 것은 상식에 가까운 사실이다. 연합뉴스 보도("중·러 언론 독도 문제 美 책임론 제기" 4월 6일자)에 따르면, 중국과 러시아 언론은 독도 문제를 다루면서 미국의 책임을 비판하는 기사와 논평을 내보냈다.

이를테면 중국 『청년보』靑年報는 3월 17일자 "섬 전쟁에서 미국의 그림자"라는 제목의 기사에서 "독도의 주권을 둘러싼 남한과 일본의 치열한 싸움과 관련, 미국은 분쟁 해결 방도도 제기하지 않고 있으며 어떤 태도도 표명하지 않고 있다"고 보도했다. 『청년보』는 또 "제2차 세계대전에서 일본이 패망한 후 독도의 실제적인 통제권은 1946년 남한에 주둔한 미국의 수중에 장악됐지만 현실적으로 보면 미국은 일본에 더욱 기울어지고 있다"고 설명했다. 『청년보』에서 언급한 1946년은 연합국 최고사령부가 한반도 주변의 제주도, 울릉도, 독도 등을 일본 주권에서 제외하고 한국에 반환한다는 군령을 발표한 1946년 1월을 의미하는 것으로 보인다. 『청년보』는 특히 남한의 민간 외교사절단 반크가 독도 문제에 대한 일본의 주장을 반영하고 있다고 폭로한 CIA의 2002~2005년 국가정보보고서를 언급하면서 "독도와 관련한 분쟁이 생기게 된 것은 거의 다 미국과 관련이 있다"고 지적했다.

또 〈러시아의 소리〉 방송도 3월 18일 논평을 통해 "일본이 영유권을 주장하고 있는 독도는 서기 512년부터 조선의 영토였으며 독도에 대한 일본의 영토 강탈 야망이 북과 남 전체 조선 민족의 강력한 항의를 불러일으키고 있다"고 보도했다. 나아가 오늘날 일본에서 영유권 문제가 계속 제기된다면 그것은 두말할 것 없이 일본의 오랜 동맹국인 미국의 추동에 의한 것이라면서 독도 문제에 뻗친 미국의 '마수'를 지적했다.

그렇다면 미국은 무엇 때문일까. 최근 미군의 이른바 '전략적 유연성'을 강조하는 조지 부시 정권의 흐름을 총체적으로 살필 필요가 있다. 한국 저널리즘은 무시하거나 축소 보도하고 있지만, 미·일 군사동맹의 강화는 심상치 않은 수준으로 전개되고 있다. 일본에서 '평화헌법' 개정은 이제 초읽기에 들어가 있다. 더구나 현행 평화헌법이 규정하고 있는 '전수방위' 원칙專守防衛 : 적으로부터 공격을 받을 때만 반격을 가할 수 있다는 원칙을 폐기해야 한다는 주장이 전직 일본 군부 고위층 인사들로부터 제기되었다.

4월 7일자 일본『산케이신문』에 따르면, 안보 문제 싱크탱크인 '일본전략연구포럼'은 4월 6일 도쿄에서 '전수방위'에 관한 심포지엄을 개최했다. 심포지엄에는 미자자와宮澤暉 전 육상자위대 참모장을 비롯해 후쿠지福地建夫 전 해상자위대 참모장, 무라키村木鴻二 전 공중자위대 참모장 등 육·해·공 자위대의 전직 최고지휘관들이 패널로 참석했다. 이들은 "북조선의 탄도미사일과 국제 테러라는 다양한 위협의 등장에 의해 현행 평화헌법의 전수방위 정책으로는 일본의 방어가 불가능하다"는 데 인식의 일치를 보았다. 이어 "북조선 등 적국의 미사일 기지 등을 사전에 공격할 수 있는 능력을 자위대가 갖추도록 정부에 요구해야 한다"는 주장을 폈다.

일본 군부 전직 최고지휘관들의 공개적 주장은 일본의 군사 대국화가 걷잡을 수 없는 속도로 진행될 가능성을 드러낸 '사건'이다. 실제로 일본이 조선민주주의인민공화국의 미사일 위협을 명분으로 선제공격할 수 있는 길을 열기 위한 수순이라는 분석까지 나왔다. 하지만 대다수 한국 언론은 축소보도나 묵살로 일관했다.

일본 군부의 동향에서 나타나듯이 일본의 군사 대국화와 미·일 군사동맹 강화는 동아시아 질서의 재편 과정에서 '빙산의 일각' 아래에 놓인 실체들이다. 독도 '갈등'이 본격화한 1905년, 1945년, 2005년이 두루 동아시아 질서가 재편되는 전환기라는 점에 주목해야 할 이유도 여기에 있다.

실제로 미국은 중국을 적으로 가상한 전략을 구사하며 미·일 동맹을 강화하고 있다. 주한미군을 첨단 무기로 무장한 '동북아 기동군'으로 개편하고 중국을 포위하고 있는 정책을 펴 나가고 있다. 일본은 바로 그 움직임에 편승해 동아시아의 군사대국을 꿈꾸고 있다. 바로 그것이 독도의 표면 아래에 있는 '사실들의 연관’이다.

하지만 어떤가. 한국 저널리즘은 독도 문제를 단편적 사실 중심으로만 보도했다. 그나마 연관지어 분석한 논평으로 조선일보의 3월 21일자 사설 “美국무장관이 보는 北核·주한미군·獨島”를 꼽을 수 있다. 사설은 미국이 “독도를 둘러싸고 한·일 간 갈등이 고조”된 “미묘한 시점”에 “일본의 유엔 안보리 진출을 지지한다고 공개적으로 입장을 천명”한 것을 우려한다. 북핵과 주한미군 그리고 독도가 모두 연결되어 있다는 분석은 옳지만, 그 귀결은 엉뚱하게 ‘한·미 동맹 강화’이다. 그것이 엉뚱한 까닭은 동아시아의 급변하는 정치적·군사적 변화에 비추어 ‘한·미 동맹 강화’가 결코 대한민국의 평화를 지켜 줄 수 없기 때문이다.

‘독도 저널리즘’에서 한국 언론은 자신의 한계를 고스란히 드러냈다. 더 심각한 문제는 한국 저널리즘에서 ‘진실의 과제’를 수행할 만한 성찰력도 찾기 어렵다는 데 있다. 1905년과 1945년에 버금가는 동아시아 재편기를 맞이하고 있음에도 한국 저널리즘이 제구실을 못하는 오늘의 현실은 민족 구성원의 내일에 큰 먹구름을 드리우고 있다.

미국 · 일본의 국가이익과 한국 언론

무릇 언론과 국가이익의 관계는 단순한 문제가 아니다. 서로 국익이 충돌하는 나라들 사이는 더욱 그렇다. 그 속에서 언론이 추구하는 진실이 무엇인가라는 판단은 어려울 수밖에 없기 때문이다.

2005년 들어서면서 한국과 일본, 그리고 한국과 미국 사이에 국익을 둘러싼 갈등이 곰비임비 불거졌다. 그 갈등을 한국 언론이 어떻게 담아냈는가는 비평의 중요한 과제가 아닐 수 없다. 여기서 언론이 국가이익을 우선해야 했다는 말을 강조하고 싶지는 않다. 국익이 중요하지 않아서가 아니다. 자칫 비평의 잣대가 흔들릴 수 있기 때문이다. 더구나 무엇이 국익인가라고 되물을 때, 누구도 선뜻 대답하기 힘든 게 기실 '국익' 아닌가.

하지만 국익 관계를 다루는 저널리즘에서도 사건의 맥락에 관한 사실관계는 존중해야 마땅하다. 그것이 외교적 갈등으로 확연히 불거진 문제일 때는 더더욱 그렇다.

그 점에서 일본 외무성의 야치 쇼타로谷内正太郎 사무차관의 발언을 둘러싼 갈등과 그 사건을 보도한 한국 언론을 찬찬히 뜯어볼 필요가 있다. 전형적인 직업 외교관인 야치 차관은 일본을 방문한 한국의 국회 국방위원들과 만난 자리에서 서슴없이 말했다.

"최근 한국이 한·미 동맹에서 벗어나고 있다."

"미국이 한국을 못 믿어 한국과 정보 공유가 꺼려진다."

"한국은 균형자적 역할을 하겠다고 하는데, 일본은 이를 받아들일 수 없다."

노회한 일본 외교관이 무심코 던진 발언으로만 보기에는 지나치게 무례한 언사들이다. 비공식 자리에서 나온 발언이었기에 한국 언론은 당시 이를 보도할 수 없었다. 알 수 없었기 때문이다. 한국 언론이 야치 장관의 발언을 처음 보도한 것은 문제 발언을 한 지 2주일 남짓 지난 5월 24일이었다.

야치 차관의 발언이 나온 것은 정확히 5월 11일 아침이었다. 야치의 발언 직후, 주일 한국 대사관을 통해 관련 내용을 보고받은 외교부는 주한 일본공사를 불러 항의했다. 주일 한국 대사관도 유감을 전했다. 하지만 그 뒤 문제는 더 커지지 않았다. 무엇보다 비공식적 자리에서 한 발언이었기 때문이다.

하지만 5월 24일 한국 언론이 야치 차관의 발언을 보도하면서 상황은 달라졌다. 야치의 비공식 자리 발언이 귀국한 국방위원들의 입을 통해 언론에 알려졌기 때문이다. 이어 25일 TV 뉴스로 이어졌다. 비공식 자리 발언이 공식화하면서 정부도 다시 공개적으로 항의하게 되었다. 적어도 여기까지는 아무런 문제가 없다.

그러나 그 다음부터 문제가 커진다. 한국의 신문들이 엉뚱하게 한국 정부를 비판하고 나섰기 때문이다. 조선일보, 동아일보, 중앙일보는 5월 26일자에 일제히 사설을 실었다.

조선일보 사설 제목은 "'믿을 수 없는 韓國'을 바로 보라"였다. 사설은 "정부가 야치 사무차관의 말에 대해 그 진위 여부를 짚어 볼 생각은 않고 '왜 그런 말을 했느냐' 식으로 따지고 화를 내는 것은 문제를 풀겠다는 자세가 아니다"라고 정부를 비난했다. 동아일보 사설("盧 대통령, 잘못된 정보에 갇혀 있지 않나")과 중앙일보 사설("한국과는 대북 정보 공유 못한다")도 같은 맥락이다.

'믿을 수 없는 韓國'을 바로 보라

야치 쇼타로 일본 외무성 사무차관이 최근 일본을 방문한 우리나라 국회 국방위원들에게 "北核(북핵) 문제에 대해 미국과 일본이 정보를 共有(공유)하는데, 미국이 한국을 믿지 않기 때문에 일본이 얻어내는 북핵 관련 정보를 한국과 공유하는 것이 망설여진다"고 말했다. 야치 사무차관은 "북핵 문제를 풀기 위해서는 한·미·일 3국의 단결이 핵심이고 제일 중요한데, 최근 한국이 한·미 特別(특별)에서 벗어나고 있다"면서 "미국과 일본은 오른편에 있고, 중국과 북한은 왼편에 있는데 한국은 지금 중국과 북한 쪽에 가까운 것 같다"고 말했다. 정부는 이에 대해 주한 일본 공사를 불러 "한·더 관계와 우리 정부의 대북 정책에 대해 오해를 부를 수 있는 부적절한 발언"이라고 항의했다.

북핵 문제의 직접 당사자인 한국 입장에서 "한국을 믿을 수 없어 북핵 정보를 공유할 수 없다"는 말은 충격적이다. 최근 북한의 핵실험 가능성에 대한 논란이 일 때 윤광웅 국방부 장관은 "한·미 간 정보 공유에는 아무 문제가 없다"고 했고, 외교부 고위 관계자도 "한·미 간 관련 정보 공유는 100% 이뤄지고 있다고 봐도 된다"고 말했었다.

우선 따져 봐아 할 것은 야치 사무차관의 말이 사실과 다른 虛言(허언)인지, 아니면 사실은 사실이지만 그렇다고 그렇게까지 노골적으로 말할 수 있느냐 하는 문제인지 여부다. 한국 정부 외교·안보 라인에 대한 不信感(불신감)을 갖고 있는 미국 정보당국이 한국과의 정보 교류를 꺼리고 있다는 말은 정권 초기부터 나온 얘기다. 멀리 거슬러 올라갈 것도 없이 이달 초 국가안전보장회의(NSC) 이종석 사무차장이 미국을 방문했을 때, 미국 정부 담당부서가 작전계획 5029가 한국 언론에 유출된 데 대해 심각한 유감을 표명했다는 얘기가 NSC 관계자의 입을 통해서도 확인됐다.

미·일 양국이 한국을 믿지 못해 정보 공유를 꺼릴 것이 사실이라면 그건 同盟(동맹)의 균열이 바로 발밑까지 왔다는 이야기다. 정부가 야치 사무차관의 말에 대해 그 진위 여부를 짚어볼 생각은 않고 "왜 그런 말을 했느냐"스으로 따지고 화를 내는 것은 문제를 풀겠다는 자세가 아니다.

한·미·일 관계가 이렇게 된 근본적인 이유는 이 정부가 설정한 국정 방향에 있는 만큼 당장 원인 治療(치료)를 할 수는 없는 일이다. 그렇다고 해도 북핵 문제가 임박한 시점에서 우리가 북핵 관련 정보를 의존할 수밖에 없는 나라들이 "한국을 믿을 수 없다", "한국에 정보를 줄 수 없다"고 말하는 상황에 대해서는 정부가 긴급 처방이라도 마련해야 한다.

북핵문제를 풀겠다면 좋으나 싫으나 미·일과의 협력이 필수적이다. 그러려면 미·일과의 협력 체제가 현재 어떤 상황에 놓여 있는지를 있는 그대로 직시하는 자세가 필요하다. 한·미·일 협력체제에 중대 문제가 발생했다는 것은 상대 국가도 알고, 국민들도 다 아는 일인데 이 정권 사람들만 "문제 없다. 잘 관리되고 있다"고 우긴다고 될 일이 아니다.

이 정부에 들어와 있는 사람들 중에도 상황의 심각성을 느끼는 사람이 분명 있을 것이다. 그런 사람들은 나라가 중대 국면에 처한 시점에 한마디 直言(직언)도 하지 못할 바에야 도대체 무엇을 위해 그 자리에 있는 것인가도 묻고 싶다.

조선일보, 2005년 5월 26일 사설

분명 그 시점에서 저마다 한국을 '대표'한다고 주장하는 세 신문은 일본 외무차관이 저지른 외교상의 결례와 오만을 결코 지적하지 않았다. 오히려 정반대였다. 야치 차관의 무례한 발언을 곧이곧대로 믿으며 한국 정부를 비난하고 한·미 동맹이 위기에 처했다고 강조했다. 한국 언론의 부풀리기식 보도로 야치 차관의 발언이 공식화한 상황에서 결국 청와대와 외교통상부는 재차 일본 정부에 항의하지 않을 수 없었다. 그러자 한국 언론은 정부가 돌연 태도를 바꿨다고 다시 비난하고 나섰다.

가령 조선일보는 5월 27일자에 "청와대·외교부, 보름 동안 가만있더니 …… '대단히 주제넘은 일' 뒤늦게 강경 대응" 제하에 다음과 같은 기사를 내보냈다.

"청와대와 외교통상부는 26일 야치 차관 발언에 강한 자세를 보였다. 의아한 것은 야치 차관 발언이 나온 지 보름이나 지나서 나섰다는 것이다. 김만수 청와대 대변인은 이날 현안 점검 회의가 끝난 뒤 예정에 없던 브리핑을 자청했다. 그리고 외교적으로 이례적인 발언을 쏟아냈다. 김 대변인이 '한·미 사이의 신뢰 문제를 얘기하는 것은 대단히 주제넘은 일'이라고 한 말도 외교적으론 '버르장머리를

조선일보, 2005년 5월 27일

고치겠다'는 정도로 파격적이다. '대통령 의지가 실리지 않고는 청와대 대변인이 그렇게 말하기는 어렵다'는 해석도 그래서 나왔다. 이날 청와대 회의에서는 '일본이 사안의 심각성을 모르는 것 같다' '이 문제를 그냥 넘겨선 안 된다'는 의견이 많았던 것으로 전해졌다. 그런 기조로 이날 대응이 나왔다는 것이다. 청와대 회의가 끝난 뒤 외교통상부도 갑자기 바빠졌다. 이규형 대변인도 예정에 없던 공개 브리핑을 통지했다. 기자들로부터 '어제까지 조용하더니 갑자기 왜 그러느냐'는 질문이 당장 나왔다."

하지만 한국 언론이 한국 정부를 비아냥거린 바로 그날 야치 차관은 "(본인 발언이) 한국 내에서 논의를 불러일으키고 오해를 초래했다면 유감이다"라고 말했다.

사과답지 않은 사과였지만 유감 표명을 한 셈이다. 야치의 유감 표명에 대해 한국의 세 신문은 다음날(5월 28일) 다시 일제히 관련 사설을 실었다. 조선일보 사설("'야치 발언' 파문과 한국 외교의 수준")은 "한 나라 외교의 속이 이렇게 훤히 들여다보여서야 외교가 외교다운 구실을 할 수 있겠는가"라고 물었다. 동아일보 사설("'야치 발언' 대응이 보여 준 外交 현주소")은 "청와대가 그의 발언을 '주제넘은 일' '무책임한 언동' 등의 용어를 등원해 비판한 것이나 '한·일 정상회담 재고再考 가능성'을 흘린 것도 외교적 상궤常軌에서 벗어난 일"이라고 주장했다. 중앙일보 사설("한·일 관계 더 이상 악화돼서는 안 된다")도 "야치의 발언 문제는 이 정도에서 덮어 두는 게 온당하다"며 재차 일본을 두둔했다.

세 신문이 과연 한국 언론인지 일본 언론인지 궁금한 이유가 여기 있다. 거듭 강조하지만, 야치 차관의 발언은 국익 차원의 문제만이 아니다. 그 이전에 외교상의 무례와 오만의 문제이다. 더구나 한국 신문들은 '정부가 외교를 국내 정치용으로 삼는다'고 비난했다. 그러나 정작 외교를 국내 정치용으로 삼아 정부를 비판한 것은 바로 한국 언론이었다.

외교 관계에서 한국 언론이 한국 정부를 비판하며 한결같이 강조한 것은 한·미 동맹이었다.

"한국은 균형자적 역할을 하겠다고 하는데, 일본은 이를 받아들일 수 없다"는 야치 차관의 거만한 발언에 한국 언론은 비판은커녕 동조하는 모습을 보였다. 야치 차관이 6자회담 참가국과 관련해, "미국과 일본은 오른편에 있고, 중국과 북한은 왼편에 있는데, 한국은 지금 중국과 북한 쪽에 가까운 것 같다"고 말한 대목도 한국 정부 비판의 빌미가 되었다. 한·미 동맹이 위험하다는 조선일보의 주장이 대표적이다.

"한국 정부 외교·안보 라인에 대한 불신감을 갖고 있는 미국 정보 당국이 한국과의 정보 교류를 꺼리고 있다는 말은 정권 초기부터 나온 얘기다. 멀리 거슬러 올라갈 것도 없이 이달 초 국가안전보장회의NSC 이종석 사무차장이 미국을 방문했을 때, 미국 정부 담당 부서가 작전계획 5029가 한국 언론에 유출된 데 대해 심각한 유감을 표명했다는 얘기가 NSC 관계자의 입을 통해서도 확인됐다. 미·일 양국이 한국을 믿지 못해 정보 공유를 꺼릴 정도라는 것이 사실이라면 그건 동맹의 균열이 바로 발밑까지 왔다는 이야기다. 정부가 야치 사무차관의 말에 대해 그 진위 여부를 짚어 볼 생각은 않고 '왜 그런 말을 했느냐'는 식으로 따지고 화를 내는 것은 문제를 풀겠다는 자세가 아니다"(조선일보 5월 26일자 사설).

"문제는 그에게 자신의 말을 주워 담게 만들었다고 해서 그가 언급한 '미국이 한국을 못 믿는다'는 사실 자체가 달라지는 것은 아니라는 점이다. 한국 정부가 야치 차관의 발언에 발끈해 있던 그 시각, 리처드 롤리스 미 국방부 부차관보는 하원 청문회에서 한·미 관계에 대해 '동맹 관리는 어려운 과제'라고 말했다. 지난 주 워싱턴에서 열린 세미나에서 짐 리치 미 하원 아태소위원장은 '한국이 20세기 정치와 경제 안정에 결정적 기여를 했던 한·미 동맹을 21세기 들어와 별 생각 없이 저버리는 것은 현명치 못하다'고 말했다. 클린턴 행정부 당시 대북정책조정 관을 지낸 웬디 셔먼은 한국 언론과 가진 인터뷰에서 '노무현 정부와 부시 행정부 사이에 긴장이 조성되고 있다'고 말했다"(조선일보 5월 28일자 사설).

일본 외무성 차관의 발언으로 한바탕 소동을 겪은 뒤 6월 12일에 열린 한·미 정상회담에서 노 대통령과 조지 부시 대통령은 "한·미 동맹이 공고하고 건강하게 발전하고 있다"는 평가를 내렸다. 부시 대통령은 한·미 두 나라가 주요 현안에 대해 "한목소리"one voice라고 두 차례나 강조했다.

그러자 조선일보는 "한·미 정상의 '한목소리'를 지켜 나가려면"이라는 사설 을 내보냈다(6월 13일). "그동안 한·미는 정상이 만나면 총론에서 합의하는 모습 을 보였다가, 정상이 헤어지고 나면 정상 간의 대화나 합의와는 전혀 다른 말을 서슴없이 내놓아 상대방에 대한 불신과 의혹을 키웠던 게 한두 번이 아니었다. 특히 우리 측에 그런 증상이 심했던 게 사실이다. 그래서 정상회담이 오히려 양국 신뢰 관계에 결과적으로 부담이 됐다는 평가마저 나오곤 했다." 이어 사설은 "(한·미 정상은) 6자회담 재개를 전제로 북핵 대응 방안을 협의했다. 그러나 여상과 달리 북한이 6자회담에 복귀하지 않을 수도 있고, 6자회담에 참여하되 국제사회가 전혀 수용할 수 없는 조건을 내걸고 시간끌기에 나설 수도 있다. 이렇게 정상회담에서 공동 대처 방안을 마련해 두지 못한 새로운 상황이 전개되더라도 한·미 양국은 긴밀하게 조율해 불필요한 이견이 노출되지 않도록 입장을 다듬을 수 있어야 한다."

사설의 논지는 분명하다. 미국이 하자는 대로 따르라는 주문이다. 실제로 사설의 결론도 "한·미 정상의 '한목소리'를 지켜 나가기 위해 '정상회담 이후'의 관리에 만전을 기해야 한다"이다. 미국에 의한 대북 선제공격 가능성을 우려하며 보도하는 『뉴욕타임스』나 『워싱턴포스트』와 비교하더라도 놀라운 주장이다.

한·미 정상회담을 분석하는 한국 언론의 평가도 미국 언론과 달리 일면적이다. 동국대 국제관계학과의 이철기 교수가 지적하듯이, 부시는 미국의 기존 태도를 재확인했을 뿐이다(경향신문 6월 13일자 시론). "핵 문제가 해결되고 국제사회에 통용되는 모든 규범 등을 북한이 지킬 수 있을 때 수교 문제를 논의할 수 있을 것"이라는 반기문 장관의 발언을 분석하면, 오히려 후퇴했다는 분석도 가능하다. 북한에게 핵만이 아니라 '국제사회에 통용되는 모든 규범'까지 지킬 것을 요구하고 있기 때문이다.

이미 정상회담을 앞두고 노 대통령은 '동북아균형자론'을 슬그머니 감추었고, 미국의 대북 선제공격이 담긴 '작전계획 5029'에 대해서도 국방장관 회담을 통해 '개념계획'으로 보완·발전하는 데 합의했다.

여기서 냉철히 성찰해 볼 필요가 있다. 결국 일본 외무성 차관의 '동북아 균형

자론 반대'는 한·미 정상회담을 거치면서 실질적 의미를 지니게 되었다. 이는 미국과 일본의 논리에 한국 정부가 순응하게 되었음을 뜻한다. 문제는 그 과정에서 한국 언론이 큰 구실을 한다는 데 있다. 한국 언론은 주한미군의 '동북아 기동군' 재편이나 미국의 대북 선제 핵 공격 가능성에 대해 공론화 과정을 아예 가리틀고 있다. 단순히 여론화나 의제 설정에 소홀하다는 것을 뜻하지 않는다. 앞서 일본 야치 외무성 사무차관 발언 보도와 논평을 통해 살펴보았듯이, 한국 언론은 미국과 일본 집권 세력의 시각으로 한국을 바라보고 있다.

하지만 미국의 부시 정권과 일본의 고이즈미 정권은 자국의 국가이익을 관철하기 위해 침략 전쟁 미화까지 마다하지 않고 있다. 한국 언론의 편향 보도가 단순히 국익만의 문제가 아닌 까닭이다. 남과 북에 살고 있는 대다수 민중의 삶이 미국의 의도에 따라 휘둘리고 있는 차원의 문제가 아닌가. 역설이지만, 그래서다. 한국 저널리즘이 최소한 국익이라도 고려하길 간곡히 촉구하는 까닭은.

'맥아더 동상'과 꼭 닫힌 공론장

더글러스 맥아더Douglas MacArthur. 한국전쟁 당시 유엔군 사령관이었던 그의 동상을 놓고 2005년 9월, 우리 사회에 철거 찬반 논쟁이 거세게 일어났다. 비단 여론의 수준에 그치지 않았다. 9월 11일 인천 자유공원에 세워진 맥아더 동상 둘레에서 찬반론자들 사이에 격렬한 몸싸움까지 일어났다. 집회 초반에는 황해도 민회와 '북파특수임무수행자 보국단' 회원들이 공원으로 들어가는 진보 단체 회원들에게 돌멩이와 계란을 던졌다. 집회 후반부에는 경찰이 동상 주변을 '인간 띠'로 이으려는 진보 단체 참여자들을 막으면서 다시 물리적 충돌이 불거졌다. 찬반 단체의 시민들은 물론이고 전경에 이르기까지 눈이 실명되거나 두개골이 함몰되는 사태가 벌어졌다.

문제는 우리 사회 내부에서 불거졌던 '맥아더 동상 철거 논란'이 아무런 생산적 열매를 맺지 못한 채 서로의 가슴 속에 감정적 골만 깊게 패이게 했다는 데 있다. 기실 의견의 차이는 어느 사회에나 있게 마련이기에 맥아더 동상을 둘러싼 의견의 차이와 갈등을 부정적 현상만으로 보는 것은 옳지 못하다. 의견의 차이를 줄이고 갈등을 해소하려는 노력이 뒤따를 때, 한 사회는 그만큼 성숙해질 수 있기에 더욱 그렇다.

다만 갈등을 해소해 나가기 위해서는 무엇보다 먼저 서로 다른 차이점을 '틀림'이 아닌 '다름'으로 바라보아야 한다. 다름을 틀림으로 인식하고 주장할 때 대화나 토론을 통한 합의 마련은 불가능하기 때문이다. 바로 그 지점에 언론의 존재 이유가 있다. 한 사회 속에 존재하는 언론은 그 사회에서 드러나는 사회 구성원들 사이의 갈등을 공론장에 올려놓고 풀어 나가도록 하는 데 이바지해야 한다.

하지만 맥아더 동상 철거 논란을 둘러싼 갈등 보도를 보면 언론은 갈등 해소에 나서기보다는 오히려 갈등을 감정적으로 부추기는 데 앞장섰다고 해도 지나친 평가가 아니다. 이는 맥아더 동상 철거론에 대한 언론 보도에서 또렷하게 확인된다.

맥아더 동상이 새삼 본격적인 문제로 제기된 것은 재야 통일 단체인 통일연대와 민중연대가 해방 60돌을 맞아 이를 적극 의제로 설정하고 나섰기 때문이다. 2005년이 미군 주둔 60돌이기에 더 그랬다. 실제로 인천 자유공원에서 열린 대회 명칭도 '미군 강점 60주년 청산 주한미군 철수대회'였다. 민중연대 김기완 정책실장이 "맥아더는 점령군 사령관일 뿐 아니라 한국전쟁 때 일어난 미군의 양민 학살에 대해서도 (유엔군 사령관으로서) 책임이 있는데 우리 사회에서는 신격화되고 있다"고 강조한 데서 확인할 수 있듯이, 맥아더 동상 철거론의 계기는 '맥아더 신격화'에 있다.

'자유의 상징'이나, '생명의 은인'으로 불려 온 맥아더. 바로 그랬기에 동상에 대한 비판적 논의도 꾸준히 제기되어 왔다. 인천 지역의 일부 시민 단체들은 "대표적인 공원 중심에 외국의 장군 동상이 있는 나라는 없다"며 "인천 송도에 있는 인천상륙작전 기념관으로 동상을 이전하자"는 제안을 내놓았다. 지난 2002년 6월 경기도 의정부에서 미군 장갑차에 여중생 두 명이 깔려 죽으면서 논의는 한발 더 나아갔다. 시민 단체들은 또 국군 파병과 같은 국가적이고 군사적 현안이 있을 때 동상 앞에서 간헐적으로 이전 또는 철거를 요구하는 시위를 벌여 왔다.

강 교수는 '경애하는 지도자 동지'의 품에 안기라

강정구 동국대 교수는 27일 '6·25전쟁은 통일전쟁이자 내전(內戰)이었다'며 '이 집안싸움에 미국이 개입하지 않았다면 전쟁은 한 달 이내에 끝났을 것이고 실상과 파괴라는 비극은 없었을 것'이라고 주장했다. 강 교수는 친북(親北)노 인터넷매체 '데일리 서프라이즈'에 기고한 칼럼에서 '전쟁 때문에 생명을 박탈당한 400만명 대부분에게 미국은 생명의 은인이 아니라 생명을 앗아간 원수'라며 '전쟁광(狂) 맥아더의 동상도 함께 역사 속으로 던져버려야 한다'고 했다. 그는 2001년 8·15 행사 때 북한의 김일성 생가(生家)인 만경대를 방문해 방명록에 '만경대정신 계승하여 조국통일 이룩하자'는 글을 남겼던 사람이다. 강 교수의 글 속엔 6·25전쟁에서 北(북)이 승리해 '적화(赤化)통일'이 성사되지 못한 것을 안타까워하는 감정이 절절이 배어 나온다.

우리 헌법은 학문의 자유와 언론·출판의 자유를 보장하고 있지만, 교수가 강단 밖에서 헌법에 적대적(敵對的)인 의견을 발표하는 것까지 용인(容認)하지는 않는다. 학문을 닦고 연구하는 학문(學問)의 자유도 헌법을 존중해야 한다는 의무를 이탈해서는 안 된다는 것이 학계의 통설(通說)이다. 아무리 학문적인 의사 표시라도 우리 헌법 원리인 민주공화국과 자유민주적 기본질서를 부인하고 침략 전쟁을 옹호하는 것은 용인되지 않는다는 의미다.

독일기본법 18조는 '의견발표의 자유, 특히 출판의 자유 등을 자유민주적 기본질서를 공격하기 위해 남용(濫用)하는 자는 그 기본권을 상실한다'고 규정하고 있다. 우리 헌법 37조 역시 '국민의 모든 자유와 권리는 국가안전보장과 질서유지를 위해 필요한 경우 제한할 수 있다'는 명시적 법률유보조항을 담고 있다.

강정구 교수는 대한민국 대학사회에 몸 담고서 학생을 가르치는 사람이다. 강 교수가 이렇게 대한민국의 자유민주적 기본질서를 공격하고 김일성·김정일 세습 독재체제에 의한 한반도 통일을 지지하는 활동(活動)을 계속하는데도, 대한민국 대학의 강의실에서 계속 학생들을 가르치게 내버려둬도 되는 건지는 해당 대학이 먼저 판단할 일이다. 1992년 대법원은 '교사가 수업의 자유를 내세워 자유민주적 기본질서를 침해할 수 없으며 가치중립적이거나 반(反)도덕적인 교육을 할 수 없다'고 판시(判示)했다. 강 교수는 대한민국에 살면서 대한민국을 증오(憎惡)만하는 것으로 삶의 의미(意味)를 찾을 게 아니라 그가 그토록 숭배(崇拜)하는 김정일 위원장의 조선민주주의인민공화국에서 새 삶을 찾는 게 나을 것이다.

조선일보, 2005년 7월 29일 사설

2005년 5월에 접어들며 우리민족연방제통일추진회의를 비롯한 통일운동 단체 대표들이 "식민지 역사의 잔재와 왜곡된 역사를 바로잡는 것은 제국주의의 상징인 맥아더 동상을 철거하는 데서부터 시작해야 한다"며 동상 앞에서 한 달 동안 천막 농성을 할 때부터 논의는 불붙기 시작했다. 가령 '평화와 참여로 가는 인천연대'는 "남북이 어울려 지난해 6·15 대회에 이어 올해 아시아육상선수권대회를 여는 등 인천이 평화의 도시로 정착하려면 전쟁을 상징하는 조형물이 대표적 공원의 중심에 있는 것은 맞지 않는다"고 주장했다.

그런 가운데 강정구 동국대 사회학과 교수가 7월 말 인터넷 신문 〈데일리서프라이즈〉에 기고한 "맥아더를 알기나 하나요?"에서 맥아더를 △ 38선을 선포 조국을 두 동강 낸 당사자 △ 식민지 총독과 같은 태도를 보인 점령군 사령관 △ 중국과 북한에 대한 원자탄 투하 계획을 내놓은 전쟁광으로 규정하면서 논쟁은 급속도로 퍼져 갔다.

언론이 강 교수를 비난하는 보도를 쏟아 냈기 때문이다. 가령 "강 교수는 '경애하는 지도자 동지'의 품에 안기라"(조선일보)거나, "강정구 교수는 왜 대한민국에 있는가"(동아일보) 따위의 색깔 공세가 신문에 활자화했다. "교수가 '적화

맥아더는 자유민주주의 지킨 공로자다

인천 자유공원 내 맥아더 장군 동상 철거를 주장해온 일부 재야단체의 움직임이 더욱 조직화되고 있어 우려된다. 끊임없는 농성과 시위는 기본이다. 최근엔 '전쟁광 맥아더의 동상은 역사 속으로 던져야 한다'는 한 교수의 기고에 이어 '맥아더 장군은 학살자'라는 노래까지 전파되고 있다. 어제 집회에선 "점령과 학살의 상징인 맥아더 동상은 곧 철거될 것"이라고 목청을 높였다고 한다.

이들의 언동을 보면 한마디로 '이제 우리들 세상이 왔다'는 식의 안하무인이다. 대다수 국민의 동조 여부에는 아랑곳없이 억지와 궤변을 늘어놓기 때문이다. 이들은 맥아더 장군을 '호전론자' '제국주의의 상징' '점령군의 괴수'로 규정한다. 그러나 이는 사실관계의 왜곡은 물론 남쪽의 정통성을 훼손하려는 악의적 선전선동일 뿐이다. '호전론자'는 기습 남침을 한 김일성이고, '제국주의'라면 이런 김일성을 뒤에 지원한 소련이 각각 표본 아닌가.

맥아더 장군은 이런 공산 제국주의 세력의 도발을 막기 위한 전쟁을 지휘한 것뿐이다. 그런데 어떻게 그런 해괴한 논리를 주장할 수 있는가. 혹시라도 동상 철거 운동을 통해 우리 사회에 일고 있는 반미(反美) 바람을 확산시켜 주한미군을 철수케 하려는 의도가 있다면 당장 중지하라. 우리 국민이 그런 선동에 넘어갈 것이라고 판단했다면 큰 오산임을 알아야 한다.

맥아더 장군은 한국전쟁 당시 인천상륙작전을 성공시켜 적화 위기에 있던 우리를 구한 인물이다. 그리고 그 동상은 오늘 우리가 누리고 있는 소중한 자유민주주의를 지켜낸 상징적 기념물이다. 따라서 이를 철거하자는 주장은 적화통일이 되지 않은 것을 아쉬워하는 것이나 다름없다는 뜻을 명심하라.

그러나 이들은 이 부분에서도 왜곡을 일삼고 있다. '맥아더가 일부 친미주의자들의 자유만 지켰다'는 주장이 그것이다. 과연 그럴까. 오히려 동상 철거를 주장하는 집회를 허용해주는 자유민주체제를 이 땅에 존속하게 한 맥아더 장군을 고맙게 여겨야 할 것이다.

중앙일보, 2005년 9월 12일 사설

통일' 무산 아쉬워하는 나라"라고 개탄(문화일보)하는 신문조차 있었다.

언론의 원색적 색깔 공세로 더 자극을 받은 세력은 이른바 '보수 단체'들이다. 이를테면 인천 황해도민회는 "김일성이 동족을 친 6·25 남침 때 인천상륙작전으로 한국을 구출했던 우리 민족의 은인인 맥아더 장군에 대한 감사의 마음으로 1957년 인천 시민이 세운 것"이라며 "동상 철거는 있을 수 없는 일"이라고 주장했다. 이들 단체는 "맥아더 동상을 지켜 내는 것은 한·미 동맹과 자유대한을 지켜 내는 제2의 인천상륙작전"이라며 '동상 사수'를 다짐하기도 했다.

언론의 감정적 보도와 논평은 9월 11일 인천시 자유공원의 '충돌' 뒤에도 이어졌다. 중앙일보의 9월 12일자 사설("맥아더는 자유민주주의 지킨 공로자다")은 "맥아더 장군 동상 철거를 주장해 온 일부 재야 단체의 움직임이 더욱 조직화되고 있어 우려된다"며 "이들의 언동을 보면 한마디로 '이제 우리들 세상이 왔다'는 식의 안하무인이다. 대다수 국민의 동조 여부에는 아랑곳없이 억지와 궤변을 늘어놓기 때문"이라고 썼다. 무엇보다 이 신문은 "맥아더 장군은 한국전쟁 당시 인천상륙작전을 성공시켜 적화 위기에 있던 우리를 구한 인물"이라 규정하고 곧이어 "이를 철거하자는 주장은 적화통일이 되지 않은 것을 아쉬워하는 것이나 다름없다는 점을 명심하라"고 선을 그었다.

중앙일보의 이 사설은 언론이 앞장서서 특정 논의를 아예 근본부터 막아 버린 대표적 사례다. 철거론이 "적화통일이 되지 않은 것을 아쉬워하는 것"이라는 데 누가 감히 철거 주장을 마음 편하게 할 수 있겠는가. 같은 날 세계일보 사설("'맥아더 동상 철거'가 부른 보·혁 충돌")도 같은 논리를 전개한다. "인천상륙작전과 맥아더를 부인하는 것은 자유 대한민국의 정체성을 부인하는 것이나 다름없는 행위"다.

두 신문만이 아니다. "이 정권은 미국의 6·25 참전을 뭐라 정의하나"(조선일보), "국가정체성 부정 폭력에 눈감은 정부"(동아일보), "자유민주주의 도전 더 이상 방치할 수 없다"(문화일보) 따위의 감정적 비난이 잇따랐다.

이미 사설을 낸 중앙일보는 다시 13일자 사설("동상 철거에 여당 중진까지 가세한 현실")에서 맥아더에 대한 평가를 학계에 맡기자고 주장한 열린우리당의 장영달 의원을 비난 한 뒤 아예 토론 자체를 부정했다. "맥아더의 개입이 없었다면 한국은 적화될 수밖에 없었던 명백한 역사적 사실을 놓고 무슨 토론이 필요한가. 결국은 북한으로 통일이 안 된 것이 그렇게 안타깝다는 얘기밖에 안 된다."

하지만 '맥아더 동상 철거론'을 '적화통일 안 된 것이 안타까운' 논리로 곧장 등식화하는 것은 지나친 단순논리다.

하지만 동상 철거론이 중시하는 대목은 맥아더가 한국전쟁에서 보인 전쟁광의 모습이다. 한국 현대사 연구의 권위자인 미국의 브루스 커밍스Bruce Cumings는 저서 『김정일 코드』에서 맥아더가 전쟁 초기부터 원자폭탄 투하를 꿈꿨다고 분석했다.

맥아더는 1950년 7월 9일. 전쟁이 벌어진 지 겨우 보름 남짓 되던 날 원폭작전을 공식 제기했다. 미국 합참은 다행히 맥아더의 광기 어린 요구를 거부했다. 하지만 그해 10월 중국군 참전을 명분으로 맥아더는 다시 원자폭탄 투하를 열망했다. 맥아더는 "적의 전진을 지연시키기 위해서는 26개의 원자탄이 필요하다"고 강조했다. 맥아더를 보는 찬반의 선입견에서 벗어나 당시 그가 한 말을 차분히 톺아볼 때가 되었다.

"동해로부터 서해에 이르기까지 코발트 방사선으로 막을 형성할 것이다. 그 지역의 생명체는 60년, 혹은 120년 후에야 다시 소생할 것이다."

만일 맥아더의 '전략'이 현실로 나타났다면 어떻게 되었을까. 맥아더가 발언한 시점에서 "아직 60년 혹은 120년이 지나지 않은" 이 땅에는 "동해로부터 서해에 이르기까지" 생명체 없는 회색 지대가 두텁게 형성되어 있을 가능성이 높다.

비단 브루스 커밍스만이 아니다. 미국 국무부에서 역사자문위원으로 활동한 역사학자 마이클 샬러는Michael Schaller 『더글러스 맥아더』에서 맥아더가 더 큰 권력을 추구했다고 증언했다. 가령 검은 색안경과 목도리, 파이프와 말채찍으로 자신을 상징화하거나 자신에게 호의적인 기사를 쓴 『타임』 기자를 초청해 '보답'을 아끼지 않았다.

강정구 교수가 『미디어오늘』과 가진 인터뷰(8월 25일)에서 "언론이 사실 논쟁을 이념 논쟁으로 왜곡하고 있다"고 주장한 이유도 여기 있다. 그는 "6·25를 북한 지도부가 시도한 통일 전쟁이라는 나의 주장은 '6·25는 이승만과 미국의 북침에 따른 정당방위'라는 북한의 규정을 뒤집는 것"이라며 "그들의 논리에 따르면 오히려 나는 남쪽을 찬양·고무하고 있다"고 말했다.

심지어 강정구 교수가 재직하고 있는 동국대 학생들 사이에 강 교수 추방위원회 구성을 제안한 인물이 재향군인회 서울지회장인데 그를 마치 대표성이 있는 학생처럼 부각하기도 했다. 〈민중의 소리〉에 따르면 인도철학과 4학년 김병관 씨는 52살로 2002년 동국대에 수시 모집 특별 전형으로 입학했고 '반핵반김국민협의회' 운영위원장 업무도 대행했다. 하지만 대다수 언론은 그런 사실을 생략했다.

"토론이 필요 없다"고 강변하면서 공론화를 가로막은 언론들은 정작 자신들

동아일보, 2005년 9월 16일

의 일방적 논평을 여론 시장에 쏟아 부었다. 그런 가운데 신문사의 이해관계와 맞물려 있는 문제를 맥아더 동상 논란과 연결하는 칼럼들이 곰비임비 이어졌다. 가령 조선일보 강천석 논설주간의 9월 17일자 칼럼("가윗날 평상 위의 역사가들")이나 동아일보 홍찬식 논설위원의 9월 16일자 칼럼("맥아더 공격과 역사 청산은 닮았다")은 맥아더 동상 철거론을 원색적으로 폄하한 뒤 이를 '과거사 진상조사'(강 주간)나 '역사 청산'(홍 위원)과 똑같은 행태라고 몰아세운다.

두 사람의 칼럼은 조선일보와 동아일보가 자신들이 지닌 친일 경력 때문에 과거사 진상 규명 운동을 부정적으로만 보도해 온 사실에 견주어 볼 필요가 있다. 창간이 늦었기에 친일의 과거가 없는 중앙일보의 정진홍 논설위원이 9월 13일자 칼럼("맥아더와 삼성")을 통해 "이 나라를 송두리째 끝장내려는 분명한 의도를 가진 세력이 엄존하고 있음을 실증하는 두 가지 사례가 맥아더 동상 철거와 삼성 때리기"라고 주장한 것도 같은 맥락이다. 결국 맥아더 동상 사수나 옹호는 어느새 '과거 청산'에 반대하고 삼성을 옹호하는 논리로 둔갑했다.

중앙일보, 2005년 9월 13일

앞서 언급한 9월 11일의 충돌 과정에서 날아온 돌에 맞아 두개골이 함몰된 사람을 비롯해 부상당한 시민도 20여 명에 이르렀다. 부상자를 태운 병원 구급차가 현장을 떠날 때 이를 막아서며 "저 안에 빨갱이가 타고 있다"고 외친 사람들이 있다. 병원 구급차를 막은 사람들과 '동상 철거론'을 '적화통일론'과 곧장 연결한 한국 언론은 정확히 닮은꼴이 아닐까.

언론의 일방적인 여론 몰이와 민중연대 집행위원장의 말을 비교해 보면 한국 언론의 공론장이 지닌 문제점이 극명하게 드러난다. 박석운 집행위원장은 "보수 단체들에게 아무런 조건 없는 맥아더 평가 공개 토론회를 제안한다"고 말했다. 토론은커녕 상대의 논리를 자극적 색깔론으로 왜곡하여 매도하거나 심지어 자사의 이해관계까지 추구하는 모습은 한국 저널리즘과 공론장이 얼마나 폐쇄적인가를 새삼 확인해 준다.

공안 당국보다 서슬 푸른 공안 언론

공안. 말뜻 그대로는 퍽 좋은 말이다. 공안公安은 '공공의 안녕질서'를 의미하지 않은가. 하지만 그 뒤에 '세력'이 붙으면 공안의 뜻은 확연히 달라진다. '공공의 안녕질서'라는 본디 뜻과 되레 정반대가 된다. 공안을 빌미로 사회 구성원들의 인권과 민주주의를 짓밟는 세력이 엄존해 왔기 때문이다. 그랬다. 유감이지만 공안 당국은 한국 사회에서 공안 세력의 의미가 더 두드러졌다.

물론, 공안 세력은 언제나 홀로가 아니다. 언론을 적극 활용한다. 언론을 통하지 않고 공안 세력의 '논리'를 넓혀 갈 수는 없기 때문이다. 이를테면 매카시즘이라는 말을 낳은 미국의 조 매카시Joseph McCarthy 상원의원도 언론을 적극 이용했다. 매카시의 발언을 중계하듯 보도한 미국 언론에게 '매카시즘 경계'는 그가 몰락한 뒤 숙제가 되었다.

한국 사회에서 매카시즘은 어떠한가. 마찬가지다. 이승만 정권이나 박정희 정권이 '사법 살인'한 진보당이나 인혁당 사건이 상징하듯이 "북쪽과 연계성"은 한국 사회에서 가장 두려운 '낙인'이었다. '친북 세력'이라는 공안 당국의 규정이 어떤 의미인지 사회 구성원 대다수는 몸으로 알고 있다.

문제는 군부독재가 물러가고 '문민정부'와 '국민의 정부'에 이어 '참여정부'

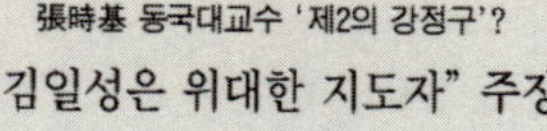

조선일보, 2005년 10월 14일

가 들어섰는데도 공안 세력의 힘이 전혀 줄어들고 있지 않다는 데 있다. 그 이유는 무엇일까. 2005년 10월의 한국 언론을, 그리고 사회 전반을 뜨겁게 달군 '공안 사건' 보도는 그 원인을 분석하는 데 큰 시사점을 준다.

대표적 왜곡 사례가 동국대 장시기 교수(영문과)의 글을 둘러싼 보도다. 장 교수가 '민주화를 위한 전국교수협의회 홈페이지'에 실은 글을 조선일보가 10월 14일자 1면과 A5면에 기사화하면서 큰 논란이 불거졌다. 조선일보의 기사 제목은 "장시기 동국대 교수 '제2의 강정구'? : '김일성은 위대한 지도자' 주장"이다. 이튿날 사설은 더 자극적이다. 제목부터 "튀어서 눈길 끌려는 대학가의 강정구 무리"다. 사설은 장 교수의 글 가운데 "1960년대 이후 아프리카 나라들의 독립에 가장 걸림돌 역할을 한 나라는 미국"이라거나 "미국과의 싸움에서 아주 당당했던 김일성은 (아프리카인들에게) 존경스러운 지도자였다"고 한 대목에 집중했다.

하지만 민교협 홈페이지에 실린 장 교수의 글 전문을 읽어 보면 정작 논지의 핵심은 다른 데 있다. 가령 안식년을 활용해 남아프리카 공화국에서 연구하고 있는 장 교수는 "아프리카인들은 비로소 만델라와 움베키를 통하여 근대적 지도자의 우상에서 벗어나고 있다"면서 "하나의 한반도 속에서 김일성은 가장 위대한 근대적 지도자들 중의 하나"라고 말했다.

요컨대 '근대적 지도자'임은 분명하지만 "피의 동일성을 근거로 만들어진 민족주의의 근대는 끝나 가고 있다"는 게 핵심이다. 장 교수는 다음과 같이 강조했다.

"이곳 아프리카인들은 만델라와 움베키를 통하여 비로소 근대의 민족주의를 극복했다. 한반도의 위대한 근대적 지도자 김일성은 이미 죽었다. 죽은 사람의 시대는 과거로 돌려야만 한다. 이제 한반도에서 필요로 하는 사람은 이미 죽은 간디나 낫세르와 같은 근대의 민족주의 지도자가 아니라 살아서 인류의 미래를 만들고 있는 만델라나 움베키처럼 남과 북을 모두 포용하는 한반도주의와 아시아주의를 만드는 세계주의의 지도자이다."

어떤가. 누가 읽더라도 장 교수의 글은 "김일성 찬양"에 있지 않다. 따라서 이를 '김일성 예찬'으로 보도하는 기사는 전체 맥락을 무시한 전형적인 왜곡 보도다. 게다가 왜곡 보도에 근거해 격렬한 사설까지 나왔다.

"역사와 현실에 대한 최소한의 객관성도 없는 튀는 주장으로 제2, 제3의 '강정구'가 돼 시선을 끌어 보겠다는 천박한 소영웅주의의 구린 냄새가 풍길 뿐"이라고 매도한 조선일보 사설은 다음과 같이 결론을 욕설로 '마무리'한다.

"하루 빨리 삼류와 얼치기들을 몰아내야 대학이 바로 서고 나라가 바로 설 수 있다."

비슷한 사실 왜곡은 10월 15일 동아일보 논설위원의 칼럼 "부활하는 김일성"에서도 자행된다. 앞서 보았듯이 장 교수의 글은 '김일성 부활'과 아무런 관련

| 횡설수설 | 부활하는 김일성

조기숙 대통령홍보수석비서관은 어느 강연에서 "미국의 대학 교수들은 진보적 입장을 가진 사람이 압도적으로 많은데 한국의 교수 사회는 정반대로 보수쪽이 너무 많다"고 밝힌 적이 있다. 요즘 대학 주변의 상황을 보면 그런 지적에 이의를 제기할 사람이 적지 않을 것 같다. 미국 인문학 교수들의 좌(左)편향에 대해 소설가 홍상화 씨가 중편소설 '디스토피아'에서 인용한 대목이 떠오른다.

▷'학교를 졸업하면 대부분 사회로 진출하지만 졸업 후에도 대학에 남아 있는 사람이 바로 학자들이다. 그들은 자신들의 우수성이 다른 곳에서도 인정받기를 원하지만 현실이 그렇지 못할 때 자신보다 나은 상대에게 질투심을 품는다. 그 질투심이 좌경화의 한 이유다.' 한국의 대학에서도 적용될 수 있는 논리인지 궁금하다. 동국대 강정구 교수에 이어 같은 대학의 장시기 교수가 '김일성은 위대한 근대적 지도자'라고 밝혀 파문을 빚고 있다. 흔들리는 국기(國基)에 또 한번 일격을 가한 발언이다.

▷김일성은 1945년 10월 평양에서 열린 '김일성 장군 환영대회'에서 처음 대중 앞에 나타났다. 33세의 젊은 나이였다. 그가 사망한 1994년까지 50년 가까이 북한체제의 지도자였던 점은 분명하다. 장 교수는 "아프리카에서도 김일성을 위대한 지도자라고 생각한다"고 말했으나 누구나 그렇게 장기 집권하면 강한 인상을 남길 수밖에 없다. 북한에서 김일성 평가는 찬사 일변도지만 한국의 평가는 달라야 한다. 독재시절 반공교육에서 가르쳤던 시각도 곤란하다. 사실과 본질을 중시하는 지식인의 자세로 접근해야 한다.

▷300만 명의 동족을 희생시킨 6·25전쟁을 일으킨 장본인을 민족지도자로 치켜세우는 것은 학자적 소신과 학문의 객관성 그 어느 것도 아니다. 김일성이 가졌던 가장 큰 꿈은 '조선민족 모두가 쌀밥에 고깃국을 먹는 것'이었다고 한다. 김일성이 50년간 절대 권력을 행사한 결과가 오늘날 북한 주민의 배고픔이라면 평가는 이미 끝난 것과 다름없다. 장 교수는 왜 김일성의 '부활'을 바라는 것일까.

홍찬식 논설위원 chansik@donga.com

동아일보, 2005년 10월 15일

반민전 **北노동당 소속 對南선전기구**

구국전선 **반민전 홈페이지… 日에 서버**

강정구 교수의 글들이 올라 있는 사이트 '구국전선'은 북한 노동당 통일전선부 소속 대남 전위기구인 반제민족민주전선(반민전)이 일본에 서버를 두고 운영하는 홈페이지다.

반민전은 올 3월 이전까지는 한국민족민주전선(한민전)이란 이름을 사용했다. 1985년 7월 결성된 반민전은 '항일혁명의 전통과 영생불멸의 주체사상을 자양분 삼아 성장한 전위조직으로 한국 각계각층에 스며들어 있다'고 홈페이지에 소개돼 있다.

북한은 줄곧 반민전이 남한의 자생 조직이라고 주장하고 있다. 그러나 공안당국은 반민전이 조국통일범민족연합(범민련)과 마찬가지로 노동당 통일전선부 소속 대남 전위기구인 것으로 파악하고 있다. 반민전이 온라인상에만 존재하는 단체인지, 실제로 존재하는 단체인지는 불분명하다. 범민련은 남한에 법원에 의해 이적단체로 규정된 범민련 남측 본부를 두고 있다.

구국전선은 주로 김일성(金日成) 부자의 우상화물 선전과 북한 체제를 찬양하는 사이트로 다른 친북 사이트들과 연결돼 있다.

과거 이 사이트에 실린 글들이 진보단체 홈페이지에 게재돼 문제가 되기도 했으며, 올해 8월 15일 조국통일범민족청년학생연합 남측 본부 홈페이지 자유게시판에 '구국전선 편집국'이라는 작성자 이름으로 '위대한 영도자 김정일 장군님께'라는 제목의 글이 게재되기도 했다.

이 같은 친북·이적성 때문에 이 사이트는 지난해 11월 국가정보원과 경찰청의 요청에 따라 정보통신부가 접속을 차단했으며, 현재 경찰이 24시간 감시하고 있다. 국정원은 자주평화민족대단결 등 모두 31개 친북 사이트의 접속을 차단하는 조치를 취했다. 이종석 기자 wing@donga.com

동아일보, 2005년 10월 14일

이 없다. 오히려 김일성의 '근대적 지도'가 더는 적절하지 않다는 분명한 언명을 담고 있다.

더 심각한 논평은 중앙일보 사설 "다음에는 북한 체제를 지지할 참인가"이다. 사설은 단순한 왜곡이나 욕설에 그치지 않는다. 한발 더 나아간다. "대학 교수의 주장이라고 해서 모두 학술적인 것은 아니다"라며 "그들의 주장이 연계성을 가진 게 아닌지 점검해 볼 필요도 있다"고 주장한다. 여기서 중앙일보가 제기한 '연계성'은 더 말할 나위 없이 평양과의 연계다.

북쪽과의 연계성 주장은 동아일보 기사에서도 확인할 수 있다. 동아일보는 강정구 교수의 발언과 행동이 '북한노동당 통일전선부 소속 반민전 등의 행동지침'에 이론적 틀을 제공해 왔다는 판단과, 강 교수의 칼럼 여러 개가 반민전 홈페이지에 실려 있는 사실을 기술한 경찰 의견서를 10월 14일 1면 머리기사와 3면 전체, 사설에 걸쳐 아무런 여과도 없이 편집했다. 심지어 '구국전선'의 조직도까지 실어 '간첩사건'의 이미지를 심어 주었다. 강 교수의 칼럼이 반민전 홈페이지에 올라간 경위에 대해서는 전혀 취재조차 되지 않은 채, 공안 당국의 의견서

하나만을 근거로 거침없이 다음과 같이 보도했다.

"이 사건이 새로운 국면으로 접어들었다."

언론이 공안 당국보다 한발 더 나아가고 있음을 명백히 보여 준 사례가 아닐 수 없다.

그래서다. 언론 비평의 가장 기초부터 되짚어 볼 필요가 있다. 저널리즘에서 무엇보다 중요한 원칙은 사실 확인 또는 정확성이다. 조선일보와 중앙일보의 사설, 동아일보 논설위원의 칼럼은 논평의 자유 문제가 결코 아니다. 정확하지 않은 사실, 아니 왜곡된 보도에 근거하고 있기 때문이다.

문제는 세 신문의 사실 왜곡과 논평이 단순히 언론 보도의 영역에 그치지 않고 한국 사회 전반을 소모적 논쟁으로 몰아가는 데 있다.

당장 제1야당인 한나라당이 언론 보도에 적극 '호응'하고 나섬으로써 느닷없이 '공안 문제'가 정가의 주요 쟁점이 되었다. 한나라당은 "김일성 때문에 대접받고 사는 사람들이 어찌 장시기 교수뿐이겠느냐"는 물음에 이어 거침없이 논평을 쏟아 냈다. "강정구 교수를 사력 다해 비호하는 사람들"은 "대한민국 국민으로부터 대접 받을 생각을 포기하는 사람들"이란다.

공당의 논평에 섬뜩함을 느끼지 않을 수 없다. 민주주의 사회의 주요 공론장이어야 할 언론과 정당이 오히려 공론장을 살천스레 비틀고 있기 때문이다. 공론장의 뒤틀림은 천정배 법무부 장관이 강정구 교수에 대한 '불구속 수사' 지휘권을 검찰총장에게 서면으로 행사한 사실을 보도한 데서도 확연히 나타난다.

천 장관의 '지휘권 행사'에 대해 앞서 열거한 신문들은 다시 자극적 보도와 논평을 쏟아 냈다. 가령 조선일보 사설이 대표적이다. 사설 제목부터 다짜고짜 묻는다. "이 정권은 강정구 씨의 國選변호인인가." 중앙일보도 사설을 통해 천 장관의 "수사 지휘"가 검찰 독립을 침해한다고 날을 세웠다. 동아일보는 아예 김종빈 검찰총장에게 "끝까지 검찰 독립 수호하라"며 '항명'을 촉구한다.

이 정권은 강정구씨의 國選변호인인가

천정배 법무부장관이 "6·25는 북한의 통일전쟁"이라고 주장한 강정구 동국대 교수에 대해 불구속 수사를 하라고 검찰총장에게 지휘권 發動을 조치를 내렸다. 검찰청법 8조는 "법무부장관은 구체적 사건에 대해 검찰총장만을 지휘 감독한다"고 규정하고 있다. 법률적으로는 가능하지만 법무장관의 지휘권 발동은 사법 사상 初有의 일이다.

강정구씨의 발언을 놓고 검찰 내부에서는 당연히 구속 對象이라는 의견이 많았다고 한다. 허준영 경찰청장도 "학문의 자유는 인정하더라도 이를 심오하게 생각하면 끝이 없다"며 구속의견을 냈다. 그러나 여권은 강씨의 주장이 학문적 토론의 대상이지 사법처리의 대상은 아니라고 감싸고 있다. 청와대 비서실장도 강씨의 발언이 표현의 자유에 속한다고 나서 청와대가 '신중한 수사'를 주문했다는 이야기가 퍼지고 있다.

이런 상황에서 법무장관의 지휘권 발동은 정차권의 검찰에 간섭이라는 지적을 피하기 어렵다. 장관의 지휘권 발동은 검찰 결정이 크게 그릇됐다는 판단이 서야만 내려질 수 있는 조치다. 설사 검찰 결정이 잘못된 것이라 해도 법원에서 얼마든지 바로잡을 수 있는 사안이다.

검찰총장에 대한 지휘권 발동은 집권여당 소속의 장관이 검찰의 독립을 위협하는 前例가 될 수 있다. 검찰을 정치적 外風으로부터 막아주는 방파제 역할을 해야 할 법무장관이 오히려 수사의 독립성을 해치는 지시를 한 것은 아무리 법률에 근거한 것이라 하더라도 무리한 정치적 개입으로 볼 수밖에 없다. 일본에서는 1954년 해운업계의 정치인 뇌물로비 사건을 수사하던 검찰에게 이누카이 법무장관이 '체포하지 말라'고 지휘권을 발동했다가 여론의 비난에 굴복해 사임해야 했다. 당시 요시다 내각도 이 사건으로 무너졌다.

사실 사상·출판의 자유가 있고 '사상의 자유 市場'이 정상적으로 가동되는 나라라면 강씨의 편협하고 조잡한 주장은 구속 논란까지 올 필요도 없이 그 시장에서 정리됐을 것이다. 그러나 우리의 '사상의 자유 시장'은 강씨 같은 삼류 주장조차 직접 解消하지 못하고 있다는 데 문제가 있다. 現 정권이 출범 이후 '官營' 방송 등을 통해 특정 이념을 퍼뜨리면서 사상의 자유 시장 질서를 해치는 불공정행위를 계속해 온 게 그 원인이다.

강씨의 주장은 平地突出 형식으로 튀어나온 것이 아니다. 이 정권 출범 이후 계속된 사상의 자유 시장에 대한 정부의 간섭과 조작 등 불공정행위의 연장선에서 나온 것이다. 그런 마당에 이 정권이 학문과 표현의 자유를 들먹이고 법무장관의 수사지휘권까지 꺼내들면서 강씨를 감싸고 도는 것은 우스꽝스러운 일이다.

조선일보, 2005년 10월 13일 사설

공영방송들까지 공안 세력의 여론 몰이를 거들고 나섰다. 민주언론운동시민연합이 분석했듯이, 방송 3사는 천 장관의 수사 지휘권 발동에 대해 교묘하게 반대 여론을 부추겼다. 이를테면 한국방송KBS은 "천정배 법무장관이 검찰에 불구속 수사하라고 지시해 논란이 되고 있다"거나 "헌정사상 유례가 없는 일이어서 검찰 내부에서도 미묘한 기류가 흐르고 있다"고 보도했다. 문화방송MBC은 "헌정사상 처음 있는 일, 적지 않은 파장이 예상된다"로, 서울방송SBS도 "검찰 사상 처음 있는 일"이라고 보도해 '헌정사상 초유'임을 부각했다. 방송 보도를 들은 시청자들에게 의도했든 아니든 부정적 이미지를 준 결과가 되지 않았을까.

과거 권위주의 정권 아래서 청와대나 법무장관이 음성적으로 검찰권에 개입해 온 사실에 비추어 서신으로 투명한 '수사 지휘'를 한 사실이 "헌정사상 초유"의 문제로 보도하는 게 과연 진실 보도인지를 따져 볼 필요가 여기에 있다.

냉철하게 보면, 천 장관의 '지시'는 엄연히 헌법과 법률에 입각한 정당한 권한 행사다. 증거 인멸이나 도주의 우려가 없는 피의자에 대해 불구속 수사를 하라는 '권한 행사'는 너무 늦었음을 비판할지언정 원칙적으로는 환영해야 마땅한 사안이다. 인신 구속이 남발되어 온 국가보안법 관련 사건에 법무부 장관이 '불구속 수사'라는 지휘권을 발동한 사실은 '인권 신장을 위한 수사 관행의 개선'이라는 차원에서 적극 평가할 일이다. 실제로 형사소송법 제70조는 "죄를 범했다고 의심할만한 상당한 이유가 있고 주거가 일정치 않거나 증거 인멸, 도주 우려가 있을 때"로 구속 사유를 명문화하고 있지 않은가. 더욱이 천 장관은 강 교수 수사를 중단하라고 요구한 것도 아니다.

그럼에도 언론은 천 장관의 지휘권 행사를 '검찰 독립' 훼손이나 정치적 의도가 깔린 결정으로 규정했다. 언론의 부추김과 공안 검사들의 분위기에 밀려 검찰총장이 사표를 던지자 이를 마치 큰 결단이라도 되는 듯이 보도했다.

결국 정기국회가 열리는 시점에 한국 정치는 한 대학교수가 인터넷 신문에 올린 글을 두고 '소모적 논쟁'만 몇 달째 되풀이한 셈이다. 몇몇 언론이 부추긴 공안몰이에 경찰과 검찰은 물론이고, 야당과 재벌까지 가세함으로써 우리는 많은 것을 잃었다.

첫째, 우리 사회가 성숙하기 위해 꼭 짚고 넘어가야 할 쟁점들이 제대로 토론되지 못한 채 묻혀 가고 있다. 기실 강정구 교수나 장시기 교수가 제기한 문제는 시민사회의 토론을 거쳐 얼마든지 생산적 방향으로 합의를 이룰 수 있는 사안이다. 그럼에도 공안 세력들의 여론 몰이로 아무런 생산적 결실을 이루지 못한 채 심각한 인권 침해가 방치되는 현상으로 나타난 것은 안타까운 일이다. 무엇보다 아무런 근거도 없이 특정인을 '친북 세력'으로 규정하는 여론 몰이는 전형적인 공안 논리가 아닐 수 없다.

둘째, 검찰총장이 법무장관의 민주적 통제에 반발하고 나섬으로써 검찰 독립의 의미를 스스로 훼손했다. 검찰 독립은 그 자체가 목적일 수 없다. 민주공화국의 입법 정치를 지키는 데 있지 않은가. 그럼에도 검찰은 반민주적 여론 몰이에 적극 가담하고, 심지어 그것을 '검찰 독립'으로 '정당화'했다. 공안 검찰이 주도한 소동은 '검찰 독립'이 과연 어떤 의미가 있는가를 많은 사람들에게 깨우쳐 주었다.

역설이지만 바로 그래서다. 이 공안 소동으로 우리 사회가 소모적 논쟁만 벌였다고 판단하기엔 아직 이르다. 잃은 만큼 얻는 게 있게 마련이다.

무엇보다 우리 사회의 성숙을 가로막고 있는 공안 세력의 정체를 파악할 수 있었고, 그 한가운데에 언론이 자리 잡고 있음을 확인했다. 그래서다. 이른바 '친북' 논란에도 분명하게 마침표를 찍을 필요가 있다. 강정구 교수의 주장은 한국전쟁이 북침으로 시작했다는 평양의 주장을 부정하고 있는 점에서 '친북'과 아무런 관련이 없다. 장시기 교수의 글 또한 김일성 주석의 유훈을 중시하는 조선노동당이 보기에는 받아들이기 어려운 비판을 담고 있다. 두 학자의 문제 제기를 한국 언론이 감정과 편견을 넘어서 진지하게 접근할 수는 정녕 없는 걸까. 터무니없는 '평양과의 연계성' 주장은 한국 저널리즘의 수준을 스스로 비하하는 꼴이다.

사실 확인조차 제대로 하지 않고 보도하는 언론과 그걸 토대로 낡은 시대의 색깔 논평을 서슴지 않는 언론, 그들의 비이성적 보도와 논평 속에 정작 한국 사회가 풀어야 할 쟁점들은 억압되고 있다. 공안 언론이 '공안'이라는 말뜻에 충실하기를 간절히 촉구하는 까닭이다.

한·미 관계 보도의 편향적 저널리즘

미국의 미디어 비평가 빌 코바치와 톰 로젠스틸Bill Kovach & Tom Rosenstiel이 지적했듯이 '저널리즘의 첫째 목적'은 사람들이 자유로워지고 자신을 스스로 통치self-governing하는 데 필요한 정보를 제공하는 것이다. 우리가 언론을 민주주의의 핵심으로 보는 이유도 같은 맥락이다. 민주주의의 고갱이가 사회 구성원들의 자기 통치라면, 무엇보다 세상을 이해하는 데 필요한 정보가 충분히 제공되어야 한다.

만일 정반대로 언론이 세상을 이해하는 데 필요한 정보를 사회 구성원들에게 편향되게 제공하거나 아예 제시하지 않을 때, 민주주의는 물론이고, 국가 자체가 심각한 위기를 맞을 수밖에 없다. 유감스럽지만 한국의 정치, 경제, 사회, 문화 각 부문에 큰 영향력을 행사하고 있는 미국과 관련된 한국 언론의 보도가 그 대표적 보기다. 특히 노무현 정권이 들어선 뒤 한국 저널리즘은 한·미 관계를 보도하는 데 분명한 선입견을 드러내고 있다. 노 정권이 미국과의 관계에서 자주적이고 더 나아가 친북적이라는 주장이 그것이다.

물론, 주장은 사시社是에 따라 얼마든지 자유롭게 펼칠 수 있다. 하지만 한국 저널리즘이 노 정권을 자주적이나 친북적이라고 논평하는 것은 지나치게 일면적

北위폐 감싸고 작전권 환수 서두르는 이유 뭘까

노무현 대통령은 신년회견에서 북한의 위조지폐와 전시(戰時)작전통제권 환수 문제에 대해서도 언급했지만 의구심만 키웠다. 대통령의 새해 외교구상에서 한미동맹의 복원과 이에 기초한 한반도 문제의 안정적 해결을 기대했던 국민이라면 실망과 불안을 느꼈음직하다.

노 대통령은 위폐와 관련해 "북한 체제에 압박을 가하고 때로는 붕괴를 바라는 듯한 미국 내 일부 의견에 동의하지 않는다"며 "미 정부가 그 같은 방법으로 문제를 해결하려고 한다면 한미 간 마찰, 이견이 생길 것"이라고 했다. 대통령이 중대한 외교적 사안에 대해 가정(假定)을 전제로 마찰을 예고하는 것부터가 적절치 않다. 미 정부도 "북의 정권교체(regime change)가 목적이 아니다"고 공언해 왔으므로 굳이 이런 식으로 겹고념어질 필요는 없었다.

그보다는 위폐 제조는 '국제 범죄'이므로 결코 용납할 수 없다고 분명히 밝혔어야 했다. 위폐를 둘러싼 한미 간 갈등은 한국이 자꾸 북한을 두둔하는 태도를 보이니까 증폭되는 것이다. 6자회담 재개를 위해 북을 자극하지 않아야 한다고 하지만 이는 원칙에 관한 문제다.

전시작전권 환수 문제에 대한 대통령의 언급도 뜬금없다. 한미는 이미 이 문제를 공동 연구해 그 결과를 올 10월 한미연례안보협의회(SCM)에 올리기로 합의했다. 이를 토대로 환수를 추진한다고 해도 한미연합방위체제에 미칠 영향 등을 종합적으로 고려해야 하므로 실제 환수는 2015년에나 가능하다는 것이 국방부의 판단이다.

그럼에도 대통령은 "올해 안에 환수 문제를 매듭지을 수 있도록 미국과 긴밀히 협의해 나가겠다"고 했다. "올해 안에 안 되면 지속적으로 해 나가겠다"고 덧붙이긴 했지만 환수 일정까지도 서둘러 확정하겠다는 뜻으로 읽힌다. 10년 뒤에나 가능한 일을 이렇게 몰아치는 이유가 무엇인지 궁금하다.

이러니까 '이 정권이 남북관계에 모종의 충격적 변화를 주려 한다'는 등 온갖 관측이 나오는 것이다. 위폐 문제로 미국과 각을 세우고 전시작전권 환수를 서두르겠다는 배경에 북한과 코드를 맞추지 않으면 안 될 절박한 무언가가 있기라도 한 것인가.

동아일보, 2006년 1월 26일 사설

이고 편향된 보도다. 더 중요한 것은 그런 선입견 때문에 정작 독자인 국민이 "세상을 이해하는 데 필요한 정보"를 제공받지 못한다는 데 문제의 심각성이 있다.

가령 동아일보 2006년 1월 26일자 사설을 분석해 보자. 사설 제목이 "北위폐 감싸고 작전권 환수 서두르는 이유 뭘까"이다. 이 제목이 시사하는 바는 명백하다. 노 정권이 친북적이고 반미적이라는 '의심'이다. 사설은 노 대통령이 "위폐 문제로 미국과 각을 세우고 전시작전권 환수를 서두르겠다는 배경"을 추궁한다. 실제로 '북한과 코드 맞추기' 의혹을 곧장 제기한다.

여기서 문제의 사설이 어떤 상황에서 실렸는지 톺아볼 필요가 있다. 미국 대사관은 1월 24일 서울에 온 미 재무부 금융범죄단속반이 이른바 '북한 위폐 문제'와 관련해 한국 정부와 협의한 내용을 공개했다. 대사관의 보도 자료를 보면 "미 재무부 부차관보가 방한 중 북한의 불법 활동을 포함한 자금 세탁, 위조지폐 제조, 대량살상무기WMD 확산과 관련된 자금 흐름을 막기 위해 '한국도 실질적 조치를 신속히 취해 달라'고 요청했다"고 쓰여 있다.

조선일보, 동아일보, 중앙일보가 미 대사관의 보도 자료를 대서특필한 것은 물론이다. 하지만 외교통상부가 발끈했다. 미 대사관의 보도 자료를 공식 반박했다. 보도 자료가 협의 내용을 과장했다면서 "미 재무부팀은 공식이든 비공식이든 우리 정부에 대해 조치를 요청urge한 바가 없다"고 명토 박았다.

미 대사관이 이례적으로 낸 보도 자료와 한국 외교통상부의 견해가 정면으로 충돌한 셈이다. 이어 외교통상부는 미 대사관도 보도 자료가 잘못 나간 사실을 시인했다고 밝혔다. 그런데도 한국 언론은 미 대사관이 "보도 자료의 내용을 그대로 유지한다stand by"고 밝힌 사실을 부각했다.

사실관계가 서로 어긋날 때 언론이 할 일은 무엇일까. 상식이지만, 과연 미 대사관이 '요청'을 했는지 안 했는지 사실관계의 확인이 아닐까. 그런데 세 신문은 사실 확인에 나서지 않는다. 그러면서 저마다 한국을 '대표'한다는 신문들은 오히려 외교부의 공식 반박을 '뒷북치기'나 '한·미 동맹 위기'의 맥락에서 보도하고 논평했다.

가령 동아일보 1월 26일자 '기자의 눈'("'北 위폐' 美의 결례와 외교부의 뒷북")은 "외교부 고위 당국자는 '미국이 침소봉대하고 있다'고 비판했다. 하지만 무엇을 어떻게 침소봉대했는지는 끝내 밝히지 않았다"고 한국 정부를 비난했다. '침소봉대'한 사안을 명시적으로 밝혔는데도 "끝내 밝히지 않았다"고 쓴다.

답답해서일까. 외교부 대변인은 미국으로부터 "해야 할 일을 안 한다는 의미의 촉구를 우리가 들을 입장이 아니다"라고 말했다. 기실 주재국의 대사관이 보도 자료를 돌리는 것 자체가 이례적인 일이고, 사실관계까지 왜곡해 주재국 정부에 '압박'을 가하는 행태는 이례를 넘어 무례한 일이다.

그런데도 한국에서 발행 부수가 가장 많은 세 신문에서 미국 대사관에 대한 비판을 찾아보기 어렵다. 우리 정부에만 화살을 쏘아댄다.

노 정권에 대한 한국 언론의 불편한 시선은 대통령의 신년 기자회견용에 대한 비판에서도 묻어 나왔다. 미국이 '압박과 붕괴'를 통해 '북핵 문제'를 해결하려 할 경우 양국 간에 이견이 생길 것이라고 발언한 대목을 비난하고 나섰다. 미국

조지 부시 정권이 펴 나가는 '위험한 행보'에 한국의 대통령이 해야 할 최소한의 경고조차 한국 신문이 훌닦고 있는 것은 납득하기 어렵다.

문제의 핵심은 한국 언론이 미국 쪽 시각에서 한·미 갈등을 부추기고 있을 때, 정작 노무현 정권은 미국의 압력에 굴복해 간 사실에 있다. 한국 언론이 노 정권을 '자주적'이라고 비판하고 있을 때, 정부는 '주한미군의 전략적 유연성'을 합의한 데 이어 미국이 주도하는 '대량살상무기확산방지구상PSI : Proliferation Security Initiative'에 '참관'까지 결정했다.

주한미군의 '전략적 유연성'은 그들이 더는 '방위 군대'가 아님을, 언제 어디서든 '침략군'이 될 수 있음을 의미한다. 대한민국이 다른 나라를 침략하는 미군의 군사기지라는 사실을 온 세계에 공언한 꼴이다. 'PSI'라는 영문 약자로 보도되는 '구상' 또한 조선민주주의인민공화국을 겨냥한 '위험한 봉쇄 작전'임은 두말할 나위가 없다. 육상, 해상, 공중에서 핵과 생화학 무기, 미사일 등 대량살상무기 관련 물질이나 그것의 부품이 실려 있다고 의심되는 선박과 항공기를 정지시키고 압수 수색하겠다는 발상이다. 2003년 5월 미국이 제안해 주도하고 있는 PSI는 나라 안팎의 전문가들이 입을 모아 강조하듯이 조선민주주의인민공화국을 '정조준'하고 있다.

그럼에도 한국 저널리즘에서 주한미군의 '전략적 유연성'이나 '대량살상무기확산방지구상'에 합의하고 참여하는 결정을 내린 노 정권을 비판하는 보도는 보이지 않는다. 이는 대단히 심각한 문제다. 우리 민족 구성원 모두를 파국으로 몰고 갈 수 있는 노 정권의 잘못된 결정에 대해 국민이 알아야 할 정보를 온전히 제공하지 않는다는 의미를 지니기 때문이다.

한·미 관계 보도에서 나타나는 편향적 저널리즘은 비단 외교적 사안이나 군사적 문제에 그치지 않는다. 민중의 삶과 직결되고 있는 한·미 자유무역협정FTA에 대해서도 일방적 정보만 양산하고 있다.

주한 미 대사관과 한국 외교통상부 사이에서 한국 언론이 일방적으로 한국 정부를 비난하던 바로 그날(2006년 1월 26일), 한덕수 경제부총리는 스크린쿼터를 현행 146일에서 그 절반인 73일로 줄이기로 미국과 합의했다고 전격 발표했다. '한·미 FTA 협상'을 개시하기 위한 선결 조건으로 우리 정부에 지속적으로 요구해 온 스크린쿼터 축소를 수용한 것이다. 한 부총리는 "세계무역기구WTO 협상과 자유무역협정 협상을 더 적극적이고 능동적으로 추진하는 게 국익에 부합된다"며 스크린쿼터를 축소한 이유를 밝혔다. 한국 영화의 국내 시장점유율이 50%를 넘는 상황에서 현행 스크린쿼터를 계속 유지할 이유가 없다는 주장도 펼쳤다.

노 정권이 실제로는 미국에 '예속적'인 사실이 드러났는데도, 그에 대한 지적은 한국 저널리즘에 없다. 영화라는 문화 영역을 경제적 잣대로 접근하는 정책 당국의 문제나 스크린쿼터를 축소하면서까지 체결하려는 '한·미 FTA'가 과연 우리에게 좋은 것인지에 대한 분석도 거의 없다. 농업과 금융 산업, 서비스업 분야에서 쉽게 예상할 수 있는 피해도 그냥 넘어가고 있다.

심지어 한국 영화의 '성공'을 명분으로 스크린쿼터 축소에 반대하는 영화인들을 '이기주의'로 몰아갔다. 가장 대표적 신문이 중앙일보다. 중앙일보는 한·미 FTA 체결과 국익을 등식화한 뒤 '영화계 이기주의'를 집중 거론했다. 신문은 우리 영화의 경쟁력이 향상되어 스크린쿼터가 축소되어도 영화계에 큰 타격이 없을 것이라는 점을 부각했다("영화계 큰 타격 없을 듯……국익 위해 불가피" 1월 27일자). 이 신문은 이미 "스크린쿼터, 한·미 FTA 발목 잡아선 안돼" 제하의 사설(1월 21일자)에서 한·미 FTA가 "경제적 이익"만 얻는 게 아니라며 "군사동맹 수준에 머물던 양국 관계를 정치·경제·군사를 아우르는 한 차원 높은 포괄적 동맹 관계로 발전시킬 계기"라고 강조했다.

중앙일보는 2월 3일자 신문에서도 1면 머리기사를 통해 "경제·외교·안보 아

스크린쿼터, 한·미 FTA 발목 잡아선 안돼

노무현 대통령의 신년 연설을 계기로 한·미 간 자유무역협정(FTA) 논의가 급물살을 타고 있다. 정부가 "다음 달 한·미 FTA 추진 관련 공청회를 개최한다"고 발표해 FTA 협상 개시 선언이 머지않음을 시사했다.

그간 우리는 여러 차례 한·미 FTA 체결의 필요성을 강조했다. 단순히 경제적 이익만이 아니라 외교·안보 측면에서도 국익에 도움이 된다는 판단에서다. 대외경제정책연구원(KIEP) 조사에 따르면 한·미 간 FTA 체결로 우리의 국내총생산이 장기적으로 1.99% 증가하는 것으로 나타났다. 세계 최대인 미국 시장에 안정적으로 접근함으로써 서비스산업 발전과 경제 선진화도 가속화할 수 있다.

단순히 이런 경제적인 이득뿐이 아니다. 군사동맹 수준에 머물던 양국 관계를 정치·경제·군사를 아우르는 한 차원 높은 포괄적 동맹 관계로 발전시킬 계기가 된다. 특히 일본을 제치고 아시아에서 우리가 제일 먼저 미국과 FTA를 체결한다는 의미는 그만큼 이 지역에서 상호 협력의 중요성을 인식하고 있다는 점이다. 우리로서는 미국과 군사동맹뿐 아니라 경제적 동반자라는 점을 활용해 국익을 증대시킬 수 있는 또 하나의 기회가 될 것이다.

양국의 FTA 협상 타결에서 가장 큰 문제는 스크린쿼터 문제다. 미국은 의무상영 일수를 현행 146일에서 대폭 축소하거나 폐지하자고 주장하는 반면, 우리 측은 70~80일을 제시하고 있는 것으로 알려지고 있다. 국산 영화의 시장점유율은 현재 59%로 추정된다. 전 세계에 유례가 없다. 그 이유는 우리 영화인들이 좋은 영화를 만들기 때문이다. 아시아에서의 한류를 보아도 우리 영화의 경쟁력을 짐작할 수 있다. 물론 스크린쿼터가 축소되면 여건이 어려워질 수 있다. 그러나 나라 전체의 입장에서 볼 때 영화계만의 이익에 매달려서는 안 된다. 이를 기회로 영화계는 경쟁력을 더 높일 수 있도록 노력하고 정부도 그런 지원은 아끼지 말아야 할 것이다. 스크린쿼터에 발목이 잡혀 모처럼의 기회를 놓치지 말아야 한다.

중앙일보, 2006년 1월 21일 사설

우른 한·미 동맹 업그레이드"라는 큰 제목으로 한·미 자유무역협정을 높이 평가했다. 보름 전에 사설에서 주장한 내용과 다를 바 없는 기사를 '뉴스 분석'이라는 이름 아래 1면 머리기사로 편집하는 것은 다분히 여론몰이 성격이 짙다. 같은 날 동아일보도 3면에 "막 오른 韓美 FTA 협상/글로벌 코리아 경제 선진화 기회"라는 제목을 통단으로 편집했다. 기사는 한·미 FTA가 체결되면 한국의 경제 규모가 성장하고, 외교 관계가 강화되며, 동북아 경제권의 중추로 떠오를 것이라며 긍정적인 면을 집중 부각했다. 동아일보는 앞서 1월 28일자 사설("한미 자유무역협정 꼭 체결해야 한다")에서 한·미 FTA의 긍정적인 면을 적극 거론하며 "꼭 체결"을 강조했다.

친미 성향이 뚜렷한 신문들이 일방적 정보만 확산하고 있는 상황에서 공영방송이라도 균형을 잡아야 할 터인데 그렇지 못했다. 스크린쿼터 축소를 주장하는 정부와 이에 반대하는 영화계의 주장을 단순 중계하는 데 그치고 말았다.

그래서였다. "언론이

동아일보, 2006년 1월 28일 사설

한미 자유무역협정 꼭 체결해야 한다

정부가 내달 2일 미국과의 자유무역협정(FTA) 협상 개시를 선언할 예정이다. 내년 초까지 협상이 잘 마무리돼 한미 FTA가 성사되면 양국 간 교역 품목의 90% 이상이 앞으로 10년간 단계적으로 무관세로 거래된다. 무역 규모 세계 12위인 우리나라가 세계 최대 시장에 접근하기 쉬워지면 중장기적으로 국내총생산(GDP) 성장률이 1.99%포인트 높아지고 일자리가 10만개 이상 더 생기는 효과가 기대된다고 한다.

FTA는 구조조정 등 경제개혁을 유발하는 효과도 있다. 외국인 투자를 유치하기 위해 제도와 관행을 개선해야 하기 때문이다. 의료 교육 법률 등 서비스분야의 개방 폭이 넓어져 나라 모습도 크게 달라질 것이다. 우리는 대변혁 과정에서 세계적 기준(글로벌 스탠더드)에 잘 적응함으로써 경제를 선진화해야 한다.

시장 개방의 충격이 없을 수 없다. 경쟁력 높은 미국산에 밀려 농축산물 생산이 줄어들 수 있다. 제조업에서도 정밀화학 정밀기계 등이 타격을 받고 서비스분야도 초기의 충격이 우려된다. 이들 분야가 개방 파도에 떠내려가지 않도록 경쟁력 확충을 위한 구조조정도 병행돼야 한다.

우리는 협상에 앞서 미국이 요구한 스크린쿼터 축소 등 4가지 조건을 수용했다. 영화인들은 7월부터 스크린쿼터를 146일 이상에서 73일 이상으로 줄인다는 정부 발표에 반발해 정권 퇴진운동도 불사하겠다고 한다. 그러나 국내 영화산업은 이미 상당한 경쟁력을 갖췄고 정부가 영화산업 지원대책도 내놓았으니 영화업계도 전체 국익을 위한 FTA 추진에 협조할 필요가 있다.

세계 각국은 이미 FTA 확산경쟁을 벌이고 있다. 현재 발효 중인 186개 FTA 가운데 95개가 2000년 이후에 체결됐을 정도다. 우리나라는 작년 4월 발효된 칠레와의 FTA, 올해 초 발효될 싱가포르와의 FTA, 작년 말 타결된 유럽 4개국과의 FTA뿐이다. 무역으로 먹고사는 우리가 세계적 대세에 뒤지지 않으려면 진행 중인 동남아시아국가연합(ASEAN) 10개국, 캐나다, 멕시코, 일본 등과의 협상도 속도를 높여야 한다.

매국 논리의 나팔수를 자처하고 있다"는 비판이 거리에서 서슴지 않고 터져 나왔다. '스크린쿼터 사수 영화인 대책위원회'에 참여한 영화인들과 시민사회 단체 회원들은 2월 8일 서울 광화문에서 '문화 침탈 저지 및 스크린쿼터 사수 영화인 대회'를 열고 언론을 격렬하게 비판했다. 가령 양기환 스크린쿼터 문화연대 사무처장은 "수많은 언론사들이 '지키려는 자들'의 목소리는 보도하지 않고 '빼앗으려는 자'의 목소리만 받아쓰고 있다"면서 다음과 같이 정곡을 찔렀다. "이런 한국의 언론이 있기 때문에 미국이 뻔뻔한 수작을 부리고 있다." 문화다양성연대CCD : Coalition for Cultural Diversity의 국제운영위원장 로버트 필론Robert Philon도 "스크린쿼터 사수 움직임에 대해 집단 이기주의라고 매도한 기사를 접한 적 있으나, 이 보도에 강력 반대한다"고 거들었다.

대다수 언론이 묵살했지만 이날 집회에서 전국농민회총연맹 문경식 의장이 한 말은 여러모로 새겨볼 대목이다. 문 의장은 "우리가 사는 이 나라"가 과연 주권이 있는 나라인지 묻고 "군사 주권은 처음부터 미국이 가져갔고, 식량 주권에 이어 문화 주권마저 미국이 빼앗아 가려 한다"고 우려했다.

이해영 교수(한신대 국제관계학부)는 "한·미 FTA의 경제적 효과를 두고 우리 정부가 일방적인 선전만을 거듭하고 있다"며 그 보기로 "협정의 경제적 효과 분석을 제시한 연구 결과 가운데 가장 많이 언급되는 USITC 2001년 보고서도 한국의 대미 수출 증가 측면만 부각하고 있다"고 강조했다. 하지만 수출보다 수입이 더 늘어날 것으로 전망한 이 교수는 "단기·투기성 외국인 투자와 100만 명을 상회하는 농업인구의 실직"을 우려했다.

하지만 '일방적인 선전만을 거듭'하는 주체는 비단 노 정권만이 아니다. 한국 저널리즘이 적극 나서고 있지 않은가. 또다시 설익은 '국익론'이 한·미 자유무역협정에 대한 공론장 형성을 제한하고 있다. 노 정권이 미국의 군사적 요구와 경제적 압박에 모두 순응하고 있는데도, 한국 저널리즘은 이를 감시하기는커녕 되레

한·미 관계의 '갈등'만 부각하고 있다. "세상을 이해하는 데 필요한 정보"는 축소되거나 외면되고 근거조차 불확실한 '국익론'이 판치고 있다. '한국 저널리즘의 첫째 목적'은 과연 무엇일까. 따져 묻고 싶은 심정이다.

'언론이 언론이기를 포기'한 성역 주한미군

대한민국 건국 바로 뒤다. 이승만 정권은 1948년 9월 22일에 7개항의 '언론 단속 사항'을 발표했다. 이른바 '좌경 언론'을 뿌리 뽑는다는 '명분'이었다. 7개항 은 다음과 같다.

1. 대한민국의 국시국책을 위반하는 기사
2. 정부를 모략하는 기사
3. 공산당과 이북 괴뢰 정권을 인정 내지 비호하는 기사
4. 허위의 사실을 날조 선동하는 기사
5. 우방과의 국교를 저해하고 국위를 손상하는 기사
6. 자극적인 논조나 보도로서 민심을 격앙 소란케 하는 외에 민심에 악영향을 끼치 는 기사
7. 국가의 기밀을 누설하는 기사.

'모략'이나 '인정' 또는 '악영향' 따위의 추상적인 단속 조항들에서 드러나듯 이, 귀에 걸면 귀걸이, 코에 걸면 코걸이식의 모호한 '기준'이었다. 특히 "우방과의 국교를 저해하고 국위를 손상하는 기사"를 '좌경 언론'으로 단속하겠다는 조항은 '저해'와 '손상'의 기준이 명확하지 않았다. 여기서 우방이 미국임은 더 말할 나위

가 없다. 미국과 관련된 사안에 비판적 접근을 전혀 허용하지 않겠다는 의지다.

그로부터 60년 남짓 흐른 2006년 3월과 4월에 일어난 '사건'들은 한국 저널리즘이 '이승만 체제'로부터 얼마나 벗어나 있는가를 진지하게 묻게 한다.

2006년 3월 30일 오전 8시. 충남 태안군 만리포 해수욕장에서 일어난 사건부터 살펴보자. 이날 한국군과 미군은 연합전시증원연습RSOI 및 독수리연습FE을 벌이고 있었다. 3월 25일부터 4월 1일까지 7박 8일간 열린 훈련의 하나였다. 서해 해상에 20여 척의 군함이 떠 있었고 수륙양용 상륙 장갑차들이 해수욕장으로 돌진했다. 예년과 달리 이번 RSOI-FE는 장소와 일정이 두루 비공개로 진행되었다. 유일하게 알려진 게 만리포 해수욕장이었기에 사진기자들이 상륙 훈련 사진을 찍기 위해 현장에서 준비하고 있었다.

문제는 한·미 연합 훈련에 대해 시민운동이 제기한 '대북 공격성' 의혹의 진실을 파헤치려는 노력이 한국 저널리즘에 나타나지 않았다는 데 있다. 만리포에 모인 기자들 거의 대다수가 단순히 군사훈련 사진을 한 장 찍으려던 사진기자였다. 그런데 전혀 낯선 사건이 일어났다. 시민사회 단체가 전격 시위를 벌였다. 시민사회 단체들은 'RSOI-FE'가 방어 훈련이 아니라 한반도의 평화를 위협하는 공격 작전이라며 바다에서 상륙해 오는 장갑차를 막아섰다.

이 사건을 한국 저널리즘은 어떻게 보도했을까. 3월 31일. 조선일보는 "누가 敵(적)이지?"라는 자극적 제목을 달았다. '한·미 연합 상륙작전'이 '시위대와 전쟁'을 벌였다고 보도했다. 석간인 문화일보도 "한·미 합동 군사훈련장에 범민련 등 난입 '양키 고 홈' 시위"를 벌였다고 보도했다. 게다가 국방부와 경찰이 "팔짱만" 꼈다면서 "부대원 안전 위협 심각"하다는 한·미 연합사령부의 반응을 부각했다. 다음날인 1일부터 시위에 강경 대응을 하지 않았다는 보도들이 줄이었다. "한·미 연합 군사훈련장에 진보 단체 회원들이 기습 시위를 벌인 데 대해 국방부와 경찰이 사전 대비책을 세우지 않았음은 물론이고 1시간 가까이 별다른 조치를 취하지 않

30일 오전 한미 연합전시증원(RSOI) 훈련이 진행 중인 충남 태안군 만리포해수욕장에 조국통일범민족연합 남측 본부 회원 등이 뛰어들어 '전쟁 연습 중단'을 요구하며 기습 시위를 벌이고 있다. 김상훈 객원기자 www.kshkim.com

韓美연합 상륙작전 '시위대와 전쟁'

한·미 합동 군사훈련 장소에서 좌파통일운동 단체 회원들이 "전쟁 연습 중단"을 주장하며 기습 시위를 벌였다.

30일 오전 9시쯤 한·미 연합전시증원(RSOI) 훈련이 진행 중인 충남 태안군 만리포해수욕장에서 조국통일범민족연합 남측 본부와 '평화와 통일을 여는 사람들' 등 좌파통일운동 단체 소속 회원 20여명이 장갑차 등의 앞을 가로막으며 훈련 중단을 요구했다.

이들은 50여분간 '한반도 평화체제 역행하는 대북 선제 공격 연습을 즉각 중단하라'는 내용의 플래카드와 피켓을 들고 시위를 벌였다. 일부 회원은 미군 병사를 끌어당기며 "양키 고 홈" 등을 외쳤다. 이들은 시위 후 승합차 두 대에 나눠 타고 현장을 떠났다. 훈련에 참가한 해병대 관계자는 "해안으로 들어오는 상륙장갑차를 정면에서 막아서는 등 매우 위험한 상황이었다"며 "군을 일방적으로 매도하고 일상적 훈련까지 막는 일부 단체의 행동에 깊은 유감을 표한다"고 말했다. 경찰은 군과 협의해 업무 방해 혐의로 입건 방지 여부를 결정하기로 했다. 여태훈기자 libra.chosun.com

조선일보, 2006년 3월 31일

아 논란을 빚고 있다"(동아일보)거나 "국방부와 경찰은 사전 조치를 하지 않은 채 수수방관했다"(중앙일보)는 보도들이 대표적이다.

심지어 사실 왜곡도 서슴지 않았다. 중앙일보(3월 31일자)는 시위에 나선 사람들을 겨냥해 "시위 뒤 기자회견을 마치고 자신들이 몰고 온 승용차를 이용, 13km쯤 달아나다 출동한 경찰에 붙잡혔다. 경찰은 이들의 신원만 확인하고 훈방 조치했다"고 보도했다. 하지만 시위대는 기자회견을 마친 뒤 현지 경찰이 지켜보는 가운데 서울로 떠났다. 경찰은 뒤늦게 이들의 차량을 추적해 잠시 막았을 뿐이다. "달아나다 출동한 경찰에 붙잡혔다"는 보도는 명백한 사실 왜곡이다.

언론 보도에 이어 한나라당 박근혜 대표는 4월 4일 국회에서 "정부는 이번 사건에 대해 마치 없었던 일인 양 대충 넘어가 문제를 키울 게 아니라 근본적으로 이를 해결할 대책을 마련해야 한다"고 주장했다. 국방부도 강경하게 태도를 바꿨다. 훈련통제단장(대령)을 고발인으로 하여 시위 가담자 전원을 '특수공무집행방해' 혐의로 서산경찰서에 고발 조치했다.

하지만 이들 언론이 놓친 중요한 사실이 있다. 〈통일뉴스〉 정명진 기자는 3월 30일 오전 8시 25분 한·미 연합 상륙전 훈련을 앞두고 만리포 해수욕장의 '임시중앙통제소'에서 진행된 한미연합사 현장 브리핑을 취재했다. 이날 브리핑을 담당한 국방부 관계자의 말에서 나온 발언은 충격적이었다. "오늘 실시되는 연습은 '작계 5027-04' 3단계 2부에 의해 적용된다"거나, "만리포는 북한 서해안의 한 지역을 상정한 상륙작전"이라거나, "(본 군사 연습의 가정 상황으로) 평양의 고립을 위한 서해안 상륙작전 준비 중"이라는 발언도 나왔고 "한미연합사령관은 평양을 압박 고립하기로 결심했다"는 내용도 있었다. RSOI-FE에 대해 '연례적 방어 훈련'이라는 정부와 한나라당의 주장이 거짓임을 단적으로 입증해 준 발언이었다. 하지만 〈통일뉴스〉 외에 그 어떤 언론도 이를 보도하지 않았다. 현장에 없었다면 인용 보도라도 해야 옳은 뉴스였지만 모르쇠했다.

〈통일뉴스〉 보도에 대해 해병대 사령부 김태은 공보실장이 해명에 나섰다. "작계 5027은 방어 작전이며 3단계는 부분적으로 공세할 수 있는 내용을 포함하는 것"이라며 "일부 공격하는 것은 당연히 적진을 향한 것인데 이를 두고 무작정 공격 작전이라고 하는 것은 지나치다"는 주장이다. '해명'이지만 엄연히 평양을 겨냥한 '일부 공격'임을 당국자가 확인해 준 셈이다.

사건을 단독 보도한 정 기자는 첫 기사에서 다음과 같이 썼다. "최근 RSOI-FE(연합증원전시 및 독수리연습)가 '연례적인 방어 훈련'이 아니라 '대북 선제공격'을 위한 연습이라는 비판이 제기되고 있는 가운데 나온 당국자의 발언이라는 점에서 향후 큰 파장을 일으킬 것으로 보인다"(통일뉴스 2006-03-30 오후 3:08:46).

한·미 군사훈련 방해책동 뿌리 뽑아야

한·미 합동 상륙 훈련 장소에서 좌파단체 회원 20여 명이 기습시위를 벌였다. 이들은 '북침 전쟁 위한 상륙작전 중지하라'는 등의 피켓을 들고 훈련을 방해했다. 특히 해안으로 들어오는 장갑차의 이동을 막거나, 훈련 중인 미군을 붙잡는 등 막무가내식 횡포를 부렸다.

이번 훈련은 유사시 한·미 연합군의 대응태세를 점검하기 위한 방어 훈련이다. 북한이 거부했지만, 우리 정부가 북한에 훈련 참관을 제의한 것이 단적인 방증이다. 무엇보다 '한·미 군대가 북침할 것'이라고 생각할 국민이 어디 있겠는가. 그럼에도 이들은 아무런 근거는 제시하지 못한 채, '북침 훈련'이라는 북한의 주장을 그저 앵무새처럼 되뇌고 있는 것이다. 이들의 정체가 과연 무엇인지 정말 의심스럽다.

한번 물어보자. 이번 훈련만 북침 훈련인지, 아니면 전·후방에서 벌어지는 다른 훈련도 그렇다는 것인지. '동족의 코앞에서 전쟁 연습을 하면 안 된다'는 그들의 주장대로라면 아마 후자일 것이다. 그렇다면 앞으로도 이 훈련장, 저 훈련장 쫓아다니며 방해책동을 벌일 것인지 묻고 싶다. 어느 국민도 납득 못할 치기 어린 행동으로 유사시 자유민주주의 체제 수호를 위해 각종 훈련에 매진하고 있는 장병들을 더 이상 모독하지 말라.

조국통일범민족연합 남측본부가 주축인 이들의 반미(反美) 행각은 어제오늘의 일이 아니다. 지난해엔 포항 훈련장에서 난동을 부렸다. 평택기지 이전 반대 등 각종 반미집회에도 앞장서고 있다. 특히 남측본부는 1997년 이후 이적단체로 규정돼 있다.

그럼에도 이 정부는 수수방관만 해 온다. 이번에도 경찰은 시위자 중 일부에 인적사항 정도를 묻는 것으로 조사를 끝내면서, 신병처리는 "국방부 등과 협의해 처리하겠다"는 입장을 보였다고 한다. 안보와 관련된 공무집행 방해라는 분명한 범법행위를 흐물흐물하게 대처하는 이 정부의 안이한 자세가 더욱 걱정된다. 더 이상 눈치 보지 말고 이들의 불법적 행동을 뿌리 뽑을 대책을 강구하라.

중앙일보, 2006년 4월 1일 사설

하지만 정 기자의 예상과 달리 파장은 커지지 않았다. 모든 신문과 방송이 침묵했기 때문이다. 주요 언론사의 국방부 출입 기자들은 같은 날 상륙 훈련의 현장 취재는 하지 않고 이번 훈련에 미군이 도입한 항공모함 '아브라함 링컨'호에 탑승해 있었다.

더 나아가 중앙일보는 4월 1일자 사설("한·미 군사훈련 방해책동 뿌리 뽑아야")에서 "좌파 단체 회원 20여 명이 기습 시위를 벌였다"며 "무엇보다 '한·미 군대가 북침할 것'이라고 생각할 국민이 어디 있겠는가. 그럼에도 이들은 아무런 근거는 제시하지 못한 채, '북침 훈련'이라는 북한의 주장을 그저 앵무새처럼 되뇌고 있는 것이다. 이들의 정체가 과연 무엇인지 정말 의심스럽다"고 썼다. 어떤 근거가 더 필요한 것인지 되묻고 싶다.

미군의 작전계획(작계) 5027은 미군의 신속 억제 전력 배치(1단계), 북의 전략목표 파괴(2단계), 북진 및 대규모 상륙작전(3단계), 점령지 군사 통제 확립(4단계), 한국 정부 주도하 한반도 통일(5단계)이라는 5단계로 구성돼 있다. 특히 1998년에 수정한 '작계 5027-98'은 방어 개념에서 명백히 벗어나 있다. 북이 전쟁을 일으키려는 것이 포착되면 주요 군사 목표를 선제 타격한다는 내용을 담

조선일보, 2006년 4월 5일

고 있기 때문이다.

그래서다. 장갑차를 시민사회 단체 활동가들이 맨몸으로 막아 나선 까닭은. 이들은 '동족 앞에서 전쟁 연습 중단하라', '국립공원 내 전쟁 연습 웬 말인가'라는 현수막과 피켓을 들고 미 해병대 소속 장갑차 앞을 가로막았다. 시민 단체들은 해변 기자회견에서 "한반도의 전쟁 위협을 고조시키는 훈련이 평화를 바라는 국민들의 바람마저 무시하고 국방부와 미군 당국이 진행하고 있다"고 규탄했다. 기자회견문은 "오늘 훈련은 평택을 대북 군사 거점으로 삼아 북한의 심장부인 평양을 단숨에 점령하는 전격전을 염두에 둔 것"이라고 비판했다.

시민사회에서 평택 미군 기지 이전을 반대하는 목소리가 높아 가는 까닭도 여기 있다. 하지만 부자 신문들은 "한·미 군사훈련 방해책동 뿌리 뽑아야"(중앙일보 4월 1일자 사설)라고 주장한 데 이어 평택에서 활동하는 시민사회 단체도 일방적으로 매도하고 나섰다. 조선일보는 4월 5일자 3면 머리기사 "'미군 기지 반대' 갈등 평택 르포 / 범대위, 정부 방관 속 100만 평 갈고 볍씨 뿌려"에서 '평택미군기지확장저지범국민대책위원회(범대위)' 의견은 하나도 듣지 않고 일방적으로 이들을 비난하는 기사를 실었다. 기사는 "일부 주민과 범대위 등의 반대 투쟁은 이제 단순한 반대나 저항 수준을 뛰어넘어 심각한 불법 행동으로 치닫고 있다"며 "기지 이전 사업이 예정대로 진행되지 못하면 막대한 사업비가 추가로 지출될

객관성 내팽개친 TV를 믿을 것인가

방송위원회가 그제 발표한 '2005년 시청자 불만 처리 보고서'에 따르면 공중파 TV 시청자들은 프로그램의 객관성이 떨어진 점을 가장 불만스러워한다. 객관성 위반 사례로 KBS는 138건, MBC는 332건이 지적됐다. 이러니 국가기간(基幹)방송이라며 시청료를 받는 KBS와 공영(公營)방송이라고 자처하는 MBC를 과연 믿을 수 있겠는가.

특히 한쪽 집단을 감싸고 반대편을 때리는 식의 편향적 보도가 계속되는 것은 더 두고 볼 수 없는 일이다. KBS는 '생방송 시사투나잇'에서 평택 미군기지 반대 시위를 보도하며 시위대의 주장을 일방적으로 전했다. MBC는 '시사매거진 2580'에서 시위대의 폭력은 축소 보도하고 전경의 과잉 진압은 강조했다. 정부 여당은 신문의 왜곡보도가 심각하다며 '신문법'이라는 악법(惡法)을 만들었다. 그렇다면 방송의 편파성을 시정하기 위해서는 무얼 했는가.

방송심의 규정에는 '방송은 사실을 정확하고 객관적인 방법으로 다루어야 하며, 불명확한 내용을 사실인 것으로 방송하여 시청자를 혼동케 하여서는 아니 된다'고 명시돼 있다. 하지만 방송위 보고서에 나타난 MBC와 KBS 보도의 문제점은 방송심의규정을 무색하게 만든다. 2004년 대통령 탄핵 관련 편파 방송으로 혹독한 비판을 받고도 개선의 기미가 없다. 이들 방송사에 언론으로서의 책임감이 없기 때문인가, '노무현 코드'가 내면화됐기 때문인가.

라디오 시사프로그램의 편향성도 만만찮다. 1월부터 3월 말까지 열린우리당 의원들의 출연 횟수가 야당보다 2배 이상 많은 것으로 나타났다. 5·31지방선거를 앞두고 객관성을 무시하는 방송과 편향 보도가 더 심해질 우려가 큰데도 방송위는 왜 아무 조치도 취하지 않는가.

공중파 방송에서 객관성과 공정성이 무엇보다 중요한 것은 전파가 방송사나 정권의 재산이 아니라 국민의 재산이기 때문이다. 그래서 방송사가 바른 여론 형성이 아닌 정파적 목적으로 공공재(公共財)를 쓰는 것은 반(反)국민적이다. 전파를 특정 정파를 위해 쓰는 방송사와 그 후견 역을 하는 방송위를 우리 국민은 언제까지 두고만 볼 것인가.

동아일보, 2006년 4월 5일 사설

수밖에 없다"고 보도했다. 조선일보는 또 "그렇지만 국방부와 경찰은 이런 불법 행위에 대해 적극적인 개입을 하지 않고 있다"고 다그쳤다.

하지만 적극 개입이 없었다는 보도는 사실과 다르다. 3월 15일 범대위는 "국방부와 경찰의 강제 집행으로 주민과 지킴이들이 무릎 인대가 끊어지고 척추를 다치는 등 숱한 부상을 입었다"며 "국방부와 경찰의 몰상식한 폭력을 더 이상 두고 볼 수 없다"고 밝혔다.

그럼에도 '불법 행위에 대한 적극적인 개입'을 신문이 촉구하고 나선 셈이다. 동아일보는 한국방송이 주한미군 기지 이전의 문제점을 보도하자 사설 "객관성 내팽개친 TV를 믿을 것인가"(4월 5일자)에서 "한쪽 집단을 감싸고 반대편을 때리는 식의 편향적 보도가 계속되는 것은 더 두고 볼 수 없는 일"이라며 "KBS는 〈생방송 시사투나잇〉에서 평택 미군 기지 반대 시위를 보도하며 시위대의 주장을 일방적으로 전했다"고 주장했다.

결국 언론의 여론 몰이에 힘입은 정부는 4월 7일 불도저를 비롯한 중장비 여섯 대와 경찰 50개 중대, 철거 용역 700명을 동원해 주한미군 기지 확장 이전 터인 경기도 평택시 팽성읍 대추리와 도두리 일대에 강제수용을 강행했다. 그 과

反美의 '메카' 된 평택 대추리

미군기지 이전이 예정돼 있는 경기도 평택시 팽성읍 대추리에서 7일 또 충돌이 벌어졌다. 기지 이전을 반대하는 쪽에서 이전 저지 수단의 하나로 농사를 강행하려 하는 것을 국방부가 農水路농수로를 차단하고 나섰기 때문이다. 기지 이전에 반대하는 일부 주민에 운동단체 회원이 가세한 600여명은 국방부에서 동원한 용역업체 직원 및 경찰과 격렬한 몸싸움을 벌였다. 작년 7월 전국에서 1만2000명의 시위대가 몰려오면서 시작된 크고 작은 충돌이 이번으로 4번째다. 이런 상황이 언제까지 더 계속될지 알 수가 없다.

이전을 거부하고 있는 주민은 팽성읍과 서탄읍 전체 530여 가구 중 110가구 가량이다. 이전 반대 주민의 대부분은 캠프 험프리스로 불리는 K-6 기지와 울타리를 맞대고 있는 대추리에 집중돼 있다. 대추리는 입구에서부터 마을 전체가 노랗고 붉은 깃발로 가득하다. 마을 한가운데 있는 대추분교는 깃발과 플래카드, 텐트로 둘러싸여 撤奏요새를 방불케 한다. '미군기지 확장저지를 위한 평택 범국민 대책위' 등이 자리잡고 있는 곳이다. 초창기에는 지역주민과 자치단체가 저지운동을 이끌었지만 지금은 주도권이 범대위 쪽으로 넘어갔다. 범대위가 홈페이지에 올려놓고 있는 '확장저지 10가지 이유'는 '주한미군기지 이전은 북한 선제공격 위한 것' '대한민국은 미군범죄의 천국'이라는 식의 반미 논리로 채워져 있다.

이들 앞에 법은 무력하다. 국방부는 예정부지의 80%를 사들이고 나머지에 대해 공탁을 한 뒤 올초 국방부로 소유권 이전을 끝냈다. 法的법적으로 땅은 국가 소유가 됐지만 현지 실정은 딴판이다. 국방부는 지난 3월 한미 공동측량을 마쳐야 했으나 아예 대추리에 들어가지도 못했다. 국방부는 측량 대신 地籍지적도로 대신하는 것을 검토 중이라고 한다. 경찰도 가급적 물리력을 쓰는 데선 빠지고 싶어한다. 이대로 가면 기지 이전사업은 늦춰질 수밖에 없고, 그래서 생길 비용과 손실은 또 국민이 세금으로 메우는 수밖에 없다. 세상을 쥔 少數소수가 무기력한 多數다수를 호령하고 있는 요즘 세상이다. 평택 대추리는 그런 대한민국의 축소판이다.

조선일보, 2006년 4월 8일 사설

정에서 주민 일곱 명이 다치고 31명의 시위대가 경찰에 연행됐다.

그럼에도 4월 8일자 신문들은 정부의 대응이 미온적이라고 주장했다. 조선일보 사설("反美의 '메카' 된 평택 대추리")은 "세상을 쥔 소수가 무기력한 다수를 호령하고 있는 요즘 세상"이라며 강력한 공권력 행사를 주문했다. 동아일보 사설("평택 벌판을 '反美 전쟁터'로 방치할 건가")도 "주한미군 철수를 주장하는 반미 외부 세력이 오히려 주민들을 호도하는 측면이 크다"고 주장했다. 중앙일보도 사설("'평택 불법 행위' 왜 미온적으로 대응하나")에서 주민들의 시위가 '공권력에 대한 도전'이라며 "(사태의 원인을) '미군 철수'로 무장된 반미 단체의 집요한 훼방 책동"이라고 규정했다. "반미 단체와 일부 주민의 불법 행위에 단호하게 대처"하라는 촉구가 이어진 것은 더 말할 나위가 없다.

'압권'은 이번에도 조선일보 김대중 칼럼이다. 4월 11일 조선닷컴에 올라온 '김대중 칼럼'("평택 논두렁에 뒹군 사람들")은 "평택의 논두렁 진흙 속에서 '반미反美'를 외치며 발버둥치는 사람들을 보면서 우리 한국인은 왜 수십 년에 걸쳐 '미국'으로부터 헤어나지 못하는가 하는 장탄식"을 하고 있다.

평택미군기지확장저지범국민대책위는 4월 13일 기자회견을 열고 "언론이 문제의 본질을 왜곡한 채 오히려 정부에 강한 처벌을 주문함으로써 사태 악화를 부추기고 있다”고 언론을 비판했다.

그래서다. 현지 대추리 이장이 오늘의 한국 저널리즘에 던진 쓴 소리를 겸허하게 경청할 때다. 이장은 “기지 이전 사업이 타당한지, 타당하지 않은지 공부부터 하고 기사를 썼으면 좋겠다”며 “우리가 외부 단체의 도움을 빌리는 것인데 어떤 언론은 ‘외부 단체가 선량한 주민을 꼬드겼다’는 정반대의 말을 하고 있다. 직접 보지도, 공부하지도 않고 국방부 말만 듣고 기사 쓰는 것 아니냐”고 말했다. 대추리 이장의 마지막 짧은 말은 더욱 긴 여운을 남긴다.

“언론이 언론이기를 포기했다.”

한국 언론의 '색깔' 과잉과 흑백 현실

"나는 독자를 조종하려고 애쓰지 않는다. 세계를 내가 본 그대로 드러내고 독자에게 전달하려고 노력한다. 바로 그것이 언론인과 선동가의 차이다."

미국 칼럼니스트 매기 갤러거Maggie Gallagher가 한 말이다. 갤러거는 보수적 칼럼니스트다. '세계를 내가 본 그대로 드러낸다'는 일은 기실 쉽지 않다. 삶의 현실과 수용자 사이에 투명한 창문이 저널리즘의 가장 중요한 기능 가운데 하나로 꼽히는 까닭이다.

무릇 현실은 다채롭게 펼쳐진다. 언론은 그 풍부한 현실을 가능한 있는 그대로 보여줘야 한다. 적어도 수용자를 조종하려고 애쓰는 일은 미국의 보수적 칼럼니스트에게도 선동가의 몫이다.

하지만 한국 저널리즘의 현실은 언론의 교과서와 큰 거리가 있다. 가령 2006년 5월 15일자 조선일보 사설("反美·左派세력의 '평택 속셈' 국민은 바로 봐야")이 대표적 보기다. 사설은 5월 13일과 14일 주말에 일어난 평택 미군 기지 이전 반대 집회에 대해 다음과 같이 논평했다.

"엊그제 토요일엔 서울에서, 일요일엔 평택에서 미군 기지 이전 반대 집회와

反美·左派세력의 '평택 속셈' 국민은 바로 봐야

엊그제 토요일엔 서울에서, 일요일엔 평택에서 미군기지 移轉(이전)에 반대하는 반대집회와 시위가 벌어졌다. 평택에선 기지 철조망을 걷어내리려는 시위대와 이를 막는 경찰이 몸싸움을 벌였다.

평택집회를 주도한 단체의 面面(면면)을 보면 범민련, 통일연대, 민노총, 한총련, 전교조, 전공노 등이다. '평택미군기지 확장저지 범국민대책위원회'라는 조직엔 130여개 단체가 이름을 올려놓고 있다. 이름깨나 있다는 이념단체는 다 모였다. 이들 反美(반미)·左派(좌파)세력은 미군기지 반대투쟁을 앞으로도 전국 촛불집회로 이어가겠다고 하고 있다. 4년 전 미선·효순양 사건을 그렇게 써먹었던 것처럼 '평택' 문제를 반미 이념투쟁의 불쏘시개로 쓰겠다는 것이다.

좌파 단체들은 어제의 평택집회를 '5·18정신 계승대회'로 불렀다. 민주노총은 평택사태를 '제2의 광주항쟁'이라고 했다. 국회 합의를 거쳐 진행되는 미군기지 이전을 막고 나서면서 '민중항쟁'이라는 말을 갖다 붙이는 노림수는 뻔하다. 民勞總(민노총)가 만든 '범대위 건설안'이라는 文件(문건)

은 "투쟁전선이 평택·국보법·비정규직·쌀개방 등으로 분산돼 약해졌으니 투쟁動力(동력)을 평택미군기지 반대투쟁에 집중시켜야 한다"고 적고 있다. 투쟁으로 먹고사는 사람들이 투쟁의 火力(화력)을 키우는 연료로 평택사태를 이용하고 있는 것이다. 대추리 주민들은 볼모일 뿐이다.

首都(수도) 한복판에 있는 기지를 옮기자는 사업이다. 땅을 미군에 제공하는 대신 전국에 散在(산재)한 52군데 미군기지 땅을 돌려받게 된다. 지금 이전 반대투쟁을 벌이는 사람 중엔 용산 미군기지를 옮겨야 한다고 주장했던 사람도 많다. 그런데 막상 옮기려고 하니까 안 된다고 하고 있다. 이런 억지가 난무하는데 여당 의원은 "미국은 好事者(호사자)주, 한국 정부는 마름이고, 평택 주민은 小作人(소작인)"이라며 불난 데 기름을 끼얹고 있다. 국무총리는 逆(역)국민 호소문에서 "주민들의 이유 있는 抗拒(항거)"라고 감쌌다.

국민은 이런 말도 안 되는 사태가 누구에 의해 무슨 흉계로 벌어지고 있고 이걸 막지 못하는 책임이 누구에게 있는 것인지를 바로 봐야 한다.

조선일보, 2006년 5월 15일 사설

시위가 벌어졌다. 평택에서는 기지 철조망을 걷어 내려는 시위대와 이를 막는 경찰이 몸싸움을 벌였다. …… '평택미군기지 확장저지 범국민대책위원회'라는 조직엔 130여 개 단체가 이름을 올려놓고 있다. 이름깨나 있다는 이념 단체는 다 모였다. 이들 반미·좌파 세력은 미군 기지 반대 투쟁을 앞으로도 전국 촛불집회로 이어 가겠다고 하고 있다. 4년 전 미선·효순 양 사건을 그렇게 써먹었던 것처럼 '평택' 문제를 반미 이념 투쟁의 불쏘시개로 쓰겠다는 것이다."

사설은 130여 단체를 모두 "좌파 단체들"로 규정하고 "투쟁으로 먹고사는 사람들이 투쟁의 火力을 키우는 연료로 평택 사태를 이용하고 있는 것"이라며 "대추리 주민들은 볼모일 뿐"이라고 못 박았다. 문제의 사설에서 평택 미군 기지 이전을 반대하는 사람들의 논리는 전혀 소개되지 않는다. 다만 "억지가 난무"하고 "말도 안 되는 사태"라고 규정할 뿐이다.

비단 특정 신문의 특정 사설만이 아니다. 2006년 오월을 뜨겁게 달군 '평택 미군 기지 확대 이전 반대 집회'에 대한 대다수 언론의 보도와 논평 틀은 '반미 좌파'라는 색깔론이었다.

그래서다. 대추리 시위를 먼저 사실관계부터 짚어 볼 필요가 있다. 2006년 5월 4일. 부처님 오신 날이자 어린이날이었던 5월 5일을 포함해 사흘 연휴를 앞

한국 언론의 '색깔' 과잉과 흑백 현실　75

둔 날이었다. 노무현 정권은 1만 5,000여 명의 군·경·철거 용역을 동원해 평택 대추리 일대의 '행정 대집행'에 들어갔다.

'여명의 황새울'이라 이름 붙인 이날, 작전으로 중상자 12명을 비롯해 210여 명이 부상당했다. '평택미군기지확장저지범국민대책위원회'(범대위) 소속 524명 이 경찰에 연행됐다. 부상자와 연행자 숫자가 생생하게 보여 주듯 이날의 행정 대집행은 '전쟁'과 같았다.

시위하는 시민을 겨눠 곤봉과 방패를 휘두르거나 연행 과정에서 폭력을 행사 한 경찰은 심지어 취재기자가 신분을 밝혔음에도 마구 구타했다. 경찰의 '진압 작전'과 동시에 투입된 군 병력은 미군 기지 이전 부지 2백 85만 평 둘레에 철조 망을 전격 설치했다.

하지만 군대까지 동원한 폭력적 행정 대집행에 언론 보도는 누가 보더라도 편파적이었다. 경찰과 국방부의 폭력은 눈감고 시민의 폭력만 두드러지게 부각했 다. 가령 중앙일보는 5월 5일자 4면 기사("'피해 줄여라' 해 뜬 뒤 경찰 병력 진입")에서 경찰은 안전을 고려해 "새벽을 피하고 해가 뜬 뒤인 오전 7시쯤 본격 적으로 경찰력을 투입"했으나 시위대가 "미리 쌓아 둔 볏 짚단을 태우고 쇠 파이 프로 죽봉 등으로 거세게 저항"했다고 보도했다. 경찰이 물대포를 쏜 사실에 대해 서도 '시위대의 대추분교 방화'를 저지하기 위한 것이라는 경찰 주장을 그대로 옮겼다. "만일의 사태에 대비, 방패를 머리 위로 올려 방어 자세"를 취했다는 경찰 주장과 '시위대에 맞더라도 대응하지 말라'는 지침을 내렸다는 국방부의 발표도 부각했다.

이 기사와 맞물린 상자 기사("'평택 범대위' 실체는")에서도 범대위가 '외부 세력에 의해 주도되고 있다'는 경찰 쪽 주장을 실었다. 같은 날 사설("미군기지 평택 이전 충돌의 교훈")은 "사태가 이 지경까지 온 데 대한 가장 큰 책임은 범대 위 측에 있다"며 "그중에서도 '미군 철수'로 철저히 무장된 외부 반미 세력"이라고 규정했다. 사설은 범대위가 주민들에게 "미군의 평택 이전은 북한 선제공격과 아태 지역에서의 침략 전쟁을 위한 것이라는 터무니없는 논리를 주입"했다고 강조했다.

동아일보도 같은 날 사설("평택 대추리에서 바라본 한반도 안보 현실")에서 노무현 대통령이 "소수 친북 좌파 세력을 향해 '한·미 동맹과 국기를 흔들어 상황을 더 어렵게 만들어선 안 된다'고 말하고, 설득해야 한다"고 주장했다.

여기서 주목할 것은 경찰의 폭력 진압 못지않게 '보도 전략'이다. 5월 5일 경찰청이 마련한 '홍보 기능 조치 사항'은 "인터넷 진보 언론에 대한 적극적 대응"과 함께 "국정 브리핑 등에 부상 경찰관, 전의경 등이 직접 댓글을 게재하는 등 적극 대응"을 주문했다. 경찰 내부 보고서는 또 다음과 같은 항목이 있다. "일부 언론에 경찰의 과잉 진압이 강조돼 보드됐지만 어린이날 연휴로 (부정적인) 관련 보도가 더 없을 것으로 보임. 그러나 부정적인 보도를 최소화하겠음."

실제로 경찰은 평택 집회를 진압하는 과정에서 100여 명의 경찰 부상자가 발생했다면서 폭력 진압에 대한 비판적 여론을 차단했다. 전의경이 폭행당하는 장면을 채증한 사진과 동영상을 유포하고 경찰청장이 경찰병원에 입원한 부상 경찰을 방문하는 '전략'도 세웠다.

의도했든 아니든 결국 한국 저널리즘은 경찰의 보도 전략을 고스란히 수행한 셈이다. 비단 경찰의 보도 전략만 관철된 것은 아니다. 군인과 시민 사이의 충돌에 대해서도 편파적 왜곡이 이어졌다.

민주언론시민연합이 분석했듯이 "군인들이 곤봉과 나무 방패, 방망이 등의 시위 진압 장비를 미리 준비해 시위대와 격렬한 공방"을 벌였는데도 국방부의 발표만을 근거로 군인들이 일방적으로 시위대에게 맞은 것처럼 보도한 것은 명백한 사실 왜곡이다. 가령 "군 장병과 몸싸움을 벌이며 장병들을 구타"(조선일보)했다거나, "죽봉과 각목을 휘둘렀다"(동아일보), "장병들이 숙영하던 텐트와 임시

초소 40여 곳을 부순 뒤 철수"(중앙일보)했다는 보도들이 그것이다. 이들 신문은 군인들이 시위대에 일방적으로 몰리는 〈연합뉴스〉 사진을 맞물려 편집했다.

그래서였다. 미군 기지 확보를 위해 군 병력까지 투입한 행정 대집행에 항의해 5월 6일 저녁 서울 광화문에서 열린 촛불집회에서는 언론을 비판하는 목소리가 터져 나왔다. 촛불집회 첫 순서로 무대에 오른 젊은 시민은 호소했다. "시민 여러분, 언론을 믿지 말고 진실을 봐주세요." 눈물을 글썽이며 던진 그 말에 오늘의 한국 저널리즘은 어떻게 답할 수 있을까. 한 시위자의 주관적 의견쯤으로 여길 수도 있다. 하지만 언론의 본령이 진실임에도 언론을 믿지 말고 진실을 봐달라는 시민의 호소는 곰곰 되새겨 볼 역설이다.

현장의 생생한 언론 비평은 촛불을 든 열세 살 소년의 호소에서도 나왔다. 남양주의 초등학교 6학년인 신한얼은 증언했다.

"우리나라 3대 방송들에서 나온 보도와 인터넷에 올라오는 소식은 너무 달랐습니다."

그랬다. 비단 신문만이 아니었다. 텔레비전 방송 3사의 뉴스도 크게 다르지 않았다. 행정 대집행이 군과 경찰의 폭력으로 얼룩졌는데도 침묵했다. 대추리 현장을 연결해 대추분교의 철거 작업이 어느 정도 진행됐는지 점검하는 보도가 이어졌다. 평택에 들어설 미군의 전략적 유연성에 근본적인 문제의식은 물론, 대추리 주민의 생존권 문제도 모르쇠했다.

다음날인 7일 촛불집회에서 또 다른 시민이 호소했다. "조선일보와 동아일보 기자들에게 들리도록 우리의 요구를 크게 외쳐 봅시다." 평화를 지키자는 큰 함성은 촛불집회를 육중한 건물로 굽어보고 있는 조선일보사와 동아일보사의 두 건물에 갇혔다. 그래서였을까. 다음날 두 신문에서 찾을 수 있었던 것은 '촛불'이 아니었다. '반미 좌파 투쟁'이라는 색깔 몰이였다.

조선일보 8일자 사설("'평택 反美 祝祭' 넘어선 안 될 線 넘었다")은 시위대

조선일보, 2006년 5월 9일

가 "군인과 경찰을 향해 끝이 여러 가닥으로 갈라진 죽봉을 휘두르며 군의 숙영 지와 건설 장비를 부쉈다"며 "반미 단체들의 반미 축제"라고 몰아쳤다. 사설은 또 "국법 절차에 따라 정해진 군사 시설을 무단으로 점거하고 시설물을 파괴하고 군인과 경찰에게 매타작을 퍼붓는 행위는 범죄일 뿐"이라고 비판했다. 이어 "이 런 범죄조차 제대로 다스리지 못하고선 나라가 설 수 없다"고 권력을 부추겼다. 같은 날 동아일보 사설("軍과 檢·警, 國基 수호의 시험대에 섰다")은 다분히 공안 검사의 논리였다. "범대위는 국가안보와 경제 및 외교의 국익은 아랑곳하지 않고 '미군 철수'를 꾀하는 친親김정일 세력임이 분명"해졌단다.

과잉된 색깔 공세를 정당화하려고 '폭력 덧칠'이 곰비임비 이어졌다. 조선일 보의 9일자 기사("'軍人이 왜 매를 맞나' 軍心은 지금 부글부글")는 "팔 부러지고 … 죽봉에 찔리고…"(4면)라는 자극적 편집으로 군인을 선동하고 있다. 다음날 동아일보 사설 제목은 "軍心이 끓고 있다"다. "장병들이 불법 폭력 시위대에 무차 별로 폭행당하는 기막힌 일이 벌어진 뒤 군의 사기는 땅에 떨어졌다"면서 경계지 역 안에서의 폭력 행위에 군법 적용을 검토해야 한다고 주장했다.

그래서다. 한국 저널리즘의 문제가 폭력 사태의 편파적 보도에 국한된다면 오히려 다행일 터이다. 일과성 폭력 충돌로 넘길 수 있고, 일과성 왜곡 보도로 여길 수 있다.

그러나 평택 미군 기지 이전 확장은 더 큰 폭력, 엄청난 사상자를 몰고 올 전쟁을 부를 수 있다는 데 핵심이 있다. 대다수 언론은 미군 기지 이전이 이미 국회 비준을 받았다는 점을 강조한다. 하지만 이들 언론은 국회 비준 뒤 주한미군의 전략적 위상이 근본적으로 달라졌다는 사실을 모르쇠하고 있다. 2006년 1월에 한국과 미국이 전격 합의한 '주한미군의 전략적 유연성'이 그것이다. 이는 평택에 건설하는 최첨단 미군 기지가 동북아 지역 분쟁을 염두에 둔 미국의 치밀한 계획 아래 추진되었다는 사실을 입증해 준다. 시민사회에서 평화와 전쟁 반대를 외치며 기지 건설을 반대하는 본질적 이유가 여기 있다.

그럼에도 언론은 그 우려를 공론화하지 않는다. 중앙일보 사설은 범대위가 "북한 선제공격과 아태 지역에서의 침략 전쟁을 위한 것이라는 터무니없는 논리를 주입"했다고 주장했다. 하지만 그것이 왜 '터무니없는 논리'인지 설명이 없다. 미국의 국제정치학자들조차 평택 이전으로 '대북 선제공격'을 우려하고 있다. 전략적 유연성에 합의함으로써 '아태 지역에서의 전쟁 개입' 가능성은 이미 높아졌다.

바로 그 문제를 마땅히 의제로 설정해야 할 언론이 '반미 좌파 투쟁'이라는 색깔 공세 아래 '억지'나 '터무니없는 주장' 또는 '말도 안 되는 사태'라고 의제 자체를 부정했다. 결국 언론은 자신이 지닌 색안경으로 다채로운 현실뿐만 아니라 사안의 핵심을 놓치고 말았다. 결국 반미 좌파 투쟁이라는 흑백논리만이 부각되면서, 투명한 창이라는 저널리즘 본래의 기능은 실종되었다.

언론은 "사태가 이 지경까지 온 데 대한 가장 큰 책임은 범대위 측에 있다"고 규정했다. 냉철히 톺아볼 필요가 있다. "사태가 이 지경까지 온 데 대한 가장 큰 책임"이 과연 범대위에 있을까. 사회 구성원들의 의사가 제대로 소통되지 않을 때, 더구나 정부가 여론 수렴없이 일방적으로 정책을 추진해 갈 때, 문제를 풀어 가야 할 주체는 다름 아닌 공론장으로서 언론이다. 하지만 언론은 제구실을 전혀 하지 않았다. 되레 사태를 악화하는 데 나섰을 따름이다.

그래서다. 명토 박아 둘 필요가 있다. "사태가 이 지경까지 온 데 대한 가장 큰 책임"은 누구에게 있는가. 언론이다. 더 큰 문제는 사태가 앞으로 더 커질 수밖에 없다는 데 있다. 그 책임 또한 '선동가' 아닌 언론인이 벅벅이 져야 할 몫이다.

대한민국 안보의 구멍, 저널리즘

"안보에 구멍이 뚫렸다."

한국 저널리즘이 한목소리로 외친 말이다. 조선민주주의인민공화국이 미국의 독립기념일인 2006년 7월 4일(미국 시각, 한국 시각 7월 5일 새벽)에 미사일을 연속 발사했기 때문이다. 중거리와 단거리는 물론, 대륙간 탄도미사일(대포동 2호) 발사도 시험했다.

그로부터 유엔 안전보장이사회가 미국 뉴욕에서 전체 회의를 열고 미사일 발사 규탄 결의를 만장일치로 채택한 7월 15일(한국 시각 16일 새벽)까지 한국 저널리즘은 하루도 빠짐없이 미사일 사태를 주요 사건으로 보도하고 논평했다.

"안보에 구멍이 뚫렸다"는 주장은 바로 신문 시장을 독과점하고 있는 세 신문(조선·동아·중앙일보)이 줄기차게 제기한 공통점이었다.

하지만 저널리즘의 영역을 인터넷까지 넓혀보면, 미사일 발사를 바라보는 '해석 틀'frame에 큰 차이가 있음을 쉽게 발견할 수 있다. 그 틀은 전혀 다른 두 가지로 나눠진다. '평화와 안정을 파괴하는 도발적 행동'이라는 해석 틀과, 정반대로 '평화와 안정을 수호하려는 불가피한 조처'라는 해석 틀이 그것이다.

전자의 틀에 따른 언론 보도의 구성 논리organizing story-line는 신문 시장에서 압

미사일 도발을 감싸는 사람들의 正體 뭔가

북한이 발사한 미사일 7발 중 6발은 그들이 이미 실전(實戰) 배치한 노동·스커드 미사일이다. 노동 미사일은 한일(韓日)이, 스커드 미사일은 남한이 사정권이다. 이상희 합참의장은 그제 "노동·스커드 미사일을 6발이나 쏜 것은 무력시위"라고 규정했다. 북의 스커드 미사일은 1980년대에 시험발사가 끝나 새삼 시험할 필요가 없는 대량살상무기다. 버웰 벨 주한미군 사령관은 "북이 누구를 겨냥해 스커드 미사일을 개발했겠느냐"며 남한 내의 평화 무드를 걱정했다.

그런데 남북공동선언실천연대라는 진보단체는 성명을 내고 "단 한 발이라도 남쪽을 겨냥한 것이 있었는가. 미사일은 한 치의 오차도 없이 미국과 일본만 겨냥했다"며 "이제 우리 민족끼리 힘을 합치면 우리를 건드릴 자, 지구상에 누구도 없다"고 주장했다. 한 발이라도 남쪽을 겨냥했다면 말할 것도 없이 전쟁 도발이다. 북은 전쟁을 일으키지는 않았지만, 남한만이 사정권인 스커드 미사일을 5일 오후 5시 20분경 또 한 발 쏘았다. 이것을 남한에 대한 위협이 아니고 "북한의 정당한 자주적 권리이며 자위적 조치"라고 강변한 것이 이 단체다.

남한 정부의 유화적 태도를 악용하고 '선의(善意)의 지원'을 배신하는 북 정권과 '민족끼리'를 오치며 한 덩어리가 되면 남북이 함께 세계의 천덕꾸러기, 국제적 오물이가 되고 말 것이다. '민족끼리' 김정일 정권을 따른다면 7000만 인구 중 다수가 굶주려 쓰러지고, 자유를 잃어 질식할 것이다. 그러면 지구상의 누군가가 건드릴 것도 없이 '민족끼리' 자멸할지도 모른다.

'노무현을 사랑하는 사람들의 모임(노사모)' 홈페이지에 올라 있는 "북한의 정당방위" "일본의 침범에 맞선 행동" "불우한 민족 역사의 울분을 토해 낸 것"이라는 등의 글은 무책임한 사견으로 넘길 수도 있다. 그러나 민주노총이 북의 미사일 발사 후에 낸 성명은 이들의 실체(實體)를 거듭 확인시켜 준다. 이 노총은 "우리 정부가 북한의 책임만 추궁하고 무조건 6자회담에 복귀하라는 것은 사태의 본질을 비켜 가는 무책임한 해법"이라며 북을 두둔했다.

북의 미사일 발사를 감싸는 세력의 정체가 더욱 궁금해진다. 이들에게 묻고 싶다. '하늘 같은' 김정일 위원장 품에서 살 기회가 주어진다면 남한을 버리고 얼른 달려갈 용의가 있는가.

동아일보, 2006년 7월 9일 사설

도적 우위를 점하고 있는 세 신문에, 후자는 진보적 인터넷 신문에 주로 나타났다. 보수와 진보의 해석 틀로 설명하는 것도 같은 맥락이다. 실제로 언론 보도의 해석 틀에 차이가 컸고 그것이 보도 생산물에 녹아든 것도 사실이다.

하지만 해석 틀, 또는 시각의 차이를 단순한 이념 차이로 환원하는 것은 안이한 비평이 되기 십상이다. 언론 보도의 두 틀이 얼마나 사실과 일치하는지 꼼꼼하게 분석하는 미덕을 생략하고 있기 때문이다. 기실 '좋은 저널리즘'을 판단할 기준도 그곳에 있다. 보수와 진보의 틀이 엄연히 존재하고 있는 만큼, 좋은 저널리즘이라면 두 틀 가운데 어떤 게 옳은지를 가리기 위해 최소한 풍부한 정보를 제공해야 옳다. 진보와 보수의 갈등으로 예단하기 전에 사실관계부터 가능한 따져 보아야 할 이유도 여기 있다.

거꾸로 사실관계부터 규명해 보자는 논리에 합리적 논의보다는 '색깔의 잣대'부터 불쑥 들이미는 것은 좋은 저널리즘과 정반대 지점에 있다고 판단할 수밖에 없다. 가령 동아일보 7월 9일자 사설, "미사일 도발을 감싸는 사람들의 正體 뭔가"가 그 대표적 보기다. 사설의 결론은 다음과 같다. "북의 미사일 발사를 감싸는 세력의 정체가 더욱 궁금해진다. 이들에게 묻고 싶다. '하늘 같은' 김정일 위원장 품에서 살 기회가 주어진다면 남한을 버리고 얼른 달려갈 용의가 있는가.”

이 신문이 “감싸는 세력”으로 규정하고 “정체가 더욱 궁금”하다고 제기한 단체는 전국민주노동조합총연맹이다. 사설은 ‘궁금’하다고 제기한 근거로, 민주노총의 성명 가운데 “우리 정부가 북한의 책임만 추궁하고 무조건 6자회담에 복귀하라는 것은 사태의 본질을 비켜 가는 무책임한 해법”이라 한 대목을 들었다. 하지만 사설은 의도했든 아니든 민주노총 성명의 고갱이를 놓치고 있다.

7월 5일 민주노총이 발표한 성명의 제목은 “북·미 대화가 시급하다”이다. 성명은 “이번 미사일 발사 사태가 발생한 배경은 미국이 한반도의 평화에는 아랑곳없이 대북 적대 정책으로 경제 제재를 강도 높게 취하면서 대화를 외면한 결과”라고 지적했다. 성명은 이어 “미국은 현 상황을 더욱 악화시킬 대북 제재에만 매달리지 말고 평화적으로 해결할 수 있는 대화에 즉각 나서야 하며, 일본 또한 미국의 대북 정책을 맹목적으로 추종하여 긴장을 고조시키지 말아야 한다”고 촉구했다. 같은 논리로 성명은 “우리 정부도 북한책임론만 거론하지 말고 한반도 평화의 당사자로서 적극적인 방법으로 북·미 대화가 이루어질 수 있도록 다각적인 노력을 기울여야 한다”고 주문했다.

물론, 민주노총의 성명에 동의하지 않을 수 있다. 하지만 얼마든지 제기할 수 있는 의견이다. 더구나 한 개인도 아니고 민주노총을 겨냥해 “‘하늘 같은’ 김정일 위원장 품에서 살 기회가 주어진다면 남한을 버리고 얼른 달려갈 용의가 있는가”라고 묻는 저널리즘을 어떻게 이해해야 옳을까. 논리의 비약도 엄청나거니와 자신과 다른 주장을 합리적 토론을 통한 설득이 아닌 색깔로 봉쇄하려는 의도가 노골적으로 드러난다.

물론, ‘미사일 발사’로 남북을 둘러싼 정세가 급속도로 긴장 국면에 접어들고 있는 것은 사실이다. 하지만 누구도 바라지 않았던 미사일이 왜 발사되었는지에 대한 상황 설명은 분명히 짚어야 한다.

'대북 금융봉쇄'가 문제다

지난 1998년 이후 장거리 미사일 시험을 막아온 김정일과 북한 외교관들에게 최근 몇 달 동안의 사태는 그동안의 시험 유예가 대외정책 면에서 이롭다고 주장하는 것을 점점 힘들게 만들었다.

미국이 6자회담을 무시하며 국제 금융시스템에 대한 북한의 접근을 막자, 북한은 국제적 관심을 끌고 미국과의 양자대화를 이끌어 내고자 미사일 시험발사를 결심하게 됐다. 5일 시험발사 결과는 북한 군부나 외교관들에게 두루 발점한 것이었다. 군부의

미, 경제제재로 '정권교체' 추진

몇몇은 자리를 내놓아야 할 수도 있다. 북한은 대포동2를 발사 42초 만에 폭발했기 때문에 대외적으로 큰 낭패를 보고 있다. 평양은 군사적 후진성을 드러내며 미국과 한국, 일본의 군사력과 기술력을 뛰어넘기가 얼마나 힘든지를 보여줬다. 또 협상에 반대하는 워싱턴과 서울, 도쿄의 강경파 입지를 강화해줄 뿐이다. 이번 사태를 이해하려면 지난 9개월간 미국 재무부가 북한을 재정적으로 압박하려는 조처가 효과를 발휘하고 있다는 점을 눈여겨볼 필요가 있다. 미사일 발사는 군사적인 이벤트라기보다, 미국의 경제적 옥죄기에 직면한 평양의 점증하는 경계감의 징후로 봐야 한다.

스튜어트 레비 미국 재무부 차관은 제재가 북한 정권에 '큰 압박'이 되고 있다고 자랑한다. 《뉴스위크》 기사에서 그는 금융기관들이 제재 조처를 알게 되면서 '눈덩이, 눈사태 같은 효과'를 낼 것이라고 내다봤다. 워싱턴이 마침내 북한 정권에 실질적 압

체니 등 매파, 효과 보자 느긋

력을 가할 수 있는 전략을 찾았는데, '이(는) 전세계에서 북한의 연금 출처를 추적'하는 것이라고 《뉴스위크》는 결론지었다. 북한이 100달러짜리 위조지폐(수퍼노트) 세탁에 마카오의 방코 델타 아시아를 이용한다는 미국의 비난뒤 지난해 마카오 금융당국이 이 은행의 북한 자산 2400만달러를 동결한 것은 잘 알려진 일이다. 그런데 지난해 12월13일 미국 재무부가 '전세계 금융기관'들을 향해 북한과의 은행 거래를 제한하거나 거절하라는 내용의 권고문을 웹사이트에 올린 사실은 잘 알려지지 않았다. 재무부의 권고는 북한한테 충격일 수밖에 없다.

미 재무부는 북한의 불법거래에 대해 소소한 증거물만을 제시했을 뿐이다. 더구나 최근 것은 없다. 나는 지난달 15일 대니얼 글레이저 재무부 테러자금 금융범죄 담당 부차관보를 만나 관련 증거를 제시해 달라고 했다. 그가 내놓은 유일한 사례는 1996년 한 북한인이 방코델타아시아에 위조지폐 60만달러가 든 배낭을 들고 온 사건이었다. 콘돌리자 라이스 국무장관은 재무부 조처를 완화하려는 노력을 하지 않았다. 이런 압박으로 북한이 6자회담으로 돌아오도록 강제한다는 게 미국 행정부 노선이다. 하지만 국무부와 누구도 그렇게 생각하지 않는 데 사실 부시행정부는 중국과 남한이 대처하기 곤란한 새로운 방식으로 '정권 교체' 정책을 추구하고 있다는 것이다.

이번 사태의 가장 이상야릇한 결과는, 1998년 미사일 발사후에 협상을 진행한 윌리엄 페리 전 미국 국방장관이 선제공격을 주장하고, 데파인 체니 부통령이 자제를 얘기한 놀라운 반전이다. 체니 부통령은 자신이 주도한 제재로 "정권 교체" 정책

북, 출구 없어 무력시위 나서

을 효과적으로 수행할 수 있다는 점을 암시하기에 여류를 부릴 근거가 있다. 페리 전 장관의 제안을 놓고 《시엔엔》과 한 인터뷰의 행간을 읽어보면, 체니 부통령은 북한을 두려워하지도 않고, 이라크나 이란처럼 석유자원이 풍부하지도 않기 때문에 아주 중요한 나라로 여기지도 않는다.

이번 미사일 시험발사는 1998년 8월16일 북한이 일본 상공에 쏘아올린 인공위성을 떠올리게 한다. 북한은 그때도 지금처럼 다른 방식으로는 관심을 끌지 못했었다. 그해 5월9일 김영남 당시 북한 외무상은 내게 "미국은 제네바 기본합의를 지키지 않고 있다. 우리는 인내심을 잃어가고 있다. 우리 군부는 적절한 군사역량을 개발하고 내보여야 한다고 주장하고 있어. 미국이 신의를 지키지 않으면 좋지 않은 결과가 따를 것이다"라고 말했다.

결국, 그때도 문제는 지금처럼 북한에 대한 경제적 압박이었다. 김영남은 미국의 신의는 경제제재를 끝내고 "관계 정상화를 진지하게 생각한다는 점을 보여주는 것인데, 제재는 우리의 붕괴를 바라는 적원에서 가해지는 압박임이 분명해 보이기 때문이다"라고 말했다.

한겨레, 2006년 7월 6일

두루 알다시피 2005년 9월 중국 베이징에서 열린 4차 6자회담으로 모든 문제가 풀리는 듯 했다. 9·19 공동성명에서 6개국은 "한반도 핵 문제를 대화를 통해 평화적 방법으로 달성하며, 상호 주권을 존중하고, 평화적으로 공존하며, 경제협력을 양자 및 다자적 방식으로 달성할 것"을 합의했다. 그렇다면 그때부터 미사일 발사까지 어떤 일이 있었는가를 냉철히 톺아보아야 한다.

6자회담의 성과가 구체화하지 못한 가장 큰 이유는 미국이 '대북 금융 제재'를 결정한 데 있다. 조선민주주의인민공화국은 '모든 핵무기 및 프로그램'을 폐기하고, 미국은 대북 안전보장과 경제협력에 나선다는 합의 사항을 동시에 이행해야 할 상황에서, 미국이 위폐 제조·유통 혐의로 상대를 압박하고 나섰기 때문이다. 미국은 명백한 증거조차 내놓지 않으면서 위조지폐 문제를 온 세계에 기정사실화하는 데 앞장섰다.

미국의 전문가 셀리그 해리슨Selig Harrison(국제정책센터 선임연구원)이 미사일 발사에 대해 "군사적인 이벤트라기보다는 미국의 경제적 옥죄기에 직면한 평양의 점증하는 경계감의 징후로 봐야 한다"(한겨레 7월 6일자 칼럼)라고 분석한 것도 이 때문이다.

더구나 '경제적 옥죄기'에 그치지 않는다. 이미 2006년 5월 1일 미국과 일본은

워싱턴에서 외무·국방장관들이 참석한 '미·일 안전보장협의위원회(2＋2)'를 열고 주일미군 재편에 합의했다. 미·일 군사동맹과 자위대 역할이 한층 강화되면서 이른바 '한반도 유사시' 미·일 통합 작전도 한 단계 강화했다. 이어 6월 19일부터 23일까지 괌 인근 해역에서 세 척의 항공모함이 참여할 만큼 대대적인 합동 군사훈련('용감한 방패 2006')을 벌였다. 또 6월 26일부터 7월 28일까지 하와이 인근에서 미 해군 주도로 아시아-태평양 연안 8개국의 함정들이 참가한 '임팩 2006 훈련'을 벌였다. 〈통일뉴스〉와 〈민중의 소리〉, 〈프레시안〉의 보도를 종합해 보면, 이 훈련들은 베트남전 이래 최대 규모로서 대북 군사훈련이다.

명토 박아 둔다. 진보적 인터넷 신문들의 해석 틀이 모두 옳다는 주장을 하고 싶지는 않다. 하지만 보도 자체에도 충분한 근거가 있고 국제정치학계에서 그 해석 틀을 뒷받침하는 논문들도 나오고 있다. 최소한 분명한 것은 한국 언론의 해석 틀이 일면적이라는 사실이다. 더구나 그 사안이 민족의 운명에 직결된 것이라면 무엇보다 저널리즘이 우선적으로 할 일은 수용자인 국민에게 여러 정보를 가능한 폭넓게 제공하는 데 있지 않을까.

하지만 아니었다. 기실 언론의 편향된 틀은 첫 출발부터 확연하게 드러났다. 한국 저널리즘은 미사일 발사 자체를 무조건 '국제적 도발'로 규정했다. 그것이 왜 '도발'인지 따져 볼라치면 '정체'를 의심받아야 했다. 당사자인 평양의 외무성 대변인은 "자위적 국방력 강화를 위해 우리 군대가 정상적으로 진행한 군사훈련의 일환"이라고 밝혔다. 실제로 많은 나라가 미사일 발사를 군사훈련의 하나로 진행해 왔다. 굳이 과거사를 들출 수고는 아껴도 좋다. 이른바 '북의 국제적 도발 사태'가 한창 논의되고 있을 때다. 핵무기 보유국인 인도는 7월 9일에 최대 사거리 4000~5000km의 대륙간 탄도미사일을 시험 발사했다. 하지만 인도의 미사일 시험에 대해 미국은 모르쇠했다. 명백한 이중 잣대다,

그럼에도 한국 언론은 미사일 발사와 관련해 자신의 '해석 틀'과 어긋난 정보

중앙일보, 2006년 7월 11일

들에 대해서는 제공조차 하지 않았다. 무엇보다 심각한 것은 다른 해석 틀에 대해 케케묵은 색깔 공세를 서슴지 않는다는 데 있다. 동아일보 이규민 칼럼("미사일 보다 더 걱정스러운 것은……" 7월 11일자)은 "북한 미사일 그 자체보다 더 경계할 것은 이 사태에 대해 놀라운 논평을 낸 불순 단체들과 묘한 처신을 하고 있는 일부 정치인"이라면서 다음과 같이 '고발'한다.

"남한 각계각층에 고정 간첩이 수만 명이라는 황장엽 씨의 경고를 노인네의 헛소리쯤으로 흘려들을 일이 아니다. …… 불순 세력은 마치 암처럼 우리가 모르는 사이에 온 나라에 퍼진다. 자각증세를 느꼈을 땐 이미 늦었을 때다. 그들의 전술은 본성이 쉽게 드러날 만큼 단순하지 않다. 교활하고 이중적이어서 순진한 대다수 국민을 속이고 감성을 사로잡기도 한다."

'공안적 여론 몰이'를 바탕으로 강경책 촉구가 잇따른다. 중앙일보 7월 6일자 사설("미사일 위기 한·미·일 공조가 급하다")은 "잘못된 행동에 대해서는 채찍이 있다는 점을 분명하게 보여 주어야 한다"고 강조한다. 문창극 주필은 7월 11일자 칼럼("차라리 김정일에게 배워라")에서 "북한이 힘을 과시하고 나오면 우리도 힘을 바탕으로 나서야 한다"며 "우리 힘의 근원은 한·미 동맹"이라고 못 박는다.

색깔 공세에 이어 천박한 비방도 거침없다. 가령 청와대 안보수석이 미사일 발사를 "북핵 협상을 이끌어내려는 고도의 정치적 압박 행위"로 규정하고 "북한의 의도는 문제를 키우는 데 있기 때문에 냉정하고 차분하게 대응해야 한다"고 한 발언에 대해서도 "북한 당국자들 뱃속에 들어갔다 나오기라도 한 듯한 말투"라거나 "잘난 척 하는 것"이라는 원색적 논리(조선일보 7월 8일자 사설 "이 정권은 북한 미사일 두고 계속 말장난만 할 셈인가")가 판을 친다.

정녕 묻지 않을 수 없다. 시각이 다른 여러 해석을 다양하게 정보로 제공하고 그 바탕 위에서 합리적 논박을 통해 여론을 형성해 나가는 공론장을 한국 언론에 기대하기란 정말 요원한 일일까.

조선일보 7월 11일자 '류근일 칼럼'("미사일 맞은 '햇볕'")은 단순논리와 색깔론의 극단을 보여 준다. 칼럼은 "이제야말로 한반도 상황을 있는 그대로 직시해야 한다. 오늘의 한반도 상황은 '친親대한민국-반反김정일 수령독재'냐 아니면 '친親김정일 수령독재-반反대한민국'이냐의 본질적인 대결이 겉치장을 벗은 국면이다. '미사일 소동'은 그런 상황의 본질을 확연하게 드러낸 사태"라고 주장한다. 한반도 상황을 "있는 그대로 직시해야 한다"는 말을 고스란히 되돌려주고 싶다.

더 나아가 한국 언론은 미사일 발사에 차분한 국민에게 '훈계'를 늘어놓는다. 특히 조선일보 7월 7일자 사설이 대표적이다. "정부와 국민의 정신에 뚫린 安保 구멍"이라는 제목의 사설은 일본과 비교한 뒤 "자기 안위에 대해 이처럼 무심한 정부, 무심한 국민은 세상 천지에 다시 찾아보기 힘들 것"이라며 단언한다. "나라에 구멍이 뚫려도 단단히 뚫렸다고밖에 할 수가 없다."

지금까지 세 신문의 해석 틀을 분석한 데서 확인했듯이, 한국 저널리즘은 미국의 대북 압박 정책에 대해서는 전혀 문제를 제기하지 않고, 일방적 틀로만 미사일 사태를 보도하고 논평했다.

거듭 강조하지만 친미인가, 반미인가의 문제가 아니다. 현재 우리의 평화를 누가 어떻게 위협하고 있는가에 대해 균형 잡힌 인식이 수용자인 국민 이전에 언론인들에게 절실하다. 조선민주주의인민공화국의 미사일 발사가 미국의 대북 정책과 직결되어 있는 게 현실임에도 한쪽의 편향된 해석 틀로만 보도하고 논평할 때, 우리는 이 땅의 평화를 파괴할 수 있는 한 요인에 대해 아무런 대비도 못할 수 있다. 그래서다. 대한민국 안보에 '구멍'이 있다면, 그것은 한쪽 틀로만 정보를 재단하고 평화를 위협하는 길로 주저 없이 여론을 몰아가는 저널리즘이다. 그렇다. 맞다.

안보에 구멍이 뚫렸다. 그것도 너무 크게 뚫렸다.

전시작통권 보도와 '대역죄'

"전작권을 단독 행사하면 한미연합사가 해체된다. 그동안 나라 안보를 지탱해왔던 한·미 연합 전력을 우리 군의 독자적 군사력으로 대체하겠다면서 국방 예산을 확충하지 않는다면 나라를 보위할 대통령의 책임을 저버린 것이나 마찬가지다."

조선일보가 사설 "대통령은 사실을 왜곡하고 있다"(2006년 9월 1일자)에서 편 주장이다. 대통령에게 '나라를 보위할 책임'을 저버렸다고 추궁한 이 신문은 이어 '김대중 칼럼'("'誤判의 죄' 9월 9일자")에서 "노무현 씨"에게 "대역죄를 면할 수 없을 것"이라고 경고했다.

현직 대통령에게 '비판신문'이 '대역죄'를 거론하기에 이른 쟁점은 전시작전통제권(작통권)이다. 비단 김대중 씨나 조선일보만이 아니다. 동아일보와 중앙일보도 전시작통권을 두 달이 넘도록 주요 의제로 다뤘다. 그 결과다. 세 신문의 여론 몰이를 타고 제1야당인 한나라당도 전시작통권 환수 반대에 총력전을 폈다.

한국 저널리즘이 설정한 '전시작통권 의제'를 평가하려면 먼저 작통권을 둘러싼 사실관계부터 짚을 필요가 있다.

"6·25전쟁 당시 이승만 대통령은 맥아더 유엔군 사령관에게 서한을 보내 '현 작전 상태가 지속되는 동안 한국군에 대한 일체의 지휘권을 이양한다'고 밝혔었

조선일보, 2006년 9월 9일

다. 유엔군의 효율적인 작전 수행을 위해 필요한 것이었지만 사실상 우리의 군사 주권을 포기했었다. 이렇게 유엔군 사령관이 넘겨받은 국군의 작전통제권은 휴전 성립 후에도 변동이 없었고 1978년 한·미 연합사령부가 창설되면서 국군의 작전 통제권은 다시 유엔군 사령관을 겸하고 있는 한·미 연합사령관에게 소속됐다."

한국군이 평시작통권을 돌려받았던 1994년 12월 1일에 동아일보가 쓴 사설 "국군의 평시작전권 회복"의 한 대목이다. 이 신문이 평시작통권의 환수가 지닌 의미를 부각하면서 밝혔듯이 작통권은 명백한 '군사 주권'의 문제다.

조선일보도 같은 날 사설 "평시작통권의 중요성"에서 "6·25 발발 직후 유엔 군에게 이양된 지 44년만"이라며 "역사적 의의는 크다"고 했고 "가급적 빠른 시 일 내에 전시작전통제권까지 환수하는 것이 다음의 과제"라고 주장했다.

문제는 그로부터 12년 뒤 '다음의 과제'로 주장했던 전시작통권 환수가 논의 되면서 신문 논조가 거꾸로 바뀌었다는 데 있다. 물론, 12년 전과 오늘의 상황이 다르다면 판단이 다를 수 있다. 하지만 조선일보가 김영삼 정권 시기에 전시작통 권 환수 필요성을 주장하다가 노무현 정권을 상대로 정반대 주장을 한다는 비판

조선일보, 1994년 12월 1일 사설

에 보인 반론은 전혀 설득력이 없다. 조선일보는 9월 1일자 사설과 2일자 기사를 통해 "일부 부분만을 발췌해 전체 취지를 왜곡한 것"이라고 주장했다. 논란이 된 1994년 사설에서 "그렇다고 해서 우리의 작전 능력을 현실적으로 고려하지 않고 국민 정서만을 내세워 단김에 모두 달성하려 해서는 안 된다. 지금 우리가 할 일은 전시작통권까지 수행할 수 있는 능력을 배양하는 것"이라고 강조했다는 것이다.

하지만 1994년 사설의 '전체 취지'는 누가 읽더라도 환수에 강조점이 찍혀 있다. "한국군이 평시작전통제권을 드디어 돌려받았다"라고 시작한 사설은 "냉전 이후 국지 분쟁의 귀결에서 보듯 국가 보위의 궁극적 책임은 당사국에 있는 것이 분명한 이상, 우리의 작통권은 우리가 수행할 수 있어야 한다"에 이어 "가급적 빠른 시일 내에 전시작전통제권까지 환수하는 것이 다음의 과제"라고 단언하고 있기 때문이다.

전체 사설 가운데 중간에 들어간 두 문장이 "단김에 모두 달성"하는 것을 반대했다고 해서 사설의 기조가 바뀌는 것은 아니다. 더구나 현재 벌어지고 있는 전시작통권 환수가 '단김에 모두 달성'하자는 것도 아니다. 이미 12년이나 흘렀고, 실제 지금도 전시작통권을 당장 가져오는 게 아니기 때문이다. 전제 조건이라고 제시한 "우리의 작전 능력을 현실적으로 고려"하더라도, 1994년 시점에 비해 대한민국의 국방력은 강력해졌다.

무엇보다 조선일보는 문제의 사설이 실린 같은 날 "'한국 방위 구도 우리 손으로' 발판/44년 만에 되찾은 '평시작통권'" 제하의 기사(1994년 12월 1일 5면)에서 다음과 같이 썼다.

"그러나 이번의 평시작통권 환수 내용에 대해 군 일각에서는 비판의 소리도 없지 않다. 전-평시 구분 문제와 관련, 평시가 전시로 바뀌어 한국군의 평시작통권이 한·미 연합사령관에게 넘어가는 시점(위기의 단계)이 너무 빨라 명실상부한 평시작통권 이양이라고 보기 어렵다는 지적이다. 많은 군 관계자들은 이번 조치를 계기로 진정한 한국 방위의 한국화를 위해 전시작전통제권 환수에 착수해야 한다고 입을 모으고 있다."

동아일보도 사설 "국군의 평시작전권 회복"(1994년 12월 1일자 3면)에서 "전시작전통제권 및 연합체제에 관한 권한은 여전히 한·미 연합사령관이 갖고 있다"고 아쉬움을 토로했다. 이어 "그러나 평시작전통제권의 회복이 갖는 의미는 크다. 우선 국군 역사상 하나의 획을 긋고 독립 주권국가로서의 위상과 국민적 자긍심을 어느 정도 회복했다"면서 "전시작전통제권도 회복하여 국군 주도의 방위 태세를 확립하기 위해 정부와 군은 각오를 새롭게 해야 할 것"이라고 촉구했다.

결국 1994년과 달리 2006년에 한국 저널리즘이 전시작통권 환수에 격렬히 반대하고 나선 것은 정파적이라고 판단할 수밖에 없다. 심지어 9월 14일 미국 워싱턴에서 열린 한·미 정상회담에서 조지 부시 대통령조차 "전시작통권이 정치 문제가 되어서는 안 된다"고 밝혔다. 바로 그렇기에 반대 논리도 믿기 어려울 만큼 조악하다. 전시작통권을 환수하면, 한·미 동맹에 금이 가고 주한미군 철수로 이어진다는 것이다. 그 결과 '적화 통일'이 되거나, 남침을 막기 위해 천문학적 군사비를 쏟아 부어야 한다고 강조한다. 단순논리가 극명하게 드러난 게 바로 김대중 칼럼이다.

대통령의 대역죄를 거론한 김대중 칼럼은 "한국이 단독으로 전시작전통제권을 행사하게 됨에 따라 한·미 연합체제가 해체되고 미군이 철수한 뒤"라는 문장으로 시작한다. 전시작통권 환수가 곧장 미군 철수로 이어진다는 주장은 논리적 비약일 뿐더러 국제정치의 상식에 비춰 보더라도 수긍하기 어렵다. 그럼에도 김 고문은 단순논리를 기정사실화한 뒤 다음과 같이 쓴다.

"미군의 철수 후 북한의 대남 테러 행위나 무력적 시위 등 국지전 성격의 분란이 계속 일어나고 북한의 핵실험에 따른 핵공갈과 전면전 위험까지 야기된다면 결과적으로 대한민국과 국민에게 돌이킬 수 없는 좌절과 절망을 안겨준 노무현 씨는 대역죄를 면할 수 없을 것이다."

세 신문의 단순 논리는 전시작통권 환수를 지지하는 사람들에게 '대역죄'에서 더 나아가 북쪽과 연계성을 암시하거나 색깔 공세를 퍼붓는 데까지 이르렀다. 가령 중앙일보는 사설, "전시작전통제권 논의, 차기 정부로 넘겨라"(8월 11일자)에서 "노무현 대통령 발언은 미군 철수를 겨냥한 북한의 대남공작에 휘말리는 꼴"이라는 전직 국방부 장관들의 말을 인용했다. 조선일보는 "북 줄기차게 '작통권 환수' 요구" 제하의 기사(8월 12일자)에서 "북한은 공식·비공식 석상에서 전시작전통제권 환수를 끊임없이 제기해 왔다"고 썼다. 동아일보도 "친북 좌파의 '민족 마케팅'이나 노 정권의 '자주 마케팅'이나 구시대의 '안보 마케팅'이나 정치적 본성은 같다"(9월 11일자 사설)고 주장했다.

언론이 한쪽에 서서, 그것도 지극히 단순논리로 무장한 채 자신과 의견이 다

전시작전통제권 논의, 차기 정부로 넘겨라

전직 국방부 장관 17명이 2차 모임을 갖고 전시작전통제권(전작권)의 한국군 단독 행사 논의를 중단하라고 다시 요구했다. "지금도 전작권을 행사할 수 있다"는 뜻의 노무현 대통령 발언은 미군 철수를 겨냥한 북한의 대남공작에 휘말리는 꼴이라고 반박했다. 한편 윤광웅 국방부 장관은 이들에게 '2012년 이전 전작권 환수 불가'를 관철하겠다고 했으나, 대통령은 '아무 때나 할 수 있다'고 다른 소리를 냈다. 대통령이 군 원로들의 견해를 묵살하고, 현 국방부 장관과도 동떨어진 시각을 보여준 것이다. 이 나라가 어디로 흘러갈지 매우 우려된다.

이런 사태의 책임은 전적으로 대통령과 국방부 장관에게 있다. 대통령의 그제 발언은 비현실적이고 오도된 인식을 여실히 보여주었다. '전작권이 없는 유일한 국가가 한국'이라는 언급은 맞지 않다. 공격을 받은 북대서양조약기구(나토) 회원국은 전작권을 나토의 미군 사령관에게 넘긴다. '지금도 전작권을 행사할 수 있다'는 언급도 어불성설이다. 현 한미연합사 체제에서도 핵심 정보는 제대로 받지 못하고 있는데, 이것이 해체되면 어떻게 될지는 자명하다. 독자적 작전계획 능력도 없고, 대북 정보도 제대로 확보하지 못하는 상황에서 어떻게 전시에 대비하겠다는 것인가. 결국 '한국군이 마치 미군에 총속돼 있는 것처럼' 해놓고 '내가 덕을 끓은 대통령'이라는 소리를 듣겠다는 엉뚱한 사고에 몰입된 것이다.

이런 대통령의 잘못된 인식을 교정할 사람은 누구인가. 바로 국방부 장관이다. 그런데 어떻게 처신했는가. 역대 장관들의 요구를 대통령에게 전달하겠다고 했으나, 청와대 지침을 받자 오히려 그들을 반박했다. 대통령과 견해가 맞는 줄 알았으나 전작권 환수 시기라는 핵심 사안에서부터 엇박자를 냈다.

이 정권은 안보의 기초적인 개념을 외면하고 있다. 내부의 견 조율도 엉망이다. 한마디로 이 문제를 다룰 능력이 없는 것이다. 지지율은 20%대고 남은 임기도 1년여 정도다. 더 이상 국민 불안을 야기하지 말고 이 문제는 차기 정권으로 넘겨라.

중앙일보, 2006년 8월 11일 사설

른 쪽을 아예 공론장에서 배제하는 행태가 되풀이 되고 있는 것이다. 심지어 이들은 사실 왜곡까지 서슴지 않았다. 조선일보 8월 10일자 사설 "미국에 예, 예 해야 하느냐는 대통령의 자주론"이 대표적이다. "우리나라는 자기 나라 군대에 대한 작전통제권을 갖지 않은 유일한 나라"라고 한 노 대통령의 발언에 대해 사설은 "진실이 아니"라고 단언하고 "독일과 영국을 비롯한 북대서양 조약기구(NATO) 회원국들은 전시에 나토군 사령관에게 작전통제권을 넘긴다"고 주장했다. 하지만 바로 그 주장이야말로 진실이 아니다. 나토는 전시에 전체 병력의 10%가량만 미군 지휘 하에 들어가며 각국이 미군의 지휘에 대해 거부권을 행사할 수 있다. 실제로 1982년 포클랜드 전쟁 당시 영국은 나토군 사령관과 무관하게 독자적인 작전을 수행한 바 있다.

결국 사실까지 왜곡하는 언론의 일방적 공세 속에서 정작 다뤄야 할 쟁점들은 파묻히고 말았다. 가령 왜 미국이 지금 전시작통권을 한국에 넘겨주려고 나섰느냐의 문제가 있다. 한국 언론에 따르면, 노 정권의 "자주 구호"에 "미국이 불쾌감"을 느꼈기 때문이다. 어이없는 단순논리에 지나지 않는다.

미국이 7월 13~14일 서울에서 열린 제9차 한미안보정책구상(SPI) 회의에서 전시작통권을 2010년 이전에 한국 쪽에 돌려줄 수 있다고 밝힌 데에는, 지난 1월에 한·미 정상이 합의한 주한미군의 전략적 유연성이 배경으로 깔려 있다. 한반도를 벗어나 '활동의 자유'를 누리게 된 주한미군에게 현재의 '한미 연합지휘체제'는 걸림돌일 수밖에 없기 때문이다. 따라서 '전시작통권 환수로 인한 미군철수'라는 전혀 현실성 없는 가상에 근거해 색깔 공세를 펼 때가 아니다. 한미연합사의 해체 이후 주한미군의 활동의 '자유'를 제어할 수 있는 장치를 어떻게 마련해야 할지를 논의해야 옳다.

공론장에서 숙의가 필요한 또 다른 쟁점은 남과 북의 군사력 차이다. 도널드 럼스펠드 미국 국방장관은 8월 27일 "나는 솔직히 북한을 한국에 대한 당면한 군사적 위협으로 보지 않는다"며, "북한의 재래식 군사력을 한국이 두려워할 필요는 없다"고 말했다. 그는 "북한 조종사들의 연간 비행 시간이 미군 조종사의 4분의 1 수준인 50시간 미만"임을 언급하며, "북한의 재래식 군사력은 경제 붕괴에 따라 크게 저하되고 있다"고 강조했다.

실제로 1970년대 후반부터 남쪽의 국방비는 북쪽을 압도하기 시작했다. 1990년대에 들어서면서 남과 북의 군사비 차이는 더 벌어졌다. 군사력의 실질적 토대가 되는 경제력은 차이가 더더욱 크다. 남쪽의 경제력이 북쪽보다 적어도 30배라는 사실은 보수 또는 수구 세력도 인정하는 객관적 수치다.

따라서 북의 남침 가능성을 거론해 안보 위기를 부풀리는 것은 독자들의 판단력을 흐리는 일이다. 한국의 안보 위기는 북이 아니라 미국에서 비롯되고 있는 현실이야말로 공론장에서 충분히 논의해야 할 사안이다. 한국 저널리즘은 미국의 대북 침략 가능성을 아예 묵살하고 있지 않지만, 그것이야말로 "지나치게 안일한 판단"이다. 2005년 9월 19일에 발표된 6자회담 공동성명 문안이 명백한 증거다. "미합중국은 한반도에 핵무기를 갖고 있지 않으며 핵무기 또는 재래식 무기로 조선민주주의인민공화국을 공격 또는 침공할 의사가 없다는 것을 확인한다"는 합의문에 주목할 필요가 있다. 반면에 조선민주주의인민공화국은 "모든 핵무기와 현존하는 핵 계획을 포기할 것”을 약속하고 있다. 6개국의 공동성명에서 북의 남침이 아니라 미국의 북침이 거론된 것은 그만큼 가능성이 더 높았다는 반증이다.

하지만 사실까지 비트는 한국 언론의 편향 보도로 의제는 엉뚱한 방향으로 설정되고 있다. 전시작통권 환수 뒤 국방비 증액이 그것이다. 물론, 그 흐름의 일차적 책임은 노무현 대통령의 ‘자주국방론’에 있다. 전시작통권 논란의 한 가운데서 노 대통령은 ‘세계 최고 수준의 군대 육성’을 주장했다. 이미 미국은 동맹국의 ‘역할 강화’라는 명분으로 한국에 천문학적인 군비 분담을 줄기차게 압박해 오고 있다.

사실에 근거하지 않은 ‘안보 위기’ 보도 때문에 한국은 자칫 미국 군수 업체의 무기 시장으로 전락할 가능성이 무장 높아가고 있다. 주한미군의 ‘전략적 유연성’을 마음껏 누리면서 살천스레 잇속도 챙기기가 바로 미국이 전시작통권을 짐짓 생색내며 넘겨주려는 의도다. 바로 그 지점에서 한국 언론은 냉철하게 자문할 필요가 있다. 역사 앞에 ‘대역죄’를 추궁받을 사람, 과연 누구인가. 노무현인가, 친미 사대 언론인가, 아니면 둘 다인가.

2부 | 위로부터 배제의 저널리즘

노·사·정 저널리즘의 도덕성

사회과학에서 도덕적 접근은 금기다. 자칫 논의가 주관적 판단이나 구호 수준으로 밑돌 수 있기 때문이다. 꼭 과학이 아니어도 그렇다. 정확성과 공정성을 생명으로 하는 저널리즘에서도 도덕적 판단은 가능한 자제하는 게 옳다.

물론, 사회 현상을 도덕적 잣대로 파악하는 것이 절대적으로 필요할 때도 있다. 가령 돈에 눈이 멀어 자식이 부모를 살해하는 패륜이나 미성년자를 상대로 한 '성 매매'는 사회 전반의 도덕적 성찰이 요구되는 사건이다.

하지만 사회적 이해관계가 첨예하게 드러나는 사회 현상 보도에서 저널리즘에 필요한 것은 냉철한 균형 감각이다. 모든 이해 당사자들을 논의에 참여시켜 합의를 이끌어내는 공론장의 구실을 해야 한다. 이해관계가 대립되는 가장 대표적 사회 현상이 노사 관계다. 노와 사의 이해가 서로 충돌하기 때문에 언론 보도는 한층 엄밀한 접근이 필요하다.

바로 그 점에서 2005년 1월과 2월에 걸친 한국 언론의 노사 관계 보도를 톺아볼 필요가 있다. 언론이 노사 관계 보도에서 도덕성을 두드러지게 강조했기 때문이다. 더구나 '한국 경제의 위기'가 거론되고 그 연장선에서 노·사·정 사이의 대화가 시대적 과제로 제기되고 있는 상황에서 불거졌기에 차분한 분석이 여느 때보다 절실하다.

도덕적 접근의 시작은, 기아자동차 광주공장의 입사비리에 노조 간부가 개입한 혐의를 검찰이 포착했다고 밝히면서였다. 경영진의 잘못을 감시하고 노동자의 권익을 옹호하는 것이 '본분'인 노동조합 간부가 취업 때 거액을 챙긴 사건은 부도덕한 일임에 틀림없다. 단순 보도에 그치지 않고 노동조합의 도덕성을 거론해 질타하는 논평 또한 언론이라면 응당 해야 할 일이었다.

하지만 대다수 언론이 기아자동차 광주공장의 사례를 과도하게 일반화하면서 문제는 새로운 차원을 맞았다. 언론이 사건을 민주노총 전반, 더 나아가 정규직 노동자 전반의 부도덕성으로 규정함으로써, 노동운동에 대한 '파상 공세' 현상이 나타났기 때문이다. 가령 조선일보는 "기아차 노조 '취직 장사' 파문"으로 "민노총 위기"라고 못 박고, 민주노총이 "부도덕한 노동운동 집단" 혹은 "경제 회복을 위해 필요한 노사정 대화마저 무시하는 단체"라는 비판을 받고 있다고 보도했다.

냉철하게 시시비비를 가리자면, 기아자동차 광주공장 채용 비리의 잘못은 결코 노조에만 있지 않다. 상식적으로 생각하더라도 사원 채용의 선발 주체가 노조일 수는 없는 일이다. 인사의 최종 권한이 경영진에게 있는 상황에서 노조의 '취업 장사'는 경영진의 '허락'이나 '양해' 없이 일어날 수 없다. 실제로 첫 보도 뒤 25일이 지나서 2월 14일 광주지검이 발표한 수사 결과를 보더라도, 노조 간부 10명과 더불어 회사 간부 세 명, 중개인(브로커) 여섯 명으로 모두 19명이 구속 기소되었다. 검찰의 수사 결과는 취업을 청탁한 '유력 인사'들의 이른바 'X파일'을 파헤치지 못했다는 점에서 민주노총으로부터 '표적 수사'라는 비판을 받았음에도, 인사 담당자와 중개인의 구속자 수가 전체 구속자의 절반 남짓에 이른다. 따라서 비판이 최소한 균형을 잡으려면, 인사 담당 간부와 중개인들이 노조 간부와 연결된 고리를 지적해야 옳다.

그러나 대다수 신문은 '노동운동 전반'을 겨냥해 자극적 보도로만 일관했다.

권력(權力) 노조는 절대적으로 부패한다

금융산업노동조합(금융노조) 위원장 선거에서 부정선거 의혹으로 개표가 중단되는 사태가 벌어졌다. 새로 위원장에 도전하고 나선 후보가 현직 위원장측이 무더기 투표를 했다면서 재선거를 요구했다. 한국노총 산하의 금융노조는 우리나라에서 가장 큰 산별노조다. 36개 금융기관을 산하에 거느리고 조합원 수만도 7만6500명이다. 금융기관 임금교섭도 개별 은행노조가 하는 것이 아니라 금융노조가 전체 은행을 상대로 벌이고 있다. 금융구조조정이 있을 때는 금융노조위원장이 경제부총리를 상대로 담판을 벌이기도 한다. 금융노조의 힘이 이처럼 크다 보니 역대 위원장 선거는 항상 과열을 빚었고 결국 부정선거 시비까지 빚어진 것이다.

'부정이다', '아니다'라는 양측의 주장 가운데 어느 쪽이 옳은지 지금으로선 판단할 수 없다. 그러나 분명한 것은 이번 사건이 금융노조의 도덕성, 더 크게는 대기업 노조의 도덕성에 또 한 번 큰 타격을 가했다는 사실이다. 노조위원장이 도대체 어떤 자리이기에 매번 죽고 살기 식의 선거운동이 벌어지는가. 한마디로 노조가 '권력'이 됐고 노조위원장이 권력자가 됐기 때문이다. 기아자동차 사태에서 보듯이 지금의 노조는 기업들이 공장 이전과 인력 전환배치를 하려 해도 노조의 동의를 얻어야 할 만큼 막강한 권력을 행사하고 있다.

민주노총 산하 대기업 노조들은 인사권과 경영권에까지 개입하고 있다. 이렇게 권력의 맛을 본 노조 간부들이 임기를 마치고 작업 현장으로 되돌아가는 일은 드물다. 단위기업 노조위원장 자리를 발판으로 산별노조와 노총 위원장에 도전하고 노동운동 경력을 발판으로 정치권으로 행동반경을 넓혀간다. 이것이 노동귀족들이 밟아가는 코스다.

'절대권력은 절대 부패한다'는 말은 정치권에만 적용되는 금언(金言)이 아니다. 노동조합이건 시민단체건, 인권기구건 마찬가지다. 권력화되는 순간 내부에서 부패가 싹트고, 절대권력화되면 반드시 부패하는 것이다. 대기업 노조는 이 말을 새겨야 한다.

조선일보, 2005년 1월 27일 사설

'노조 취업장사'라는 사건의 성격 규정도 그렇거니와, '취업 비리'의 수사 과정에서 중개인은 물론이고, 인사 담당자의 금품 수수 사실이 확인된 다음에도 언론의 노조 공격은 지속됐다. 이를테면 조선일보는 사설 "권력權力 노조는 절대적으로 부패한다"(1월 27일자)에서 "민주노총 산하 대기업 노조들은 인사권과 경영권에까지 개입하고 있다"며 이를 "권력의 맛"이라거나 "노동귀족들이 밟아 가는 코스"로 매도했다.

노조를 겨눈 '매서운 비판'은 경영진에 이르면 정반대로 무뎌진다. "일부 노조 간부에 국한된 문제일 뿐 회사 쪽은 개입하지 않았다"는 기아자동차 경영진의 주장이 부도덕한 거짓말임이 확인되었을 때도 언론은 '관대'했다.

기업의 부도덕성에 대한 언론의 관용은 비단 기아자동차 광주공장의 문제에 머물지 않는다. 노동조합의 도덕성이 연일 지면과 화면을 통해 도마 위에 올랐던 바로 그 때, 한국 경제를 대표할 만한 '초일류기업'인 삼성전자와 현대자동차에서는 노동자들의 인권을 유린하는 일이 벌어졌다.

삼성전자는 2004년 한 해에 103억 달러(10조 7,867억 원)의 순이익을 남길 만큼 세계적인 기업이다. 전 세계에서 한 해에 순이익을 100억 달러 넘게 낸 기업은 아홉 곳밖에 없다. 문제는 세계적 '초일류 기업'이 노무관리에 이르면 '삼류

기업'이라는 데 있다. 가령 삼성전자에 곧장 노조를 결성하는 일이 어려워 민주노총의 금속노조에 가입한 노동자에게 거액을 건네며 조합 탈퇴를 강요한 사건이 발생했다. 조합 탈퇴에 이어 퇴사 조건으로 1억이 넘는 돈을 준 '지급 확인서'도 공개되었다.

거기서 그치지 않는다. 인사부 간부가 노동자를 불러 가족의 안부를 물은 뒤 노조 가입을 시인하라며 다그쳤다. 게다가 다른 가입자 이름까지 대라고 살천스레 추궁했다. 그 증언이 사실이라면, 이는 부당노동행위를 넘어 인권 유린 행위다. 압박에 못 이겨 일터는 지킬 생각으로 탈퇴에 동의하자 그 '간부'는 "삼성의 경영 이념에 배치되는 사고로 노조에 가입했던 사람은 삼성에 더 다닐 수 없다"며 퇴직을 강요했다. 명백히 잘못된 일이다. 삼성이 법 위에 군림한다는 판단 없이는 일어날 수 없는 일이다. 민주공화국의 테두리 안에 있는 세계적 첨단 기업에서 소속 노동자들에 대한 원시적 노동 탄압이 자행되고 있는 셈이다. 당사자인 홍두하 씨는 기자회견장에서 "사측이 사실상 감금한 상태에서 가족을 들먹이며 회유하는 바람에 노조도 탈퇴하고 졸지에 회사까지 사직하게 됐다"며 울먹였다.

버젓이 인권 유린을 자행하는 삼성그룹에 대한 '눈감기'는 삼성 에스디아이 노동자 위치 추적 사건이 드러났을 때도 확인되었다. '죽은 사람의 휴대전화'가 전·현직 노동자들의 위치를 추적해 온 '엽기적 사건'은 여러모로 정황 증거가 뚜렷했다. 위치 추적을 당한 사람이 모두 노조 결성과 직·간접적으로 연관된 노동자들이고, 장기간에 걸쳐 반복적으로 퇴근 뒤 '추적'이 집중된 사실, 그리고 삼성 에스디아이 울산·수원공장에서 동시에 범행이 이뤄진 점에 비추어 '누군가'가 누구인지는 말 그대로 '삼척동자'도 짐작할 사건이다. 불법 복제한 휴대전화로 노조를 결성하려는 노동자들의 위치를 추적한 것은 국제인권법은 물론이고, 헌법에서 보장하고 있는 권리를 유린한 범죄다.

하지만 여섯 달 동안이나 수사를 한 뒤 검찰은 진실을 밝힐 수 없었다며 수사

종결을 선언했다. 삼성그룹 앞에 검찰의 '꼬리 내리기'라는 시민사회 단체의 비판이 '오해'라면, 수사 종결의 의미는 단 하나다. 정황 증거가 명백한 사건조차 진상을 규명하지 못하는 검찰의 무능을 고백한 것이다.

정작 문제는 삼성그룹의 노동자 인권 유린에 대해 대다수 언론이 침묵으로 일관하고 있다는 점이다. 검찰의 사실상 '면죄부 수사'에 대한 비판도 찾아볼 수 없다. 대기업에 대한 언론의 감시 기능이 전혀 작동되지 않고 있는 것이다.

또 다른 '세계 기업' 현대자동차도 마찬가지다. 자동차 생산에서 세계 5위를 눈앞에 둔 현대자동차에서 노동자 불법 파견이 1만여 명에 이르고 있음이 밝혀졌다. 현대자동차 비정규직 노조는 노동부조차 인정한 불법 파견을 바로잡기 위해 파업에 나섰다. 하지만 파업 과정에서 비정규직 노동자 한 명이 분신자살을 시도하고, 경비대의 폭행 사태가 벌어졌는데도 언론은 침묵하거나 축소해 왔다. 심지어 비정규직노조 위원장이 파업 현장에서 경비대에게 '납치'되어 공장 정문에 대기하고 있던 경찰에 넘겨졌는데도 모르쇠했다.

결국 기아자동차 광주공장, 삼성전자, 삼성 에스디아이, 현대자동차에서 불거진 노사 관계 사건들을 톺아보면, 한국 저널리즘이 노사 관계에서 얼마나 사 쪽 편향인지 분명하게 드러난다.

더 큰 문제는 언론 보도가 단순한 편파성에 그치지 않는다는 데 있다. 한국 언론은 노골적인 편향 보도로 공론장 구실을 스스로 부정하면서, 정작 민주노총에는 '사회적 협약' 참여나 노사정위원회 복귀를 강요했다. 사회적 협약이나 노사정위 참여는 민주노총의 주요 정책 방향 문제이기에 대의원대회의 의결을 거쳐야 할 사안이다. 그런데 언론은 대의원대회를 보도하는 과정에서 노사정위원회 복귀를 주장하는 한쪽의 논리만을 집중적으로 부각했다. 반면에 노사정위원회 복귀에 반대하는 노동자들에 대해서는, 전혀 별개의 사안인 기아자동차 광주공장의 노조 비리와 연결지어 매도했다.

민노총, 노사정 참여하여 경제 살려야

민주노총의 노사정 대화 복귀가 무산됐다. 민주노총은 20일 대의원대회에서 노사정위원회 복귀 안건에 대해 정족수 미달로 표결 자체를 무산시켰다. 민주노총 내부 갈등이 간단치 않음을 엿볼 수 있다. 대의원대회는 정치판을 뺨칠 정도였다고 한다. 반대파는 돌아가며 마이크를 잡아 새벽까지 13시간 동안 진을 빼놓았다 시간 끌기, 집단 퇴장으로 표결 자체를 물 건너가게 한 것이다.

올해 우리는 경제살리기에 모든 것을 걸었다. 기나긴 불황에 짓눌린 국민은 경기회복을 고대하고 있다. 이런 민심이 많은 것을 바꿔놓았다. 대통령과 여야 대표는 사회협약 체결과 정쟁 없는 한 해를 다짐했다. 기업들도 유례없이 설비 투자에 적극적인 입장이다.

국민은 최근 민주노총 위원장과 한국노총 위원장의 근로시간 단축을 통한 일자리 나누기 제안에 큰 기대를 걸었다. 대기업 정규직 중심의 노동계가 드디어 서민들의 살림살이와 실업문제에 눈을 돌렸다며 반색했다.

이런 마당에 민주노총의 이번 결정은 실망스럽기 짝이 없다. 서로 힘을 합쳐도 경기 회복이 쉽지 않은 판이다. 노사관계가 삐거덕거리는데 어떻게 소비와 투자가 살아나길 기대했겠는가. 경제 전반에 짙은 먹구름이 드리울 수밖에 없다.

이번 대회에서 노사정 대화 복귀를 '적에 대한 투항'이라 규정한 민주노총 강경파의 주장에는 입이 다물어지지 않는다. 그야말로 흑백논리다. '대화와 협상'을 '투항'으로 매도하면서 어떻게 민주주의를 하자는 것인가.

전교조와 공공연맹을 거느린 민주노총은 우리 사회에 끼치는 영향력 면에서 막강하다. 그만큼 거기에 걸맞은 책임과 의무도 느껴야 한다. 자기 주장만 옳다고 우긴다면, 스스로 입지를 좁히고 국민의 손가락질을 자초하는 결과를 초래할 뿐이다. 민주노총은 다음달 임시 대의원대회를 열어 노사정 대화 복귀를 재론할 예정이라고 한다. 보다 성숙한 결론으로 국민 여망에 화답하길 기대한다. 그것이 노동자와 경제를 살리고 민주노총의 생존을 도모하는 길이기도 할 것이다.

중앙일보, 2005년 1월 22일 사설

가령 중앙일보의 "경기도 노사정 협력모델 돋보인다" 사설(1월 24일자)은 기아자동차 광주공장 노조를 비난한 뒤 "민주노총 내부에서도 노사정위원회로 복귀하자는 목소리가 커지고 있다"고 강조했다. 이에 앞서 사설 "민노총, 노사정 참여하여 경제 살려야"(1월 22일)는 1월 20일에 열린 민주노총 대의원대회에서 노사정위원회 복귀(사회협약안)가 안건으로 다뤄지지 않은 사실을 원색적으로 비난했다. "대의원대회는 정치판을 뺨칠 정도"라거나 "반대파는 돌아가며 마이크를 잡아 새벽까지 13시간 동안 진을 빼놓았다"며 '강경파의 주장'은 "흑백논리"라고 주장했다.

심지어 한겨레까지 민주노총 대의원대회를 보도하면서 노사정위 복귀를 주장하는 한쪽을 일방적으로 편드는 기사를 두 차례에 걸쳐 1면 머리기사로 보도했다. 왜 민주노총이 노사정위원회에서 탈퇴했는지, 그리고 그 뒤에 사용자와 정부의 태도에 변화는 있는지를 짚어 보는 심층 보도는 어디에서도 찾아 볼 수 없다. 한겨레는 더 나아가 노사정위 복귀에 반대하는 노조들이 자신들의 조직 논리 때문에 사회 협약을 거부한다는 '해석' 기사까지 내보냈다.

결국 한겨레조차 노·사·정 사이에 균형 감각을 잃음으로써, 한국 저널리즘의 노사 관계 보도는 철저한 '노동자 배제'로 귀결되었다. 공론장을 포기한 채, 언론이 민주노총에게 일방적으로 사회협약안을 강요하는 것은 되레 반작용만 불러올 뿐이다.

물론, 사회 협약이 전체 국가이익에 부합된다고 언론이 판단할 수 있다. 노사정위원회에 민주노총이 복귀하라고 강조할 수도 있다. 하지만 그렇다고 하더라도 문제는 남는다. 사회 협약이나 노사정위원회는 그 이름이 상징하듯이 노·사·정 3자의 공동 노력이 필요하다.

그러나 민주노총이 노사정위원회의 '합의 불이행'을 비판하며 탈퇴한 뒤에 사와 정의 태도는 오히려 더 강경해졌다. 초기에 '친노親勞 정부'라는 오해까지 들었던 노무현 정부의 노동 정책은 공무원노조법이나 비정규직 법안에서 볼 수 있듯이 노동자 배제 정책으로 일관했다. 사용자의 자세는 앞서 삼성전자와 현대자동차의 사례에서 극명하게 드러났듯이 노동자를 대화의 상대로 인정하지 않음은 물론, 노동기본권과 인권 탄압으로 나타났다.

언론이 '대화'를 강조하면서 '사용자'와 정부의 잘못은 모르쇠하고 노조에만 화살을 쏘아대는 것은, 단 한 가지 가정 위에서만 정당성을 갖는다. 노·사·정 3자 가운데 도덕이나 준법 의무는 노동자에게만 있다는 전제가 그것이다. 이러한 가정에 사용자와 정부가 동의할 수는 없을 터이고 동의해서도 안 된다.

그렇다면 문제의 핵심은 분명하다. 노·사·정 3자 사이에 공론장 구실을 해야 할 언론이 최소한의 균형조차 잃고 있다는 점이다. 언론에 굳이 도덕성을 따지자면 정확성과 공정성을 들 수 있다. 정확하지도 공정하지도 않은 언론이 나서서 일방적으로 한 당사자의 도덕성을 집중적으로 비판하는 것은 부도덕한 일이다. 굳이 저널리즘의 '도덕'을 거론하는 이유가 여기 있다.

가장 큰 문제는 언론의 부도덕이 도덕적 차원에 머물지 않는다는 점에 있다. 언론의 편파보도야말로 진정한 사회 협약을 가로막는 구실을 하기 때문이다. '참여정부' 들어 한국 민주주의의 수준이 후퇴하고 있다는 정치학자의 비판이 나오고

있는 것도 같은 맥락이다. 그 중심에 한국의 저널리즘이 존재하고 있다는 사실을
분명히 인식하는 것이야말로 노사 갈등의 사회적 문제를 풀어 가는 지름길이다.

이건희 삼성 회장과 저널리즘의 명예

삼성그룹 이건희 회장이 고려대학에서 명예 철학 박사 학위를 받을 때, 일부 고대생들이 이에 항의해 시위를 벌였다. 2005년 5월 2일 오후에 일어난 시위는 그 뒤 일주일이 넘도록 한국 언론이 비중 있게 다룬 '사건'이 되었다.

찬반 격론이 오간 사건이기에 먼저 사건의 성격을 정확하게 정리해 둘 필요가 있다. 고려대학이 이 회장에게 명예 철학 박사 학위를 준 이유는 명확하다. 김병관 고려중앙학원 이사장이 축사를 통해 밝혔듯이, 삼성이 400억 원을 기부해 고려대 100주년 기념 삼성관을 지었기 때문이다. 김 이사장은 축사에서 "고려대가 이건희 회장에게 박사 학위를 수여하게 된 것은 영광"이라며 "이 회장에게 박사 학위를 수여한 사실은 고려대의 새 역사 속에 중요한 기록으로 남게 될 것"이라고 밝혔다.

반면에 고대 총학생회와 '다함께' 소속 학생 100여 명은 오후 5시로 예정된 학위 수여식이 열릴 인촌기념관 앞에서 오후 3시 30분부터 시위를 벌였다. "노동운동 탄압하는 삼성 회장 학위 수여 반대"가 주된 구호였다. 이 회장은 예정 시간보다 20여 분 늦은 오후 5시 20분쯤 식장에 도착했지만 학생들이 입장을 막는 바람에 어윤대 총장 등 고려대 관계자들과 수행원들의 보호를 받으며 행사장에 들어갔다. 학교 쪽은 시위를 벌이던 학생 가운데 일부가 식장으로 진입하려고 하자 인촌기념관 정문 셔터를 내려 학생들의 진입을 차단했다. 학생들의 시위가 계속되자 김병관 고려대 이사장과 어윤대 총장 등은 이 회장을 재단이사장실로 안내해 학위 수여식을 진행했다.

학위 수여식에 이어 만찬이 삼성관에서 열렸다. 당사자인 이건희 회장이 학생들의 시위를 피해 행사장을 빠져나가 불참한 가운데 이 회장의 부인 홍라희 씨가 주최한 만찬은 비교적 차분한 분위기에서 오후 7시 30분부터 진행됐다. 삼성과 고려대 쪽 관계자 60여 명이 참석한 가운데 열린 만찬의 사회를 맡은 김진성 고려대 총무처장은 "삼성관은 이건희 회장이 기부해 건립된 건물"이라며 "이렇게 모시게 된 것은 뜻 깊은 일"이라고 의미를 부여했다. 이어 그는 100주년 기념 삼성관 건립 자금을 기부한 이건희 회장 가족에게 박수를 보낼 것을 제의했다.

이 사건은 곧바로 인터넷을 타고 알려졌고 언론의 관심을 모았다. 하지만 보도의 시각은 크게 달랐다. 특히 신문과 인터넷 신문의 차이가 대조적이었다. 신문이나 방송은 물론, 인터넷 매체도 기본적으로 편집의 과정을 거치기 때문에 보도에 차이가 있는 것은 불가피한 일이다. 따라서 고려대학교 쪽이나 학생 쪽 가운데 누가 옳았는가를 논의하는 것은 자칫 언론 비평의 영역을 벗어난 논쟁으로 번지기 십상이다. 삼성그룹의 기부 문화나 경영 문화를 극찬하며 대학에서 '삼성학'을 연구할 때라고 주장하는 언론(조선일보)도 존재하기 때문이다.

하지만 그럼에도 비평의 영역은 남아있다. 무엇보다 논쟁의 영역이라 하더라도 사실을 왜곡하는 것은 저널리즘에 용납될 수 없기 때문이다. 아울러 논쟁의 당사자인 양쪽의 주장을 가능한 충분하게 독자들에게 보여 줌으로써 독자가 판단할 수 있도록 정보를 제공하고 있는가를 비평의 기준으로 삼을 수 있다.

그 맥락에서 볼 때 한국 언론의 보도는 대단히 실망스러운 수준이었다. 비단 신문 시장을 독과점하고 있는 세 신문만은 아니다. 경향신문, 국민일보, 서울신

중앙일보, 2005년 5월 3일

문, 세계일보, 매일경제, 한국경제도 '무분별한 학생들의 반지성주의적 행동'으로 규정했다. 사설들을 보면 극명하게 드러난다. 가령 서울신문 사설("'세계 高大'에서 일어난 일")은 "학생들의 편협한 사고와 행동은 우리 사회의 건강성을 해치는 독버섯"이라고 평가한 뒤 대학에도 "삼성식의 세계 경영을 접목"하라고 주장했다. 경향신문 사설("유감스러운 고려대의 명예학위 저지 소동")이나 국민일보 사설("일부 高大生들의 반지성적 행동")도 학생들을 비판했다.

그럼에도 중앙일보, 조선일보, 동아일보 보도를 중점 비평하는 까닭은, 세 신문에 대한 '감정'이 있어서가 결코 아니다. 세 신문이 '비판 언론'이기 때문은 더더욱 아니다. 다만 세 신문이 신문 시장을 독과점하고 있기에 영향력이 크고 그만큼 비평이 더 필요해서다.

먼저 삼성그룹과 '특별한 관계'에 있는 중앙일보부터 분석해 보자. 중앙일보는 바로 다음날 신문(5월 3일자)에서 2면에 기사를 싣고 표제를 다음과 같이 구성했다.

"기념관 건립 기부금 400억이 모자랐나/학생 100여 명, 행사장 막고 시위."

이건희 회장의 학위 수여식이 일부 학생들의 반대 시위로 약식 진행됐다고 보도한 이 기사는 말미에서 "대부분의 인터넷 포털사이트에는 학생들을 비난하는 글이 올랐다"고 적었다. 특히 한 네티즌의 "고대생들 정신 차려"라는 제목의 글을 소개했다. "70~80년대로 착각하나. 자네들의 일자리를 누가 만드나. 오늘의 삼성은 과거와 다르다."

여기서 문제는 중앙일보의 첫 보도가 한쪽만의 시각을 강조했다는 데 있지 않다. 기사 전체가 명백하게 사실을 왜곡하고 있는 데 주목해야 한다. "기념관 건립 기부금 400억이 모자랐나"에 이어 "학생 100여 명, 행사장 막고 시위"라는 표제를 보라. 자극적이고 선정적인 편집일지는 모르지만, 사실과 전혀 부합하지 않는다. 그날 시위에 참여한 고대생들 가운데 과연 한사람이라도 "기부금 400억이 모자라"서 반대했을까 자문해 보라. 시위의 본질을 의도적이든 아니든 흐리고, 더 나아가 학생들을 겨냥한 비방이 아닐 수 없다. 그것도 대단히 천박한 수준의 '선동'이다.

네티즌을 이용한 과도한 비난은 조선일보에서 두드러진다. 〈조선닷컴〉에 5월 4일 올라온 기사는 다음과 같은 섬뜩한 표제를 달고 있다.

"미친개에는 몽둥이가 최고."

이 기사의 표제는 이어 "고대생들 총학에 분노 폭발"을 달고 있다. 기사는 고대 홈페이지 게시판에 올린 글을 인용하고 있다. "어제 인촌관에 갔다가 내가 고대생인데 저 몇 XX들이 고대생의 대표인양 행동하는 게 너무 화가 나서 꼭 두들겨 패 주고 싶었다"며 "이제부터는 총학생회에 대해서 저들 방식대로 폭력을 행사하자"는 글을 옮겼다. 이어 "미친개한테는 몽둥이가 약이다. 오늘 학교 가서 길에서 대자보 붙이거나 시위하는 총학 새끼들 내 눈에 보이면 가만 안 둘 것"이라는 말도 보도했다. 또 "일부 고대생들은 이번 사건을 '5·2 소요 사태'로 규정"한다며 "서명운동 등을 통한 총학 퇴진 운동을 본격화하고 있다"고 썼다.

학생들 사이에 폭력 갈등을 은근히 부추기는 보도가 아닐 수 없다. 과연 시위를 벌인 고대생들이 "미친개"이고 "몽둥이가 최고"라는 한 고대생의 게시판 주장이 그대로 기사화할 만한 사안일까 자문해 볼 필요가 있다. 중앙일보 못지않은 천박한 저널리즘의 자기 폭로다.

그로부터 일주일 뒤 동아일보는 2면(5월 10일자)에 느닷없이 "삼성의 조직 문화 들여다보니" 제하의 기사를 실었다. 삽화까지 곁들여 눈에 띄게 편집한 이 기사는 삼성의 조직 문화를 찬양하면서 여섯 가지를 표제로 구성했다. 그 첫 번째가 "도덕성 먼저 본다"이다. 기사는 리드에서 "글로벌 기업 삼성그룹에서는 부하의 공을 가로채거나 회사에서 '우월적 지위'를 이용해 부하 직원을 괴롭히는 임직원은 견뎌내기 어렵다. 이건희 회장은 임원 발탁 시 업무 성과와 윤리성이 부딪칠 때는 후자에 더 비중을 둔다고 한다"면서 작은 표제 "비도덕성은 '공공의 적'" 아래 다음과 같이 썼다.

"삼성 구조조정본부 감사팀은 최근 한 간부 사원의 사내社內 불륜 사실을 제보받고 은밀하게 뒷조사를 시작했다. 신용카드 지출 및 휴대전화 사용 내용, 사내 전자통신망까지 샅샅이 뒤져 증거를 잡아내 '자백'을 받았다. 결국 이 간부는 '자의반 타의반'으로 사표를 제출했다. 삼성 구조조정본부의 감사팀은 계열사 임직원들에게 '저승사자'로 불린다."

"미친개에는 몽둥이가 최고" 고대생 총학에 분노폭발

chosun.com 이건희 삼성그룹 회장의 고대 명예박사 학위 수여식이 총학생회를 주축으로 한 일부 고대생들의 강도높은 저지로 파행을 빚은 것과 관련, 고대 홈페이지(www.korea.ac.kr)의 게시판에 "총학 퇴진"을 요구하는 고대생들의 비판성 글들이 쏟아지고 있다.

관련 핫이슈
- 2005 최다 클릭기사 30

2일 이후 고대 게시판에는 400개가 넘는 글이 올라왔고, 총학생회 홈페이지는 학생들으 비난 글이 폭주하면서 3일 오전에 다운된 상태다.

고대생 'kcia3'는 고대 홈페이지 게시판에 올린 글에서 "어제 인촌관에 갔다가 내가 고대생인데 저 몇 XX들이 고대생의 대표인양 행동하는게 너무 화가 나서 꼭 두들겨 패주고 싶었다"며 "주변의 많은 고대생들도 총학에 대해서 쌍욕을 해대고 있다"고 말했다. 그는 "이제부터는 총학생회에 대해서 저들 방식대로 폭력을 행사하자"며 "미친개한테는 몽둥이가 약이다. 오늘 학교가서 길에서 대자보 붙이거나 시위하는 총학 새끼를 내눈에 보이면 가만 안둘것"이라고 적었다.

고대생 'kym2950'는 게시판에 "고대 망신시키는 총학 필요없다"는 글을 올리고 "명예 철학박사 학위수여 반대한 사람들, 설마 이래놓고 나중에 삼성에 입사원서 내는건 아니겠죠""라고 말했다. 고대 졸업생이라고 밝힌 'babygirl'는 "총학은 삼성과 그 일가족, 학교와 교우, 그리고 우리학교를 졸업한 모든 동문들께 학교에 명예를 더럽힌 것에 관하여 사죄하라"라며 "처장들이 모두 사퇴했으니 너희도 자퇴해라. 너희가 저지른 짓이 얼마나 우매하며 창피한일인지 반성하라"고 말했다. 고대 휴학생이라고 밝힌 'jinnams'는 "현 시점에서 학생들의 지지를 얻지 못하고 있는 학생운동의 주체들은 이미 그 정당성을 상실하고 있음을 주지하고 좀 더 자중하는 모습을 보여줬으면 좋겠다"며 "사회생활하고 있는 선배들은 물론 재학생 그리고 앞으로 들어올 후배들에게까지도 고대의 큰 오점으로 남지 않을까 걱정된다"고 말했다.

조선닷컴, 2005년 5월 4일

이 기사는 이어 "이 회장은 그룹 임원들과 모임을 가질 때 부부동반 형식을 선호한다"면서 "부부와 함께 만나면 모임 분위기가 부드러워질 뿐 아니라 끈끈한 결속력을 가질 수 있기 때문"이라고 분석한다.

동아일보로서는 삼성그룹 이건희 회장을 의식한 '서비스'였는지는 모르겠지만 이 또한 한국 저널리즘의 수준을 극명하게 보여준 보도가 아닐 수 없다. 삼성 구조조정본부의 '저승사자' 행보가 과연 도덕성의 증거일까 자문해 보면 그 답이 자명하다. 동아일보 기사에 네티즌들이 보인 반응만 보더라도 분명하다.

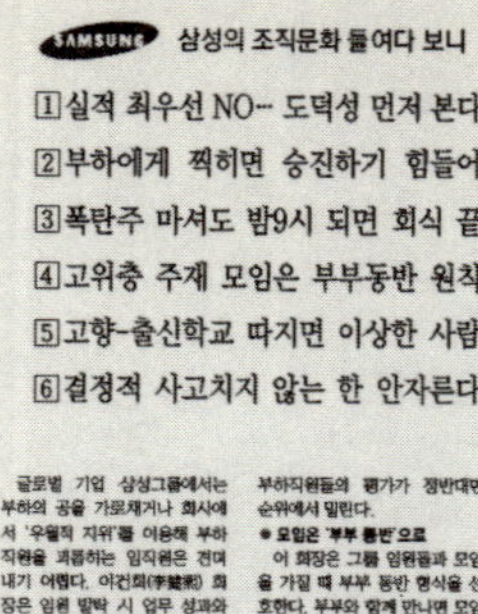
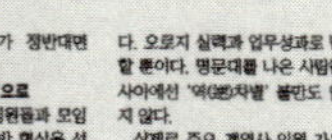

SAMSUNG 삼성의 조직문화 들여다 보니

1 실적 최우선 NO-- 도덕성 먼저 본다
2 부하에게 찍히면 승진하기 힘들어
3 폭탄주 마셔도 밤9시 되면 회식 끝
4 고위층 주재 모임은 부부동반 원칙
5 고향-출신학교 따지면 이상한 사람
6 결정적 사고치지 않는 한 안자른다

글로벌 기업 삼성그룹에서는 부하의 공을 가로채거나 회사에서 '우월적 지위'를 이용해 부하직원을 괴롭히는 임직원은 견뎌내기 어렵다. 이건희(李健熙) 회장은 임원 발탁 시 업무 성과와 윤리성이 부딪칠 때는 후자에 더 비중을 둔다고 한다.

또 '부부 동반 모임'이 잦으며 지연(地緣) 학연(學緣) 등 사적 연고를 이용한 '인맥 쌓기'는 철저히 통제받는다. 이른바 명문대 출신의 프리미엄은 없다. 의외로 온정주의 문화가 적지 않다.

'한국의 간판기업' 삼성그룹 관계자들의 증언을 통해 잘 알려지지 않은 조직문화를 들여다봤다.

● 비도덕성은 '공공의 적'

삼성 구조조정본부 감사팀은 최근 한 간부사원의 사내(社內) 불륜 사실을 제보 받고 은밀하게 뒷조사를 시작했다. 신용카드 지출 및 휴대전화 사용 내용, 사내 전자통신망까지 샅샅이 뒤져 증거를 잡아내 '자백'을 받았다.

결국 이 간부는 '자의반 타의반'으로 사표를 제출했다. 삼성 구조조정본부의 감사팀은 계열사 임직원들에게 '저승사자'로 불린다.

'삼성맨'들이 승진 인사 때 적잖이 신경 쓰는 부분은 다면평가로 나타나는 부하직원들의 평가. 상사로부터 후한 점수를 받더라도 부하직원들의 평가가 정반대면 순위에서 밀린다.

● 모임은 '부부 동반'으로

이 회장은 그룹 임원들과 모임을 가질 때 부부 동반 형식을 선호한다. 부부와 함께 만나면 모임 분위기가 부드러워질 뿐 아니라 끈끈한 결속력을 가질 수 있기 때문. 지난해 말에도 이 회장 부부는 구조조정본부 임원들을 부부 동반으로 초청해 가수 조용필 씨의 콘서트를 관람했다.

관료 출신의 한 임원은 "공무원 시절에는 부부 동반 모임이 거의 없었는데 삼성에선 유난히 부부 동반 모임이 많다"면서 "이혼을 했거나 부부관계가 좋지 않은 임원은 이런 모임에 적응하기가 쉽지 않다"고 전했다.

● 회식은 밤 9시가 마지노선

자체 회식은 밤 9시를 넘기는 법이 없다. 퇴근 뒤 회식 자리에선 앉자마자 폭탄주가 돌아가지만 술자리가 길어지는 경우는 없다.

금융 계열사의 한 임원은 "회식이 끝나 집에 들어가도 밤 9시를 넘기는 경우가 드물다"며 "이 때문에 가족들도 싫어하지 않는다"고 말했다.

● 학교나 고향 물어보면 '분수'

소위 'SKY'(서울대 고려대 연세대)에 대한 프리미엄이 전혀 없다. 오로지 실력과 업무성과로 말할 뿐이다. 명문대를 나온 사람들 사이에선 '역(逆)차별' 불만도 없지 않다.

실제로 주요 계열사 임원 가운데 지방대나 비명문대 출신이 적지 않다. 'K고 출신'이나 'S대 출신'이라는 모임도 삼성에선 안 통한다. 사내 전자통신망의 인물정보란에도 고향이나 출신학교는 적혀 있지 않다.

삼성전자의 한 임원은 "어느 대학을 나왔고, 고향이 어디인지를 물어보다간 '이상한 사람'으로 취급 받는다"며 "같은 대학을 나온 동문들이 의기투합하는 경우도 찾아보기 어렵다"고 전했다.

● 온정주의 문화도 많다

의외로 특별히 '사고'를 치지 않는 한 당사자의 의지에 반해 해고하는 사례가 드물다. 삼성전자의 한 고위임원은 "내가 보기에 '저 정도면 정리해야 하는데…'라고 생각되는 사람도 적지 않다"면서 "회사가 아주 어려워 구조조정이 불가피한 상황이 아니면 업무성과 부진 때문에 잘리는 경우는 거의 없다"고 전했다.

한 번 발탁한 사람은 여지간해선 중도에 팽개치지 않는다는 이 회장의 인재관과도 맥락이 닿아 있는 대목이다.

최영배 기자 yncho65@donga.com

동아일보, 2005년 5월 10일

동아일보 기사를 서비스한 포털사이트에서는 비판 댓글이 줄을 이었다. 〈프레시안〉에 소개된 가장 대표적인 댓글 두 개만 보자.

"통화 내역 및 통신망까지 개인의 것을 뒤진 것은 지탄받을 대상입니다. 인권을 무시한 불법적 처사입니다. 개인의 외도는 업무에 영향을 미치지 않는 한 가정의 문제이지 그걸 밝혀내서 가정 파탄으로 이끄는 게 온정의 문화인가요?"(네이버, 아이디 : lifedoom).

"삼성 구조조정본부가 정부냐? 감사팀이 검찰이고? 어떻게 남의 카드 사용

내역하고 핸드폰 통신 내역을 뽑아 볼 수 있지? 사내 메일이야 사내 지적자산이라 쳐도 …… 금융 정보와 통신 정보는 법으로 금지하고 있는 거 모르는가 …… 진정 삼성공화국이로고 ……"(네이버, 아이디 : bumguy).

실제로 동아일보 기사가 사실이라면, 이는 중대한 문제가 아닐 수 없다. 삼성이 직원들을 대상으로 신용카드 지출 및 휴대전화 사용 내용에 대한 뒷조사는 물론, 사내 전자통신망까지 뒤지고 있기 때문이다. 결국 기업 내부에서 저질러지고 있는 불법적인 인권 유린을 일러 '도덕적 문화'의 증거로 찬양하는 기사가 버젓이 편집되고 있는 게 한국 언론의 부정할 수 없는 현실이다. 부부동반 또한 반드시 긍정적으로만 볼 문제도 아니지 않은가. 가족까지 서열 관계에 놓이기 때문이다.

그러다보니 정작 짚어야 할 문제는 소홀히 하고 말았다. 사건의 본질은 건드리지 않은 채 '사주와 사돈'(동아일보)이거나 사실상의 '계열사'(중앙일보), 그리고 대광고주(조선일보와 모든 언론)로 얽혀 있는 삼성그룹의 이 회장을 두남두는 데만 급급했기 때문이다. 당사자인 유병문 고려대 총학생회장은 주간 『미디어오늘』과의 인터뷰(5월 9일)에서 "우리가 토론해야 할 부분은 이건희 회장이 명예 철학 박사 학위를 받는 게 맞는지, 틀리는지에 관한 것이 돼야 하는데 언론은 몸싸움은 옳지 않다는 것만 부각시켜 보도했다"며 언론의 보도 태도를 비판했다. 더구나 유 회장은 "충돌이 발생한 것은 유감이지만 원래부터 계획했던 것은 아니고 우발적으로 일어난 상황"이라며 "그렇게 심한 것도 아니고 가벼운 몸싸움 정도였다"고 말했다. 결국 "당연히 보장해야 할 노동조합 결성 권리를 방해하는 행위는 세계적인 기업으로서 부끄러운 모습"이라는 학생 시위의 본질은 실종된 셈이다.

그나마 '위안'은 일선 언론인 단체인 전국언론노동조합연맹 민주언론실천위원회(민실위)가 "삼성에 엎드린 보도에 깊이 사과드립니다"는 보고서를 낸 사실에 있다. 민실위 보고서는 사죄의 이유를 분명히 적시했다. "항상 '정론직필', '사회를 밝힌다', '민주주의 지지', '젊고 강한' 등을 표방하면서 매일 발행되는 신문들이 결국 삼성이라는 '자본' 앞에서 힘없이 무너져 버렸기 때문"이다. 보고서가 강조했듯이 한국 저널리즘은 "그동안 삼성의 무노조 경영 속에서 희생된 수많은 노동자들의 목소리가 분명하고 명확히 들려 왔음에도 강도 높게 비판하지 못했던 사례를 되풀이"하고 말았다.

결국 어찌됐든 이건희 회장은 명예 철학 박사 학위를 받았다. 고려대학도 400억 원의 기부를 받았다. 학생들도 고대의 패기를 드러내 주었다. 그래서다. 묻지 않을 수 없다. 이 사건의 피해자는 누구일까.

그 답은 자명하지 않을까. 천박한 저널리즘의 수준을 스스로 드러낸 언론이 아닐까. 냉철히 톺아보면 쉽게 알 수 있다. 삼성 이건희 회장은 명예 경영학 박사 학위에 이어 명예 철학 박사 학위까지 챙기는 명예를 받았다. 그렇다. 추락한 것은 고대 재단도, 고대 학생도 아닌, 바로 한국 저널리즘의 명예였다.

'무노조 경영'과 무비판 언론

2005년 7월 12일 한국 언론회관에서 "잘못된 삼성 관련 보도, 어떻게 경제 의제를 왜곡하나" 토론회가 열렸다. 언론 수용자 운동 단체인 민주언론운동시민연합이 주최한 토론회였다. 시민 언론 운동 단체가 토론회를 연 까닭은 자명하다. 공론화를 통해 '잘못된 삼성 관련 보도'를 조금이라도 개선하기 위해서다.

하지만 정작 대다수 신문은 토론회를 취재하지 않았다. 거의 모든 언론사들이 외면했다. 자신들의 보도를 비판했기 때문에 보도하지 않았다고 보기도 어렵다. 토론회 제목 때문이었는지 아예 취재에 나서지 않았기 때문이다.

토론회가 열린 바로 다음날이다. 7월 13일 오전에 민주노총 경기본부, 경기일반노조, 민주노동당, 민주사회를위한변호사모임은 삼성의 무노조 경영을 비판하는 공동 기자회견을 열었다. 삼성그룹 계열사인 신세계이마트가 해고된 조합원을 갑작스럽게 복직시킨 뒤 '계약 만료'를 이유로 해지시킨 사건이 일어났기 때문이다. 하지만 기자회견 또한 거의 모든 신문과 방송에서 묵살당했다. 일간지에서는 한겨레, 그리고 인터넷 신문들만 주목했을 따름이다.

물론, 언론이 모든 사건을 보도하기란 물리적으로 불가능하다. 수많은 사건 가운데 선별할 수밖에 없다. 문제는 선별의 기준이다. 여기서 이마트 보도와 관련해 두 가지 문제를 짚어 볼 수 있다. 첫째, 이마트가 해고된 조합원을 갑작스럽게 복직시킨 뒤 '계약 만료'를 이유로 해지한 사건은 과연 일단 기사나 단신 소식으로도 보도할 가치가 없을까. 둘째, 민주노총과 민변이 기자회견을 열고 삼성의 무노조 경영을 비판한 것 또한 보도할 만한 의미가 없는 걸까.

첫째 문제부터 톺아보자. 신세계이마트의 용인 수지점에서 노조가 창립된 것은 2004년 12월 21일이었다. 근무시간이 지난 뒤 매일 두 시간 청소를 시킨 게 노조 창립의 직접적 계기였다. 조합원 23명으로 노조를 창립하자 사 쪽은 곧장 탄압에 나섰다. 조합원들을 상대로 노조 탈퇴서 작성을 요구했다. 한 명이 해고당하고 압력에 못 이겨 19명이 무더기 탈퇴한 뒤 세 명의 조합원만 남았다. 노조는 사 쪽이 노조를 탄압하고 있다는 이유로 국가인권위에 제소했고, 사 쪽은 노조를 '업무방해'와 '명예훼손' 혐의로 고발했다.

이마트의 노사 갈등은 2005년 5월에 해소될 수 있었다. 노조가 제기한 부당 노동행위 구제 신청을 경기지방노동위원회가 받아들이면서 갈등을 해소할 전기를 맞았기 때문이다. 하지만 사 쪽은 조합원 전원에게 해고를 통보했다. 갈등이 외려 증폭되었다. 해고된 조합원들은 그 뒤 전국 이마트 지점을 돌아다니며 선전 활동을 해오던 중 7월 4일 복직 통보를 받았다.

갑작스런 복직 통보에 경기일반노조는 성명을 내고 "그동안 인정하지 않았던 노동조합을 인정하고 단체교섭을 통해서 원만한 노사 관계를 만들어 나가기 바란다"면서 "오는 9일부터 11일까지 계약 만료가 예정돼 있는 조합원들을 합법적으로 계약 해지하기 위한 갑작스런 복직이 아니기를 진심으로 바란다"고 밝혔다. 하지만 사 쪽은 7월 11일 복직 통보 일주일 만에 세 명을 불러 계약 해지를 통보했다.

비정규직 노동자들의 열악한 노동조건과 사 쪽의 횡포를 극명하게 보여 준 사건이 아닐 수 없다. 그런데도 일단기사로도 보도하지 않은 것은 무엇 때문일까. 그 정도의 차별과 억압은 일상사라는 판단 때문일까.

조선일보, 2005년 7월 14일

판단의 기준이 더 궁금한 까닭은 바로 그날 이마트와 관련된 전혀 엉뚱한 기사들이 생산되고 있기 때문이다. 가령 기자회견 다음날인 14일 조선일보 기사를 보자. "엄마는 쇼핑, 아이는 소풍 '즐기자! 할인마트'" 제하의 기사는 다음과 같이 시작한다.

"온 가족이 함께 즐기는 공간으로 탈바꿈 중인 할인마트. 쇼핑 시설은 기본이고 문화 공간, 놀이방, 외식 코너 등 다양한 부대시설을 즐기는 재미 또한 만만찮다. 어린아이가 있는 가족에게는 어린이를 위한 시설을 잘 갖추어 놓은 이마트와 까르푸가 인기 있다. 이마트는 거의 전 지점에 유아 휴게실과 어린이 놀이방을 마련해 놓았다. 조명 밝기를 일반 매장보다 한 단계 낮춘 유아 휴게실은 포근하고 편안한 느낌. 기저귀를 바꿀 수 있는 아기 침대와 정수기, 전자레인지까지 갖추어 놓았다. 커튼을 내리면 독립 공간이 보장되는 수유실은 젊은 엄마들에게 인기.

미끄럼틀, 볼풀, 게임기 등 재미있는 놀이 기구가 있는 어린이 놀이방(플레이 타임)도 만족스럽다. 전문 보육 교사가 상주하고 있다. 한 번 입장으로 2시간 동안 즐길 수 있다. 보호자 한 명 동반 입장 가능. 1회 기준 3,000원 선. 이마트 월계점(02-2092-1234)과 김포공항점(02-2166-1234)에는 동화 속 배경처럼 아기자기하게 꾸며진 어린이 전용 사진관이 눈길을 끈다. 각종 동물 모양의 의상을 입고 사진도 찍을 수 있다(이하 생략)."

기사에는 이마트 내부 사진이 "어린이 전용 자동차, 미끄럼틀 등 재미있는 놀이 기구가 잘 갖추어진 이마트"라는 설명과 함께 편집되어 있다. 아무리 편집의 고유 권한이 언론사에 있다고 하더라도 이래도 되는 걸까. 이마트 비정규직 노동자들의 피눈물은 모르쇠하고, 바로 그날 이마트에서 "즐기자"는 기사를 사진과 함께 내보내는 모습은 어떤 편집 이론으로 분석할 수 있을까. 언론인으로서, 그리고 언론을 공부하는 학자로서 이를 어떻게 설명해야 할지 난감하다면, 과연 너무 민감한 반응일까.

둘째, 이른바 '무노조 경영'의 문제다. 두루 알다시피 '무노조 경영'은 국내 최대 기업 삼성의 경영 방침으로 언론에 알려져 있다. 하지만 한국 언론이 흔히 무비판적으로 보도하는 '무노조 경영'의 규정을 이제는 냉철히 돌아볼 때가 되었다. 기실 헌법과 노동법에 보장된 노동기본권에 대한 중대한 침해이기 때문이다. 대한민국 헌법 제33조 1항은 다음과 같다. "근로자는 근로조건의 향상을 위하여 자주적인 단결권·단체교섭권 및 단체행동권을 가진다."

무릇 미디어는 단순히 현실을 재생산하는 것이 아니라 의미화 작업을 수행함으로써 '사회 현실의 규정자' 구실을 한다. 가령 어떤 현상을 '무노조 경영'으로 보도하는 것과 '전투적 노동 통제'로 규정하는 것은 큰 차이가 있다. 한국 저널리즘이 '무노조 경영'으로 규정한 현상을 비판하지 않는 것도 같은 맥락이다. 오히려 긍정적 평가까지 내리지 않았던가. 하지만 삼성그룹의 '무노조 경영'은 헌법에 보장된 기본권을 부정한다는 점에서 '전투적 노동 통제'라고 규정해야 옳다. 실제로 삼성그룹의 무노조 경영 이면에는 회유와 해고, 심지어 납치까지 서슴지 않는 극렬한 노동 통제가 있다. 신문과 방송이 보도에 소홀했을 따름이다.

신세계이마트가 조합원 세 명에 대한 계약 해지를 통보한 '뿌리'도 마찬가지다. 경기지역일반노조가 기자회견에서 밝혔듯이 "이병철 전 삼성 회장의 '노동조합은 안 된다'라는 유언을 절대시"했기 때문이다. 하지만 고故 이병철의 그런 말은 군부독재 시절에나 가능했다. 노동자들이 노조를 조직하고 가입해 활동할 권리인 노동 3권이 헌법과 법률에 의해 보장되고 사회적으로도 확립된 권리인 현실에서 무노조 경영은 명백히 위헌 심판을 받아야 할 전투적 노동 통제가 아닐 수 없다. 더구나 이마트 수지점 조합원들은 전형적인 비정규직 여성 노동자들이다. 정직→복귀→해고→복직→계약 해지 통보로 이어지는 보복 인사를 당한 세 명의 비정규직 여성 노동자가 "인간을 이렇게 가지고 놀 수도 있나 싶어요"라고 분노한 것도 충분히 수긍할 수 있다. 그들의 분노에 전혀 공감하지 않은 것은 한국 언론이었다. 사안을 중시하지도 않고 보도하지도 않음으로써 사회 구성원 대다수가 그런 사실조차 모르고 있다는 데 문제의 심각성이 있다.

여기서 한 가지 더 짚어 볼 것은 사법부다. 언론이 제구실을 하지 못한다면 법원이라도 제 몫을 해야 함에도 전혀 아니다. 가령 수원지법 민사30부(부장판사 김기봉)는 지난 3월 24일 이마트 사 쪽의 업무방해 금지 가처분 신청에 대해 "신세계이마트 수지점·수원점·분당점에서 금지된 행위를 해서는 안 되며 제3자로 하여금 하게 해서도 안 된다"고 판결했다. 이어 지법은 이를 위반할 시에는 위반 행위 1회당 50만 원을 신세계이마트에 지급해야 한다고 덧붙였다. 법원이 금지한 행위로는 "이마트 수지점이 노동자를 감금하고 미행하고 있다"와 "이마트가 살인적인 인권 유린을 하고 있다" 외에도 "이마트는 무노조 경영 이념을 가지고 있다"는 문구를 △신문, 잡지 등 일체의 정기·부정기 간행물, 공중파 또는 유선방송, 라디오, 인터넷, PC통신 등에 알리는 행위 △매장 100m 이내에서 현수막, 피켓, 유인물 등에 게시하거나 배포하는 행위 △매장 100m 이내에서 위 내용으로 지지 서명을 받는 행위 △매장 100m 이내에서 위 내용의 구호 제창, 확성기를 이용한 방송으로 업무를 방해하는 행위가 포함되어 있다.

법원의 결정에 대해 경기일반노조는 "신세계이마트가 무노조 경영 이념을 가지고 있다는 말은 우리가 한 것이 아니라 신세계이마트 수지점장과 업무팀장이 한 말인데도 우리더러 사용하지 말라니 이해가 가지 않는다"고 항변했다.

하지만 법원의 이런 결정을 감시하고 견제해야 할 언론은 대부분 그 때도 침묵했다. 이마트가 비정규직 여성 노동자들에게 서슴없이 계약을 해지하는 배경에는 사법부와 언론에 대한 '믿음'이 있어서가 아닐지 성찰해 볼 대목이다.

더구나 이마트는 어느 기업보다 '윤리 경영'을 강조하고 있다. 이마트는 자신들이 "할인점 시장에서 부동의 1위를 고수하고 있는 것"은 "한국적 유통 환경에 맞는 시설과 시스템을 구축한 것과 동시에 기업 윤리에 바탕을 둔 경영 활동을 지속적으로 전개해 온 결과로 보아도 무리가 없을 듯하다"고 자처한다. 심지어 "국내의 대다수 기업들이 IMF 금융위기를 극복하기 위해 시행하였던 사업체 매각, 임직원 감원, 경비 절감 등의 구조 조정만으로는 문제를 해결할 수 없다는 사실을 인식"했다면서 "앞으로 어떠한 경영상의 위기가 오더라도 근본적으로 대처하고 극복하기 위해서는 윤리적 기업 경영만이 해결책이 될 수 있다는 사실을 알게 되었다"고 자부했다.

비정규직 여성 노동자들에 대해 집요하다 할 정도로 비윤리적으로 대처하는 이마트가 윤리 경영을 전면에 내걸고 있는 것은 위선이다. 하지만 기업 이념으로 윤리 경영을 내세우는 그들이 헌법에 보장된 기본권마저 유린하는 현실에 대해 언론은 모르쇠하고 있다. '무노조 경영'이라는 모호한 규정 아래 눈감아 온 것이다.

위헌적인 무노조 경영에 대한 언론의 무비판적 보도를 틈타 삼성은 외려 공정거래법을 위헌이라며 헌법 소원하는 데까지 이르렀다. 6월 29일 삼성그룹의 계열사인 삼성생명, 삼성화재, 삼성물산이 공정거래법 제11조 '금융계열사 의결권 행사 제한'에 대해 헌법 소원을 낸 것이다. 이들은 문제의 조항이 삼성전자를 외국 자본의 적대적 인수 합병에 노출시킴으로써 사유재산권을 제약한다고 주장했다.

그러나 삼성의 주장과 달리 삼성전자의 외국인 주주는 다양한 국적의 다양한 투자 펀드들로서, 대부분 1~2% 미만의 지분을 가진 이들이 담합을 통해 삼성전자의 경영권을 위협하는 일은 일어날 수 없다는 게 전문가들의 진단이다. 무엇보다 삼성의 위헌 소송은 국회에서 여야 합의로 통과된 법을, 그것도 과거보다는 완화된 법 조항임에도 뒤집겠다고 나섰다는 점에 유의해야 한다.

문제의 핵심은 삼성그룹의 앞뒤가 맞지 않는 행태에 대해 한국 언론이 침묵하는 데 있다. 정작 위헌 시비를 가려야 할 '무노조 경영'이라는 '전투적 노동 통제'를 일삼는 삼성그룹이 여야 합의로 통과된 법에 위헌 소송을 내는 모습은 이성과 상식으로 설명하기 어렵다. 비단 이성과 상식의 문제가 아니다. 한국 민주주의를 위해 깊은 성찰이 필요하다.

이성과 상식으로 설명하기 어려운데도 삼성이 이성적이고 더 나아가 '나눔의 문화'를 실천하는 기업으로 인식되는 '비결'은 어디에 있을까. 사실을 온전히 보도하지 않는 한국 언론에 있지 않을까. 800만 명에 이르는 비정규직 노동자들이 지금 이 순간도 억압과 차별 속에서 살아가고 있기에 더욱 그렇다.

안기부 X파일과 언론의 X파일

X파일. 국가안전기획부가 불법으로 도청한 테이프를 한국 언론이 붙인 이름이다. 1997년 대통령 선거를 석 달 가량 앞둔 9월 삼성그룹 이건희 회장의 최측근인 이학수 구조조정본부장과 중앙일보 홍석현 사주가 한 호텔 식당에서 나눈 대화를 국가정보원의 전신인 안기부가 불법 도청한 테이프다.

안기부 X파일은 한국 저널리즘의 추한 단면을 드러냈다는 점에서 언론의 X파일이기도 했다. 비단 X파일에 등장하는 한 신문사 사주의 불법 행위 때문만은 아니다. 공개되지 않은 테이프에는 다른 사주들이나 언론계 고위 간부들도 포함되었을 게 분명해서만도 아니다. 무엇보다 중요한 것은 X파일을 보도하는 과정에서 한국 저널리즘의 현주소가 또렷하게 확인되었다는 사실이다.

문제의 도청 테이프를 처음 입수한 언론사는 문화방송이다. 그런데 문화방송은 불법 도청물이라는 이유로 여섯 달이 넘도록 보도를 미뤄 두고 있었다. 문화방송이 입수한 X파일의 존재는 7월 20일자 동아일보의 미디어 면 보도에 이어 21일자 조선일보가 1면에 안기부의 불법 도청 사실을 머리기사로 보도함으로써 더는 묻어 둘 수 없는 사안이 되었다. 더구나 당사자인 홍석현-이학수 씨가 방송 금지 가처분 신청을 냄으로써, 당사자의 신원도 역설적으로 확인되었다. 21일 한국방

조선일보, 2005년 7월 21일

송과 문화방송이 저녁 9시뉴스에 이를 보도하고, 특히 문화방송이 22일 테이프 내용을 실명으로 전면 보도함으로써 파일의 충격적 내용은 단숨에 가장 큰 쟁점이 되었다.

따라서 언론의 의제 설정 기능에서 볼 때 X파일이 불거지는 데 결정적 구실을 한 언론사는 조선일보라고 보아야 한다. 실제로 이 신문은 1면 보도에 이어 22일자 사설 "불법 도청과 불법적 대선 자금 지원 논의"에서 왜 X파일이 중요한가를 명쾌하게 제시했다. 사설은 "홍석현 주미대사(1997년 당시 중앙일보 사장)"의 이름을 신문 제호와 함께 분명하게 적시하며 "불법 도청 공개의 불법성이라는 이유만으로 도청 내용 속의 불법성과 국민들의 알권리는 무시해도 좋은 것이냐"고 문제를 제기했다. 이어 "도청 테이프에 담긴 내용이 MBC의 보도대로 대선 후보를 비롯한 정·관계 유력 인사와 전·현직 검찰에 대한 불법적 자금 지원 문제들이라면, 도청의 불법성과는 별개로 그 불법성을 따질 수밖에 없는 문제"임을 강조했다. 사설은 결론에서 "이제 온 국민이 테이프의 존재를 알게 됐고, 테이프

속에 담긴 내용의 불법성까지 드러난 상황에서 이 문제는 덮는다고 묻혀질 리가 없다"며 "도청 문제는 도청 문제대로, 또 도청 테이프 속의 대화 내용은 그것대로 밝혀져야 한다"고 못 박았다.

조선일보는 23일자 사설("법으로 막아서는 안 될 '공익보도의 원칙'")에서도 "미 대법원은 2001년 한 교원 노조위원장이 자신의 전화 통화 도청 테이프를 방송한 라디오 방송국을 상대로 낸 소송에 대해 '불법 도청한 내용이라도 언론이 도청 과정에 개입하지 않았고, 사후에 적법하게 입수했으며, 그 내용이 공익에 관계된 것이라면 언론의 자유가 우선돼야 한다'고 판결했다"고 강조했다. 아울러 "언론도 법 규정을 존중해야 하지만 그것이 국민의 알권리와 충돌할 때는 처벌이나 불이익을 감수하고라도 알권리를 지키기 위해 노력하는 것이 저널리즘의 원칙이며 언론의 길"이라면서 "불법 도청 테이프 보도를 둘러싼 논란 속에서 우리 언론은 국민의 알권리를 위해 얼마나 적극적으로 싸우느냐 하는, 언론 자유의 폭과 깊이를 시험받는 시험대 위에 서 있는 것"이라고 의미를 부여했다.

결국 보도를 유보했던 문화방송에서는 노조가 나서서 늑장 보도에 대해 "부끄러운 MBC, 조합은 국민 앞에 무릎 꿇고 사죄합니다"라는 제목의 사과문을 내기에 이르렀다. 노조는 사과문에서 "MBC는 권언유착의 추악한 모습과 이를 불법 도청하고 이용했을 정보기관의 행태를 먼저 취재했으면서도 마지막으로 보도했고, 법원의 가처분 결정을 과도하게 해석해 알맹이 없는 앙상한 껍데기를 내놓았다"고 자성했다.

하지만 조선일보의 논평과 보도는 시간이 흐르면서 미묘하게 변하기 시작했다. 가령 20여 일이 지난 뒤인 8월 15일자 사설("X파일, 박철언 파일, 이 다음 과거사 파일은")의 논조는 사뭇 다르다. 사설은 "정말 우리가 이렇게 되돌아보기에 정신이 팔려도 될 만큼 속 편한 처지일까. 우리가 오늘 또는 내일 세계 속에서 경쟁해야 할 나라 가운데 21세기의 첫머리를 이런 과거사 캐기에 탕진하는 나라가 어디 있는가" 묻는다. 이어 "국가 지도층" 가운데 누구도 "지금 세계가 어떻게 돌아가고 있는데 뒤돌아볼 틈이 어디 있느냐. 앞으로 가자"며 나서는 사람이 없음을 한탄한다.

국민의 알권리와 언론의 길을 내세워 도청 테이프의 진실을 밝히라고 다그치던 초기의 논조와는 확연하게 다르다. 아니, 정반대라고 볼 수 있다. 비단 사설의 논조만이 아니다. 사설의 논리와 정비례하면서 편집 방향도 시나브로 달라졌다.

물론, 논평은 언론 자유의 영역이다. 더구나 사설의 경우, 신문사의 시각을 반영하기에 '경향성'은 외려 미덕으로 꼽힌다. 하지만 아무리 사설이 주관적 판단 아래 쓰인다고 하더라도 적어도 같은 사안에는 논리적 일관성이 있어야 한다. 게다가 상황 논리를 중시한다고 하지만 겨우 20일 새에 편집 방향과 논평의 시각이 바뀌는 것은 결코 좋은 저널리즘일 수 없다. 그런 변화가 자사의 이해관계와 맞물려 있다면 더욱 그렇다.

홍석현 사주의 불법 행위가 언론에 보도된 뒤 상황은 미묘하게 변해 갔다. 불법도청팀장이 "도청 업무를 수행하면서 엄청난 충격을 받았다"며 "우리 사회

사설

다시 한번 뼈를 깎는 자기반성 하겠습니다

'안기부 X파일'이라는 문건이 사회적으로 큰 파문을 일으키고 있는 오늘, 중앙일보는 참담한 심정으로 국민과 독자 앞에 송구스럽다는 말씀을 드리지 않을 수 없습니다. 중앙일보는 정치, 경제, 사회권력의 감시를 통해 밝고 정의로운 사회의 실현에 동참해 왔다고 자부했습니다.

그러나 문제의 문건에 홍석현 전 사장이 지난 한 시대의 정치적인 악습에 관련된 것으로 되어 있습니다. 사안의 중대성에 비춰 중앙일보는 이 문건의 사실 여부에 대한 당국의 조사에 앞서 국민에게 사죄의 말씀을 드리고 뼈를 깎는 반성을 다짐합니다.

더 공정한 길 걸을 것

홍 전 사장은 올 2월 주미대사로 임명되면서 중앙일보 회장직을 사퇴했습니다. 그렇다고 중앙일보가 이 문제와 전혀 상관없다고 할 수는 없습니다. 그래서 더욱 고통스러운 것입니다.

돌이켜보면 1997년 대선 때의 문제로 중앙일보가 겪어야 했던 고초는 말할 수 없어 컸습니다. 대선에서 승리한 김대중 정권은 중앙일보를 압박해 왔고, 그 결과 홍 전 회장은 1999년 탈세 혐의로 구속되기에 이르렀습니다. 말이 '보광 탈세' 사건이지 사실은 선거에서 상대 진영을 도왔다는 괘씸죄였습니다.

이번에 불거진 파일의 내용과 연관이 된 것입니다. 홍 전 회장 본인도 그때 공개적인 사과와 반성을 했습니다. 그로 인해 감옥까지 갔습니다. 그렇다면 일사부재리 원칙이 있듯이 대가는 이미 치렀다고 보아줄 수도 있습니다. 물론 당사자는 끊임없는 반성과 자기 성찰을 해야 합니다.

존폐의 위기를 맞았던 중앙일보는 시련을 견뎌냈습니다. 상처를 견디며 한발 더 성숙하는 계기로 삼았습니다. 관행처럼 여겨졌던 정·언 유착의 굴레를 벗어나지 못하면 참다운 언론으로 바로 설 수 없다는 엄숙한 교훈도 체험했습니다. 이런 경험을 바탕으로 중앙일보는 2002년 대선에서 객관적이고도 공정한 보도를 위해 노력했습니다.

그 결과 대선에서 승리한 후보도, 패배한 후보도 중앙일보의 정치적 중립성에 대해서는 인정했습니다. 제2 창간 10년을 맞은 2004년 3월 22일에는 중앙일보가 과거 편파적 이해에 끼어들었던 잘못에 대해 반성하고 불편부당과 시시비비를 가리는 언론의 고유업무를 게을리하지 않을 것임을 다짐했습니다.

그럼에도 불구하고 안기부 X파일의 내용이 마치 '지금의 중앙일보'의 모습인 것처럼 폄하하는 일부의 움직임에 대해서 안타까움을 금할 길 없습니다. 과거의 잣대로 현재의 중앙일보를 보려 하기 때문입니다.

수많은 도청 테이프 중 유독 특정 정치인과 기업, 그리고 중앙일보에 대해서만 집중적으로 문제를 삼고 있는 현 상황은 이해할 수 없는 대목이 많습니다. 특히 도청 당사자들은 중앙일보를 매도하고 있는 일부 방송·신문사들을 거명하며 "그들도 떳떳하지 못하다. 자기들은 정도를 걸어온 것처럼 하는데 정말 역겹다"고 증언하고 있습니다. 과거를 청산하기 위해서는 불법도청 자체는 물론 도청 테이프에 담긴 모든 내용이 함께 밝혀져야 한다고 생각합니다.

불법도청 용납 안돼

중앙일보 임직원은 다시 한번 같은 성찰을 하겠습니다. 그리고 겸손한 마음으로 더 바르고, 더 공정하고 더 열린 신문의 길을 걸어가겠습니다. 특정 정파나 세력에 기울지 않고 중립성을 지키면서 권력에 대한 비판을 결코 소홀히 하지 않겠습니다.

중앙일보를 의도적으로 매도하고 전략적으로 이용하려는 기도에 대해서는 결연히 맞서 싸울 것입니다. 아울러 정·경·언 유착이나 도청과 같은 잘못된 관행이 다시는 재연되지 않도록 한 시대를 청산하는 시대적 과업이라는 차원에서 진상 파악에 주력할 것입니다.

중앙일보, 2005년 7월 25일 사설

는 전 분야에 걸쳐 외면과 달리 이면에는 아첨, 중상모략, 질투 등 혼돈의 연속”이라고 주장했기 때문이다. 도청팀장은 이어 모든 언론이 마찬가지라며 재갈을 물리겠다는 협박까지 서슴지 않았다. 도청팀장의 이 발언을 중앙일보는 마치 기다렸다는 듯이 7월 25일자 1면 머리기사로 대서특필했다. 같은 날 사설(“다시 한번 뼈를 깎는 자기반성 하겠습니다”)도 안기부 도청팀장이 조선일보, 동아일보, 한국방송, 문화방송, 서울방송을 거론한 인터뷰를 인용해 “자기들은 정도를 걸어온 것처럼 하는데 정말 역겹다”는 발언을 그대로 사설에 옮겼다. 이어 “과거를 청산하기 위해서는 불법 도청 자체는 물론 도청 테이프에 담긴 모든 내용이 함께 밝혀져야 한다”고 주장했다.

불법도청팀장만이 아니다. 그로부터 테이프들을 반납받아 분석했다는 당시 국정원 감찰실장은 “세상에 공개된다면 상상을 초월할 대혼란을 야기하고 정치·경제·사회·문화에 걸친 붕괴를 초래할 수 있다고 판단해 내 전권으로 모두 소각했다”고 밝혔다. 이때까지도 조선일보와 동아일보의 보도는 큰 변화가 없었다.

하지만 검찰이 수사에 나서고 안기부 도청 테이프 274개를 압수하면서 조선일보와 동아일보의 보도는 급속도로 변하기 시작한다. 도청의 불법성을 중심으로 보도와 논평이 이어졌다. 열린우리당이 특별법을, 한나라당과 민주노동당은 특검법을 만들면서 어떤 형태로든 녹음 테이프들이 공개될 수 있는 상황에 이르자 논조는 더욱 경직되어 갔다. 앞서 분석한 조선일보의 8월 15일자 사설이 대표적이다.

그러나 불법 도청 테이프의 내용은 그냥 묻어 둘 사안이 결코 아니다. 이를테면 홍석현-이학수 두 사람이 나눈 대화를 조금만 들춰 보아도 알 수 있다. “(이건희) 회장께서 해외로 떠나시면서 저한테 집행하라고 하셨다니까 기분이 좋았던지 자기는 이 회장을 존경한다면서 삼성이 기아에 대해 어떤 생각을 갖고 있느냐고 묻더라구요”라거나, 특정 후보를 들어 “만약에 이번에 후보가 안 되더라도 다음 정권에서 여러 가지로 영향력이 있을 것이고, 또 그 다음도 생각할지 모르니까 도와줄 생각”이라는 말은 검은돈이 어떤 이해관계 속에 거래되었는지, 그리고 삼성그룹이 대선 후보들의 요구로 어쩔 수 없이 돈을 준 게 전혀 아니라는 사실을 극명하게 보여 주었다.

X파일이 증언하는 이건희-홍석현의 ‘모의’는 민주공화국에서 가장 중요한 주권 행사인 대통령 선거를 재벌과 언론이 손잡고 왜곡했다는 점에서 용서받을 수 없는 헌정 파괴 행위다. 그런데도 불법 도청 테이프를 공개하는 것이 ‘위헌’이라고 주장하는 한국 언론은 정작 명백한 위헌 사안에 대해서는 거의 침묵한다. 삼성과 중앙일보의 헌정 파괴적 불법 행위를 엄단하라는 주장이 없는 것은 더 말할 나위 없다. 더 정확히 말하자면 이건희-홍석현, 두 사람은 신문과 방송에서 슬그머니 사라져 버렸다.

하지만 선입견 없이 톺아볼 일이다. 만일 비슷한 일이 다른 나라에서 일어났다면, 어떻게 되었을까. 미국조차 이건희 같은 기업인이나 홍석현 같은 언론사주는 법망을 피해 갈 수 없었을 터이다.

그런데도 우리 사회는 두 사람을 처벌하라는 요구가 과격한 담론으로 들린다. 쉽게 납득하기 어려운 한국적 상황이다. 바로 그 한복판에 한국 언론이 있다. 삼성에 대한 비판 기사 자체를 자제하고 있기 때문이다. 삼성그룹은 막강한 자금력을 밑절미로 언론 보도에 깊숙이 개입하고 있다. 실제로 한국방송의 〈추적60분〉이 보도했듯이 2004년 방송 3사 광고 수입액의 9.7%가 삼성의 광고다. 신문사의 삼성 의존도는 방송보다 높다.

『미디어오늘』이 입수한 한국광고데이터KADD의 삼성그룹 신문·방송 광고비 현황 자료에 따르면, 삼성은 〈표 1〉과 〈표 2〉에서 볼 수 있듯이 2004년 한 해 동안 4개 지상파 방송사에 1,664억 원, 중앙·지방지 등 신문에는 1,480억 원의 광고를 집행했다.

<표 1> 삼성그룹의 매체별 신문 광고비 (단위 : 백만 원)

매체사	2004년	2005년 상반기	기간계
경향신문	6,329	2,806	9,135
국민일보	4,953	2,271	7,224
동아일보	11,781	5,035	16,816
문화일보	4,083	1,839	5,922
서울신문	5,985	2,045	8,030
세계일보	4,224	1,917	6,141
조선일보	11,944	4,950	16,894
중앙일보	12,458	5,408	17,866
한겨레	6,134	2,811	8,945
한국일보	9,538	4,739	14,277
지방지, 기타 All	70,583	23,867	94,450
총합계	148,012	57,688	205,700

출처 : 『미디어오늘』, 2005년 8월 12일자

<표 2> 삼성그룹의 매체별 텔레비전 광고비 (단위 : 백만 원)

매체사	2004년	2005년 상반기	기간계
MBC	59,320	27,651	86,971
KBS2	51,096	24,421	75,517
SBS(민방)	54,968	24,923	79,891
EBS	1,036	966	2,002
총합계	166,420	77,961	244,381

출처 : 『미디어오늘』, 2005년 8월 12일자

신문사별 삼성 광고 의존도는 부동산 광고 비중이 높은 조선일보가 4.06%로 낮은 편이고, 광고 매출액이 작은 신문사일수록 높다. 가령 2004년 320억 원의 광고 매출을 올린 국민일보의 삼성 의존도(50억여 원)는 15%를 넘었다. 한국일보도 600억 원 가운데 95억 원이 삼성 광고비여서 15%가 넘는다. 게다가 삼성은 광고뿐만 아니라 여러 가지 협찬 명목으로 지원하고 있다. 〈추적60분〉이 2005년 7월 15일부터 8일 동안 언론인 225명을 대상으로 한 설문조사 결과, 70.4%가 '삼성그룹과 관련된 비판적 기사를 기획하거나 보도할 때 부담을 느끼고 있다'고 답한 것은 시사하는 바가 크다.

하지만 X파일 보도에서 한국 언론의 편집 방향이 춤추는 원인을 광고주로서 삼성이 지닌 힘에서만 찾는 것은 안이한 분석이다. 물론, 문화방송이 여섯 달 동안이나 보도를 보류하고 있었던 데서도 볼 수 있듯이 광고주로서 힘을 과소평가할 수는 없을 터이다.

그럼에도 조선일보와 동아일보가 목표했던 것은 중앙일보였다. 특히 조선일보와 중앙일보는 신문 시장을 확대하기 위해 살인까지 부를 만큼 치열한 경쟁을 했고(1996년 7월 15일 경기 고양시에서 중앙일보 지국장이 신문 판촉을 놓고 다투던 조선일보 지국 직원을 살해한 것을 가리킨다. 이후에도 조선, 중앙, 동아 3사 간의 판촉 경쟁이 폭력을 동반한 사태는 계속되었다. ―편집자 주) 지금 이 순간도 그렇다는 점에 유의할 필요가 있다. 실제 조선일보가 의도한 대로 중앙일보의 이미지는 적잖은 타격을 입은 게 사실이다. 그런데 불법 도청 테이프에 다른 언론사 사주와 언론계 고위 간부의 대화 내용도 담겨 있다는 사실이 알려지면서, 조선일보와 동아일보의 편집 방향과 사설 논조는 예상보다 빠르게 변해 갔다.

이는 무엇을 의미하는 걸까. 한국을 저마다 대표한다고 하는 신문들이 저널리즘의 본령인 진실보다는 자신들의 정치력이나 영향력, 곧 이해관계를 잣대로 보도하고 있음을 뜻한다고 분석할 수밖에 없다.

결국 삼성그룹과 중앙일보는 물론, 조선일보와 동아일보까지 불법 도청 테이프의 공개에 반대하고 나섬으로써 국민의 알권리는 큰 위협에 부닥치게 되었다. X파일이 단순히 안기부의 불법 도청물이 아니라 한국 저널리즘의 X파일인 까닭도 바로 여기 있다.

농촌 저널리즘과 '자살의 커뮤니케이션'

"가장 가치 있는 시민." 이른바 '미국식 민주주의'를 정초한 토머스 제퍼슨 Thomas Jefferson이 특정 시민을 지칭한 말이다. 누구일까. 농민이다. 제퍼슨에 따르면 농민은 가장 독립심이 풍부하고 가장 뛰어난 덕을 지녔다. 그의 찬가는 이어진다. "하느님이 선택하신 사람들이 참으로 있다면, 땅과 함께 땀 흘리는 사람들이다. 하느님은 특별히 그들의 가슴속에 참되고 실질적인 미덕을 심어 놓으셨다."

그런데 바로 그 농민이 대한민국에서 죽어 가고 있다. 비록 이데올로기 수준이었다고 하더라도, 이 땅의 전통적 지배 세력이 농민을 '천하지대본'으로 내세웠던 사실에 비추어 본다면, 큰 문제가 아닐 수 없다.

더 심각한 사실은 정부의 농업 정책에 항의하는 농민이 시위 과정에서 쓰러져 끝내 목숨을 잃었음에도 우리 사회 구성원 대다수가 의외로 '차분'하다는 데 있다. 2005년 11월 현재 한국 사회에서 농업을 생업으로 살아가는 사람들이 350만 명에 이르고, 농민들이 농업 정책의 근본적 전환을 촉구하며 목숨을 끊거나 잃는 사태가 벌어졌는데도, 농촌을 둘러싼 쟁점들은 온전히 논의조차 되지 못했다. 가장 큰 원인은 어디에 있을까. 공론장을 맡고 있는 신문과 방송에 있음은 두말할 나위가 없다.

언론에 앞서 먼저 실체적 사실부터 찬찬히 톺아보자. 11월 15일, 서울 여의도. '쌀 협상 국회 비준 저지 전국농민대회'에 참가한 40대 중반의 농민 전용철 씨가 경찰의 폭력 진압 과정에서 부상을 당했다. 전 씨는 집으로 돌아가는 버스 안에서 함께 내려오던 이웃에게 호소했다. "전경들에게 맞았더니 별이 핑핑 돌더라."

다음날 전 씨는 몸조차 가누지 못해 긴급히 병원으로 옮겨졌다. 뇌출혈 진단을 받고 두 차례에 걸쳐 뇌수술을 받았다. 하지만 24일 새벽에 숨을 거뒀다. 부검을 한 국립과학수사연구소가 25일 "뒤로 넘어져 머리를 부딪쳐 뇌출혈로 사망했다" 고 발표하면서 문제는 얽히기 시작했다. 인도주의실천의사협의회가 곧장 기자회견을 열고 전 씨의 사망 원인에 대해 더 정밀한 조사를 요구하고 나섰다.

27일 '농업의 근본적 회생과 고 전용철 씨 살인규탄 범국민대책위원회'(범대위)는 기자회견을 열어 농민대회 당시 목격자 진술과 현장에서 전 씨가 정신을 잃고 들려 가는 사진을 공개했다. 그런데도 다음날 경찰청장은 전 씨의 죽음에 대해 시위 현장에서 생긴 불상사 같다고 말했을 뿐, 그 '불상사'가 경찰 진압 때문은 아님을 내비쳤다.

전 씨를 둘러싼 일련의 사건은 민주공화국에서 일어나서는 안 될 일이었다. 그렇다면 이 사건에서 언론이 할 일은 무엇일까. 당연히 전 씨가 어떻게 죽었는지 에 대한 진상 규명이다. 하지만 언론은 진상 규명 취재에 인색했다. 언론 보도의 문제점을 전 씨가 숨지기 전과 이후로 나누어 분석해 보자.

먼저 한국 언론은 농민들이 왜 거리로 나섰는가에 대해 제대로 보도하지 않 았다. 오직 시위의 폭력성만 강조했다. 하지만 결론부터 말해서 농민들이 '폭력 시위'를 일으킨 가장 큰 원인은 언론에 있다. 언론이 농촌 문제를 온전히 보도해 오지 못했기 때문이다.

기실 우리 농촌은 1995년 세계무역기구가 출범한 뒤 무장 힘겨운 길을 걸어 왔다. 농가 소득은 시나브로 떨어졌다. 더구나 국제통화기금IMF의 구제금융 체계 이후에는 고액의 농가 부채로 시달려 왔다. 2003년 9월 11일 멕시코 칸쿤에서 농민운동가 이경해 씨가 자결한 까닭도 여기 있다.

하지만 이 씨의 자살이 있었음에도 한국 언론은 농촌 문제를 공론화하지 않았다. 정부 또한 농촌 문제에 대한 대책을 세우지 않았다. 정반대로 언론과 정부는 2005년 후반기에 들어오면서 "쌀 협상 비준을 더는 늦출 수 없다"며 여론몰이에 나섰다. 결국 아무런 대책도 세우지 않은 채 11월 23일 국회는 비준안을 통과시켰다. 한국의 식량 자급률이 경제협력개발기구OECD 가입 국가 중 최하위권인 27% 이하임을 감안할 때, '식량 주권'이 흔들리는 국가적 문제가 아닐 수 없다. 그럼에도 언론의 방조로 정부는 사회적 합의도 없이 일방적으로 협상을 진행해 '타결' 짓고 국회는 이를 비준했다. 농민 단체의 당연한 반대를 언론은 '시대착오적 주장'이나 '현실적 대안 없는 포퓰리즘'으로 규정했을 뿐이다.

그러나 언론이 여론 몰이 했듯이 농민 단체들은 쌀 협상 비준 동의안 처리를 무조건 반대하고 나선 게 아니다. 다만 동의안의 국회 처리 이전에, 농업이 무너지지 않을 근본 대책을 먼저 세워 달라고 요구했다. 가령 전국농민회총연맹은 농업 회생을 위한 주요 정책 과제로 △〈농업농촌기본법〉 전면 개정을 통한 농정 방향 정립 △농민 조합원이 주인이 되는 농업협동조합 개혁 △농산물 유통 개혁을 통한 농민-소비자의 권익 보호 △우리 농산물 사용을 제도화한 〈학교급식법〉 개정 △농가 부채 해결을 위한 특별 조치 마련 △공공비축제 전면 개편 △농산물 수입에 대한 검역 및 통관 절차 강화와 수입 농산물 유통에 대한 제도 개선 △농업 재해 대책 및 〈보험법〉의 개정 및 〈농업재해보상법〉 제정 △친환경 농업 육성을 위한 사회적 기반 마련과 제도적 지원 강화를 제안했다.

농민 단체는 또 이를 위해 연내 〈농업농촌기본법〉의 전면 개정과 대북 쌀 지원을 위한 특별법 제정, 〈학교급식법〉 개정 등의 입법 과제를 제시하기도 했다. 농민 단체들이 내놓은 제안들 각각은 언론이 공론장에서 토론의 의제로 삼을 필요가 있는 사안들이었다. 특히 〈농업농촌기본법〉을 통해 식량자급률의 목표 설정 및 달성을 위한 국가와 지방자치단체의 임무를 규정하거나 〈학교급식법〉 개정으로 우수한 우리 농산물의 학교 급식을 의무화하는 방안 등은 충분히 검토할 수 있는 사안이었다.

하지만 농민 단체들의 구체적이고 실현 가능한 제안들은 언론이나 국회에서 공론화하지 못했다. 기실 '시대착오적 단순 논리'의 주체는 농민이 아니라 언론인들이었다.

결국 여덟 개 농민 단체 회원 1만여 명이 서울 여의도 국회 앞에 오기까지 가장 큰 책임은 언론과 정치권에 있다고 볼 수 있다. 자신들의 목소리가 공론장에 전혀 반영되지 않고, 그런 사태에 항의하는 절규와 시위조차 경찰의 방어벽에 막혔을 때, 갈등은 폭발적으로 드러날 수밖에 없다. 경찰과 충돌하며 농민 100여 명이 다치고 경찰 버스가 전소되는 사태가 벌어진 것도 이 때문이다.

그런데도 비준 동의안 강행 처리를 주장한 언론은 농민의 절규를 다시 비난하고 나섰다. "농민들이 쇠 파이프와 죽봉을 휘두르고 술병과 돌을 던지자 경찰은 전경 버스로 차단막을 설치하고 살수차를 동원해 저지"(동아일보 11월 16일자) 했다는 기사는 취재기자의 시점이 누구 쪽에 있는지 극명하게 보여 주고 있다. 농민 단체들은 "국회 쪽으로 진입하는 회원들을 저지하던 경찰들이 무리하게 진압을 하는 바람에 충돌이 일어났다"고 증언했다. 대다수 언론이 불타는 경찰 차량 사진을 부각한 것도 짚어 볼 대목이다. 기자의 시점 차이는 경찰의 진압이 '폭력 과잉'인지 '정당방위'인지 판단하는 기준이 될 수 있기 때문이다.

실제로 농민의 폭력 시위에만 초점을 맞춘 보도는 그 연장선에서 경찰의 폭력 과잉 진압에 눈감는 형태로 귀결되었다. 그 맥락에서 전 씨가 숨진 뒤의 언론 보도를 짚어 보면 더 큰 문제점을 발견할 수 있다.

가령 조선일보와 중앙일보는 전 씨가 숨진 사실을 기사화하지 않았다. 물론,

어떤 사건에 대한 보도 여부는 신문사 고유의 판단이라고 할 수 있다. 더구나 문제의 신문사들이 쌀 협상안 국회 비준에 대해 농민 단체와 시각이 정반대였던 것도 사실이다.

하지만 전 씨가 숨진 사안은 국회 비준에 대한 가치판단 이전의 문제다. 국회 비준의 정당성에 시각 차이가 있더라도 시위에 나선 농민이 경찰의 폭력 진압에 목숨을 잃은 사건은 그냥 지나칠 문제가 아니기 때문이다.

그럼에도 숨진 사실 자체를 보도하지 않거나 축소한 언론은 사회 감시 기능을 포기했다는 비난을 면할 수 없다. 뒤늦게 보도하더라도 "농민 단체-경찰, 쌀 시위 참가 농민 사인死因 공방"(동아일보 11월 29일)처럼 사안의 심각성을 흐릴 뿐이었다. "사진을 분석한 결과 전 씨는 시위대 뒤쪽에 서 있어 경찰과 농민이 충돌할 때 직접적인 접촉은 없었을 것으로 보인다"는 경찰 관계자의 발언이나 "쓰러진 모습이 찍힌 사진에서도 전 씨의 얼굴과 옷 상태가 깨끗해 폭행 흔적은 찾을 수 없다"는 주장을 부각해 보도했기 때문이다.

언론의 '객관성'을 금과옥조처럼 여기는 쪽에서는 사인 공방을 중계하는 보도가 가장 이상적이라고 판단할 수도 있다. 하지만 전 씨 사인에 대한 경찰의 주장은 보도 시점에서 이미 사건 당시 현장에 함께 있었던 농민들의 증언으로 설득력을 잃고 있었다. 더구나 경찰의 주장을 정면으로 반박하는 시위 현장의 사진까지 공개된 상황이었다. 범대위가 공개한 사진에는 전 씨가 정신을 잃고 들려 나가는 모습이 명확히 담겨 있었다.

전파의 공공성에 존재 근거를 둔 텔레비전 방송 뉴스조차 농민의 목소리를 담아내는 데는 인색했다. 방송 3사는 전 씨의 죽음을 단순 사건으로 보도하는 데 그쳤다. 가령 한국방송은 "사인을 놓고 경찰과 농민의 주장이 크게 엇갈리고 있다"고 보도했다. 서울방송은 "사망 원인을 놓고 경찰 탓이냐, 본인 실수냐, 논란이 이어지고 있다"고 보도하며, 심지어 "자기 혼자 넘어져서 다친 것"이라는 경찰 주장까지 거론했다.

경찰의 주장에 맞서 진실을 규경하라고 요구하는 농민들과 시민들의 촛불문화제에 대해서도 한국방송은 묵살했다. 문화방송과 서울방송 정도가 짤막한 기사로 보도했을 따름이다. 반면에 노무현 대통령의 다분히 의도적인 '쌀 박람회 참석' 기사는 텔레비전 화면에 부각되었다. "밥이 맛있다"거나 "반찬도 없이 밥을 다 비웠다"는 대통령의 사소한 말조차 전파를 탔을 정도다.

그래서다. 원점과 원론으로 돌아가 되돌아볼 필요가 있다. 앞서 살펴본 보도들에서 확인되었듯이 대통령과 농민이 지니는 커뮤니케이션 권한은 비교할 수 없을 만큼 큰 격차가 있다. 쌀 박람회에 참석해 쌀이 맛있다는 대통령의 발언은 부각되어 보도되지만, 생존권을 보장해 달라는 농민들의 정당한 목소리는 묵살된다. 더구나 쌀 개방에 대한 그들의 절박한 반대와 합리적 대안 제시조차 언론에 의해 외면당하고, 오히려 '세계화의 흐름을 모르는 무지에서 비롯된 반대'로 몰아세웠다.

그 상황에서 농민들이 선택할 수 있는 수단은 무엇일까. 격렬한 시위 아니면 자살이 아닐까. 자살은 가장 격렬한 시위, 가장 극한의 커뮤니케이션이다.

실제로 2005년 11월에 두 농민이 자살했다. 12일 농부 정용품 씨가 정부의 쌀 정책을 강도 높게 비판하며 음독자살했다. 다음날인 13일에는 농촌 여성 오추옥 씨가 농약을 마셨고 17일 끝내 목숨을 잃었다. 그리고 앞서 보았듯이 전 씨는 시위 과정에서 맞아 죽었다.

언론이 마땅히 져야 할 책임은 다른 상황을 가정해 보았을 때 쉽게 확인할 수 있다. 만일 언론이 쌀 협상 과정에서 농민들의 주장을 공론장에 반영해 나갔다면, 국회 비준 전에 농민이 살아갈 수 있는 대책을 세우라고 촉구해 나갔다면, 과연 두 농민은 스스로 삶을 등졌을까. 논밭을 일구던 40대 농부가 아스팔트에서 숨졌을까.

　언론의 무책임은 그대로 경찰의 무책임으로 이어진다. 경찰은 뒤늦게 전 씨가 경찰의 가격으로 숨졌을 가능성을 인정하고 현장 지휘 책임자를 직위 해제했다. 하지만 과연 현장 지휘 책임자의 직위 해제로 충분할까.

　경찰은 사건 직후 "집에서 넘어져 숨졌다"고 주장했고, 경찰청장조차 "간경화나 술을 마신 게 원인일 수 있다"고 언죽번죽 말했다. 현장 사진과 목격자 증언이 나왔을 때도 "경찰의 직접 가격은 없었을 것"이라고 끝까지 책임지는 모습을 보이지 않았다. 언론이 죽음의 진실 규명에 인색하고 책임자 처벌을 요구하지 않는 상황에서 어쩌면 당연한 일이 아닐까. 한국의 농촌 저널리즘을 분석해 보면 하릴없이 묻지 않을 수 없다. "가장 가치 있는 시민"인 농민의 '자살 커뮤니케이션'은 이 땅에서 언제나 멈출까.

'교육 공론장'의 황폐화

교육. '백년대계'百年大計라 한다. 누구나 강조하기에 식상할 정도로 많이 듣는 말이다. 하지만 교육을 문자 그대로 백년대계로 고심하는 모습을 찾기란 쉬운 일이 아니다. 비단 교육 정책을 담당해 온 정부 당국자들만의 문제가 아니다. 기실 교육 정책이 불신을 받은 것은 어제오늘의 문제가 아니지 않은가.

가장 큰 문제는 한국 교육에 무엇이 문제인가, 그리고 그 문제를 해결하려면 무엇을 어떻게 해야 옳은가를 놓고 공론장을 마련해야 할 언론이 전혀 제구실을 못하는 데 있다. 아니, 단순히 제구실을 못하는 차원이 아니다. 언론이 되레 교육 문제에 대한 공론장 형성 자체를 가리틀고 있다.

대표적 사례가 '고교 평준화'라는 아주 중요한 교육 문제를 둘러싼 보도다. 2005년 10월 27일 교육인적자원부와 한국교육개발원KEDI은 고교 평준화 연구 결과를 발표했다. 연세대 교육학과 강상진 교수와 서울대 김기석 교수팀이 2004년 9월부터 2005년 6월까지 전국 126개 일반계 고교 8,858명을 대상으로 조사한 결과였다. 연구 결과 '뜻밖'에도 평준화 지역 학생들이 비평준화 지역보다 학업 성취도가 높은 것으로 나타났다. 이 조사 결과는 고교 평준화 제도로 학생들의 학력이 저하됐다는 몇몇 언론과 정당들의 일관된 주장을 정면으로 뒤집는 것이다. 그래서였다. 적잖은 언론이 1면이나 사회면 머리기사로 "평준화 고교 학생이 학업 성취도 더 높다"고 부각해 보도했다.

하지만 고교 평준화가 학력 저하를 불러온다고 줄곧 주장해 온 조선일보, 동아일보, 중앙일보는 눈에 띄지 않게 보도하거나 아예 묵살했다. 세 신문의 보도를 20개월 전인 2004년 2월에 한국개발연구원KDI이 "비평준화 지역 고교생들이 시간이 갈수록 평준화 고교생보다 성적이 많이 오른다"는 연구 결과를 발표할 당시와 비교해 볼 필요가 있다. 조선일보와 동아일보는 2월 24일자 1면에 보도했다. 특히 동아일보는 1면 머리기사 "비평준화 효과 논란"에서 "연구 결과는 '고교 평준화 정책으로 인한 학력 저하 현상이 일부 상위권 학생들을 제외하고는 발견되지 않는다'는 기존 연구 결과를 뒤집는 것이어서 고교 평준화 정책을 둘러싼 논란이 예상된다"고 보도했다. 적극적인 여론화의 의지가 스트레이트 기사에서 묻어난다. 같은 날 "고교 평준화에 매달릴 때 지났다"는 사설도 내보냈다. 사설은 "고교 평준화 정책에 관한 논의를 계속하는 것은 더 이상 의미가 없음이 확인됐다"며 "맹목적 평등주의, 평준화 숭배 논리로 시간을 낭비할 수 없다"고 강도 높게 주장했다.

한국개발연구원의 연구에 대해서는 대대적으로 보도한 동아일보가 정작 교육전문연구기관인 한국교육개발원의 연구 결과에 대해 묵살한 것은 지나치게 균형을 잃은 편집이다.

더 심각한 문제는 중앙일보의 보도다. 중앙일보는 한국교육개발원의 발표를 28일자 3면에 편집하면서 "평준화 지역 학력 더 높다?"라는 표제를 달았다. 물음표 제목에서 확인할 수 있듯이 처음부터 의문을 제기했다. 특히 기사는 학계에서 "무리한 연구"라는 의견이 많다며 그 근거로 "연구에 사용된 기초 자료에 한계가 있고 방법에도 문제가 있다는 것"이라고 보도했다. 하지만 중앙일보의 보도에 대해 당사자인 김기석 교수는 강력히 반발했다. 김 교수는 자신이 기자 설명회에

중앙일보, 2005년 10월 28일

서 '평준화가 학력 하향 평준화를 초래한다'는 지난해 KDI 논문의 한계를 지적하면서 "(정부가) 자료를 안 줬기 때문"으로 이유를 설명했다고 밝혔다. 그런데 중앙일보는 이를 자신의 연구에 대해 한계를 토로한 것으로 오도했다는 것이다. 김 교수는 "종전 연구의 자료 한계를 지적한 말을 이번 우리 연구의 자료나 방법에 문제가 있는 것처럼 보도한 것은 명백한 오보"라며 "평준화를 깨기 위해, 신념을 보도하기 위해 이렇게 사실을 왜곡해도 되는 것이냐"고 반문했다.

결국 고교 평준화를 둘러싼 몇몇 신문의 여론 몰이가 전문가들의 연구 결과조차 외면하거나 사실과 달리 흠집 내는 수준으로 전개되고 있는 셈이다. 사실을 비트는 공론장에서 고교 평준화라는 중요한 교육 의제가 온전한 토론으로 이어질 수 없을 것은 불을 보듯 명확한 일이다.

곧이어 한국 언론은 교육의 주요 당사자인 전국교직원노동조합(전교조)에 비판 보도를 쏟아 냈다. 국회 교육사회문화 분야 대정부 질문에서 한나라당 김기현 의원이 전교조 부산지부 인터넷 홈페이지에 올라와 있는 아시아태평양경제협력체APEC 공동 수업 자료 동영상이 교육에 부적합하다고 질타한 게 발단이었다. 김 의원은 동영상이 조지 부시 미국 대통령을 희화화했다고 부적합의 '근거'를

'교육 공론장'의 황폐화 141

전교조 '인간 세뇌공장'이 망치는 우리 아이들

전교조 부산지부가 오는 12일부터 부산에서 열리는 亞太(아태)경제협력체(APEC) 회담에 대해 학생들에게 가르칠 학습자료라며 홈페이지에 올린 動映像(동영상)을 보면 이걸 정말 학교 선생님들이 교실에서 가르치겠다는 것인가 하는 생각부터 든다.

이들이 띄워놓은 동영상 속에서 미국 부시 대통령은 '퍼킹'이라는 쌍말을 쉴 새 없이 내뱉으면서 "야! 무현이 니 뭐질래? (이라크 파병반대 시위를 벌이는) 촛불 든 놈들은 다 테러리스트 아나? 까라면 까지…"라고 말한다. 부시는 또 "(허리케인 피해지역을 돌아보며) 이거 다 테러 아냐 이거. 어느 놈이 여기다가 뻑 끼고 물을 다 집어쳐부은 거여. 걸리면 다 죽어 이 새끼들…"이라고 연신 상소리다. 이걸 교육자료라고 학생들에게 틀어주는 것이 대한민국 전교조 '선생님들'이시다.

한국 선생님들이 학교 교실에서 자기네 대통령을 이렇게 추잡한 말을 동원해 욕하고 있다는 걸 미국 사람들이 알게 되면 과연 뭐라고 할까 라는 것은 다음 다음에 챙길 일이다.

제일 큰, 제일 먼저 떠오르는 걱정은 정말 이런 사람들에게 우리 아이들 교육을 맡겨도 되겠느냐는 것이다. 내용이나 그것을 전하는 말씨가 鄙俗(비속)만도 못한 이들에게 우리 아이들을 통째로 맡기고 어떻게 편히 잠을 잘 수 있겠느냐는 것이다.

두 번째 걱정은 전교조가 이렇게 우리 아이들을, 우리 교육을, 우리나라를 망치는 것을 언제까지 두고 봐야 하나 하는 것이다.

세 번째 걱정은 이 정권은 전교조와 손잡고 이 나라를 기어코 결딴내고 말겠다고 결심한 것이 아니냐는 점이다. 전교조 출신을 대통령 교육비서관으로 들인 이 정권이다.

전교조가 만든 'APEC 바로알기 수업案(안)'에도 'APEC은 부시의 전쟁도구'라는 설명이 적혀 있다. 이렇게 가르쳐야 '비판적 사고력과 창의력이 길러지고 민주시민의 자질을 갖추게 된다'는 것이다.

초·중·고 교사란 白紙(백지)와 같은 아이들의 마음과 머릿속에 세상을 보는 눈을 심어주는 직업이다. 그래서 교사를 한때 聖職(성직)이라고까지 불렀던 것이다. 그런 사람들이 첫눈 내린 벌판 같은 우리 아이들 머릿속에 교육이란 이름으로 이런 어처구니없는 知識(지식)들을 집어던지고 있는 게 오늘의 교육현실이다. 이것은 知的(지적) 情緒的(정서적) 저항 능력이 없는 아이들을 상대로 한 정신적 테러다.

미국 하원 외교위원회의 한 전문위원은 최근 워싱턴에서 열린 한미연구소(ICAS) 세미나에서 "맥아더 동상에 돌을 던진 젊은이들은 바로 전교조 교사들이 가르치는 교실에서 역사를 배웠으며 한국의 교육부는 교과과정에 대한 통제력을 이미 상실한 상태"라고 말했다.

국민이 땀 흘려 번 돈을 세금으로 내는 것을 아까워하지 않는 것은 우리 아이들을 제대로 가르쳐 주었으면 하는 바람 때문이다. 우리 아이들에게 허깨비 같은 이념을 둘러씌워 '全敎組型(전교조형)의 비뚤린 인간'을 찍어내는 '人間改造(인간개조) 공장'을 운영하라고 세금을 내는 것이 아니다.

조선일보, 2005년 11월 2일 사설

제기했다. 동아일보는 다음날인 11월 1일자 "부시 비하 동영상 물의" 제하의 기사에서 "전교조 부산지부가 제작한 이 동영상에는 조지 W. 부시 미국 대통령의 얼굴을 한 캐릭터가 천박한 언행을 하는 것으로 나온다"고 보도했다.

같은 날 중앙일보도 "부산 전교조, 대통령 비하 수업안 물의" 제하의 기사를 실었다. "이른바 신자유주의 세계화다 하는데, 우리가 뭐 압니까. 그냥 대세다 하면 무조건 따라가는 거지"라는 노무현 대통령 캐릭터 대사와 "오우 여러분 퍼킹 반갑습니다. 요즘 같은 퍼킹 불안한 시기에 제 이 퍽 같은 얼굴 보니까 그래도 좀 살맛 나죠"라는 부시의 캐릭터 대사를 그대로 보도했다. 사설도 날을 세워 전교조를 비난했다. 가장 대표적인 게 조선일보 사설이다. 제목부터 섬뜩할 만큼 공격적이다. "전교조 '인간 세뇌공장'이 망치는 우리 아이들"이다.

게다가 중앙일보는 11월 3일자 1면 머리기사로 큼직하게 "지금 전교조는 ……" 연재물을 시작했다. 첫 회 제목은 "촌지 추방에서 반미로"다. 동아일보도 파문이 확산되고 있다며 지난 시기의 수업 자료까지 분석하고 나섰다. 가히 '마녀사냥'적 보도라고 규정할 수 있다.

물론, 17분 29초짜리 공동 수업 자료 동영상이 노무현 대통령과 부시 미국 대통령을 포함한 APEC 정상들을 희화화해 정상회의의 부정적인 면을 소개한 것도 사실이다. 하지만 여기서 우리는 한국 언론이 제시한 문제가 무엇인가를 찬찬히 분석해 볼 필요가 있다. 동영상에 지나친 비속어를 사용했다는 표현의 문제인지, 아니면 APEC을 비판적으로 바라보는 교육 자료를 홈페이지에 올린 자체를 문제 삼는 것인지 명확하지 않기 때문이다.

전자라면, 이미 전교조는 비판을 수용하겠다는 의사와 함께 실제로 곧바로 수정했기에 큰 문제가 될 수 없다. 하지만 후자라면 새로운 문제가 제기될 수 있다. 전교조 부산지부는 '문제'가 된 자료를 부산시가 배포한 APEC 홍보 자료와 함께 보여 주고 토론을 통해 APEC 회의를 종합적으로 판단하도록 하기 위한 것이라고 밝혔다. 실제로 회의 개최지인 부산에서는 APEC 정상회의를 앞두고 유치 효과와 성공 개최 기원을 일방적으로 홍보해 온 게 사실이다. 그렇게 본다면 학생들에게 양면성이 있는 사안을 한쪽 면만 가르치는 것이 오히려 문제일 수 있다.

그럼에도 대다수 언론은 스스로 균형 잃은 보도를 하면서 사실 왜곡까지 서슴지 않았다. 이를테면 문제가 된 동영상 자료를 전교조가 만든 게 아님에도 "전교조가 만든 APEC 반대 영상 교재"라고 단정했다. "APEC 정상회의의 긍정적인 효과를 나타낸 것은 1쪽이고 부정적 영향을 드러낸 것이 30쪽 분량"이라고 왜곡하기도 했다.

여기서 세 신문의 비난이 한나라당의 정치적 공세와 맞물려 있다는 점에 유의할 필요가 있다. 세 신문의 비난 여론에 힘입어 한나라당은 더 강공으로 나갔다. 최고위원·중진 연석회의와 긴급 의원총회를 잇따라 열고 '우리 아이 바르게 키우기 특위'를 구성했다. 한나라당의 한 국회의원이 회의 자리에서 한 말은 여러 모로 시사적이다. "19세, 대학 1년생에 한나라당 지지자가 거의 없다는데, 전교조 수업 때문인 것 같다"는 주장이 버젓이 나왔다.

전교조 守舊좌파 對 전교조 '보통교사'

전국교직원노동조합과 한국교원단체총연합회가 교원평가 시범 실시에 맞서 집단휴가 투쟁을 예고하자 학부모 및 시민단체들은 "명분 없는 집단행동으로 국민과 학부모를 불안하게 한다"며 교원평가 수용을 촉구하고 나섰다. 전교조가 아시아태평양경제협력체(APEC) 정상회의와 관련된 반(反)세계화 수업을 강행하려는 데 대해서도 교사들 사이에서 우려가 커지고 있다.

비(非)전교조 교사는 물론이고 전교조에 속한 교사 가운데 다수도 참된 교육을 실천하려는 교육자들이라고 우리는 믿는다. 문제는 전교조의 이념적 정치적 투쟁을 주도하는 일부 수구 좌파 세력이다. 이들은 결코 '진보적 교사'라고 할 수 없다. 극단적 민족주의와 시대착오적 사회주의로 나라를 퇴보의 길로 이끌려는 집단일 뿐이다.

전교조의 소수 강경파 세력은 교육의 시장원리를 거부하는 것은 물론이고 국가발전의 원동력이 돼 온 시장경제 체제와 대외 개방까지 부정하면서 대한민국의 정체성(正體性)을 흔들고 있다. 모든 전교조 소속 교사들이 이들의 지시대로 어린 학생들을 반미 반자본 반APEC 반세계화로 이끈다면 이 나라는 머지않아 반(反)문명의 낙오국가가 되고 말 것이다.

양식 있는 교사들은 전교조 기득집단의 낡은 이념투쟁을 배척하고 자구(自救)에 나서야 한다. 촌지를 거부하고 학생들에게 하나라도 더 가르치려던 초심(初心)으로 돌아갈 때다. 전교조를 사상투쟁의 도구로 이용하는 수구 좌파 세력과 스스로 절연(絶緣)해야 국민의 신뢰를 되찾을 수 있다.

전교조 내부에서 교육운동의 변질을 우려하는 목소리가 조금씩 퍼지고, 일부 교사의 탈퇴 움직임이 나타나고 있는 것은 그나마 다행스러운 일이다. 하지만 좀 더 단호한 행동이 요망된다. 옳지 않다고 생각은 하면서도 편향적인 이념 교육에 동참하거나 교원평가제 반대 연가(年暇)투쟁에 나선다면 소수 강경파와 구별될 수 없다.

학부모들도 더 적극적이고 조직적으로 대응해야 할 때다. 정권이 전교조의 일탈(逸脫)을 묵인한다고 해서 학부모들까지 이를 용납해선 안 된다. 양심적 교사들이 수구 좌파의 사슬을 끊어 내도록 학교 현장을 감시하면서 도울 일은 도와야 한다. 이미 교육자라고 할 수 없는 세력이 나라와 아이들의 장래를 망치는 걸 구경만 할 수는 없다.

동아일보, 2005년 11월 9일 사설

비단 APEC 동영상 수업 자료만이 아니다. 언론은 교원평가제를 두고도 전교조를 집중 비난했다. 11월 4일 교육부와 시민 단체, 교원 단체들이 교원평가제에 대한 합의에 실패하자 대다수 언론은 모든 책임을 전교조에 떠넘겼다.

문제는 단순히 책임 추궁이 아니라 색깔몰이 형국까지 나아갔다는 데 있다. 조선일보 11월 9일자 사설 "전교조는 우리 아이들을 이렇게 가르쳐 왔다"가 대표적이다. 사설은 "전교조가 어린 학생들을 상대로 국가의 정체성을 짓밟고, 나라의 역사를 거짓으로 가르치고, 우방 국가들을 모욕하고, 대한민국의 진로를 거꾸로 돌려놓으려는 세뇌 교육에 열을 올려온 것이 한두 해의 일이 아니다. 벌써 16년이 흘렀다"며 전교조를 몰아세웠다. "우리 사회는 이미 '교사로 위장한 거짓 교사들'이 주입시킨 이념의 독을 해독시키기 위해 너무나 많은 비용을 지급하고 있다"는 원색적 인신공격도 서슴지 않았다. 같은 날 동아일보 사설("전교조 守舊좌파 對 전교조 '보통교사'")도 "전교조의 소수 강경파 세력"을 지목해 "국가 발전의 원동력이 돼 온 시장경제 체제와 대외 개방까지 부정하면서 대한민국의 정체성을 흔들고 있다"고 주장했다. 더구나 "이미 교육자라고 할 수 없는 세력이 나라와 아이들의 장래를 망치는 걸 구경만 할 수는 없다"며 학부모들을 부추겼다. "학부모들

전교조 막을 힘은 학부모밖에 없다

교원평가제 시행에 대한 전교조의 반발이 거세지고 있다. 학교별로 연가투쟁을 위한 찬반 투표를 받고 시·도 지부의 집행부는 교육청 앞에서 농성 중이다. 주말에 전교조는 교사대회를, 교총은 총궐기대회를 연다. 학생들을 내팽개친 채 거리로 뛰쳐나가 평가제 반대를 외치며 시위하겠다는 것이다. 수능을 앞두고 평가제 사태로 피해를 보지 않을까 불안해하는 수험생과 학부모는 안중에도 없다. 전교조 관계자는 "교육현장이 혼란과 갈등에 휩싸이게 될 것"이라고 무책임하게 말한다. 교육보다는 걸핏하면 명분 없는 집단 행동과 정치이념 확산을 추구하는 전교조를 무력화할 특단의 대안이 절실하다.

6년 전 합법화 이후 전교조는 무소불위의 권력을 누리고 있다. 교육정책도 전교조가 안 된다면 아예 포기하거나 방향을 전환할 수밖에 없다. 단체교섭권을 근거로 협상하다 여차하면 불법 단체행동에 들어가거나 계기수업이라는 이름 아래 학생을 선동하면 교육인적자원부는 슬그머니 꼬리를 내리는 행태가 거듭돼 왔다. 정부의 무소신과 무능에다 노조를 우군시하는 정권의 성향이 교사노조의 간담을 키워준 것이다. 이번에도 전교조는 실무회의에서는 평가제에 합의했다 강경파가 이의 제기하자 대표자 회의에서 뒤엎었다고 한다. 질질 끌려만 다니는 교육부에 전교조 대책을 맡긴들 해결이 난망이다. 그 피해는 교육소비자인 학생에게 돌아간다. 학생들은 그들의 의식교육으로 세계 조류와는 반대로 가는 고립된 교육을 받을 수밖에 없다.

더 이상 정부에 맡겨둬서는 안 된다. 이제는 교육의 앞날을 걱정하는 학부모와 중도적인 시민단체들이 나설 도리밖에 없다. 전교조가 횡포를 부리면 학부모들이 학교를 찾아가고 항의해야 한다. 그래야 전교조가 껄끔할 것이다. 범시민운동과 서명운동도 필요하다. 전교조에 가입했더라도 좋은 교육을 시키고자 하는 교사들은 정치꾼들에게 휘둘리지 말고 초심으로 돌아가 바른 목소리를 내야 한다. 특히 다수를 차지하는 비노조 교사들도 끼고 있던 팔짱을 풀고 교내에서 전교조의 전횡을 견제해야 할 것이다.

중앙일보, 2005년 11월 10일 사설

도 더 적극적이고 조직적으로 대응해야 할 때"라고 노골적 선동도 아끼지 않았다.

중앙일보 10일자 사설("전교조 막을 힘은 학부모밖에 없다")도 "전교조가 횡포를 부리면 학부모들이 학교를 찾아가고 항의하고, 다수를 차지하는 비노조 교사들도 끼고 있던 팔짱을 풀고 교내에서 전교조의 전횡을 견제해야 할 것"이라며 학부모와 비전교조 교사들을 선동했다.

언론은 마녀사냥식 비난과 선동을 하면서도 "연가 투쟁은 교원 평가만의 문제가 아니라 사립학교법 개정과 학교 민주화, 질 높은 교육 제공 등을 위한 것"이라는 전교조 발표는 모르쇠했다. 누가 보더라도 일방적 편파 보도가 아닐 수 없다. 실제로 전교조가 연가 투쟁 계획을 발표한 배경에는 '사립학교법 개정'과 '학교 민주화'라는 근본적 문제가 깔려 있는데도 이 대목 또한 전혀 다루지 않았다.

전교조 교사들이 평가받기를 무조건 거부하는 듯이 몰아간 보도도 균형을 잃기는 마찬가지다. 11월 5일자 조선일보 사설("전교조, 평가評價는 거부하고 교장은 선거제로 하고")이나 동아일보 사설("무늬만 평가도 안 받겠다는 무능교사들"), 중앙일보 사설("교원평가제 반드시 실시되어야 한다")들이 좋은 예다. 하지만 전교조 쪽은 정부의 일방적인 교원평가제 강행 방침에 대해 "(전교조가 제기한) 학교자치평가제는 교육부 교원평가안보다 더 센 내용을 담고 있다"고 설명했다.

'교육 공론장'의 황폐화 145

전교조의 주장이 묵살된 것은 물론이다.

이와 관련해 사립학교법 개정의 문제가 교육 공론장에서 제대로 다뤄지지 못했다는 점도 유의할 필요가 있다. 한나라당 강재섭 원내대표가 APEC 관련 동영상 수업 자료에 대해 "이번 일은 여러 문제와 얽혀 있다. 여권의 사학법 개정 요구에도 다 얽혀 있다"고 노골적으로 밝혔는데도 언론은 이를 부각하지 않았다. 상황이 이렇기에 교육 문제를 다분히 정치적 의도 아래 접근하고 있는 공당에 대한 비판적 보도를 기대하기란 더더욱 불가능한 일이 아닐 수 없다.

전교조와 교육 문제를 둘러싼 언론의 노골적 편향 보도에 대해 전교조 박경화 수석부위원장이 『미디어오늘』(11월 8일자)과 한 인터뷰는 그 점에서 음미해 볼 대목이다.

"전에 기자회견 할 때도 '양쪽의 이야기를 고르게 내놓아 주십시오'라고 말한 적이 있다. (교원 평가 등과 관련해) 토론회를 열면 얼마든지 적극적으로 참여하겠다. 들어 보시고 우리 말이 틀리고 나쁜 것인지, 이기적인지 판단해 달라. APEC 바로 알기 수업도 공개로 하겠으니 보고 판단해 줬으면 좋겠다. 그냥 자료만 보고 나쁘다고 하지는 말아 달라. 결국 우리의 목표는 공교육 정상화 아닌가. 그런 대화의 장을 언론에서 만들어 달라."

대화의 장을 마련해 달라고 외치는 현장의 소리, 하지만 그 절규조차 일그러진 공론장의 주체인 한국 언론은 모르쇠했다. 과연 한국 언론에 교육은 백년대계일까. 아니면 그 기대가 백년하청百年河淸일까.

'사학법 개정' 보도와 저널리즘의 상식

미디어 비평이 한국 사회에서 활발하게 논의된 역사는 짧다. 텔레비전에 미디어 비평 프로그램이 선보이면서 미디어 비평이 대중화됐지만, 아직도 많은 사람들에게 미디어 비평은 낯선 영역이다. 문제는 그 낯설음이 언론학계도 예외는 아니라는 데 있다.

아직도 언론학계 일각에서는 언론 비평을 학문과는 거리가 먼 영역으로 여기고 있다. 설령 언론 비평에 호의적이라고 하더라도 대개 실증적 연구 방법을 선호하고 있다. 비평의 근거가 되는 자료들을 계량화하고 통계를 바탕으로 논리를 전개하는 방법이 언론 현상 연구에 필요한 것은 더 말할 나위 없다. 미디어 비평이 확산되면서 더러 날 선 주장들이 아무런 여과 없이 전개되는 풍경도 이따금 나타나기에 더욱 그렇다.

하지만 그렇다고 해서 언론 비평을 꼭 실증적 연구 방법에 한하는 것은 비평의 영역을 스스로 제약하는 일이다. 실증적 연구 방법으로 비평할 대상이 있는가 하면, 비판적 연구 방법으로 비평해야 적절한 경우도 있기 때문이다. 실증적 연구 방법만이 학술적이라는 생각은 미셸 푸코M. Foucault가 말하는 '진리의 정치'와 잇닿아 있다. 자신만이 진리를 체현하고 있다고 생각하는 사고나 행위를 의미하는

'진리의 정치' 개념은 커뮤니케이션이라는 언론의 본령과 배치된다. 언론 비평에도 다양성이 필요한 까닭이다. 오늘 한국 언론의 일그러진 현실은 미디어 비평을 홀대하거나 실증적 연구로 제한해 온 언론학계의 '전통'과 결코 무관하지 않기에 더 그렇다.

2005년 12월 9일 〈사립학교법〉 개정안이 국회를 통과한 뒤 2006년 1월 16일까지 한 달이 넘도록 지속된 관련 보도를 분석하는 데도 실증적 연구 방법 못지않게 비판적 연구가 유용할 수 있다.

1월 16일. 한나라당은 대전과 충남 예산에서 '날치기 사학법 원천 무효 및 우리 아이 지키기 운동 대전·충남투쟁본부 발대식'을 잇따라 개최했다. 동시에 '사학법 재개정 투쟁을 위한 국민 1,000만인 서명운동'에 본격 착수했다. 발대식에 참석한 박근혜 대표는 규탄사에서 "지금 우리가 벌이고 있는 사학법 투쟁은 당과 나라를 위해 중요한 투쟁"이라고 강조했다. "우리 아이의 미래를 망치고 자유민주주의의 미래를 흔드는 것은 참을 수 없다"는 명분을 내세웠다. 박 대표는 "사학법이 비리 척결이 아니라 전교조가 원하는 대로 학교를 이념 교육장으로 만들어 전교조 손에 넘기겠다는 의미"라고 주장했다.

박 대표의 말이 모두 사실이라면 실로 큰 문제가 아닐 수 없다. 하지만 과연 그러한가. 사학법 개정 보도와 관련해 먼저 사실관계부터 짚어 볼 필요가 있다.

사학법 개정안은 12월 9일 국회에서 물리적 충돌을 겪으며 직권 상정되었다. 154명 출석에 140명 찬성 표결로 통과했다. 제1야당인 한나라당은 '날치기 통과'를 받아들일 수 없다면서 국회 밖 투쟁을 선언했다. 사학 재단도 임시 휴교와 학교 폐쇄를 거론했다.

한나라당과 사학 재단이 반대한 명분은 비교적 명료했다. "개방형 이사제가 사유재산인 사학의 경영권을 침해하고, 자유민주적 기본 질서와 시장경제를 해치는 사회주의 정책"이라는 주장이다. 그 논리는 그로부터 한 달이 넘도록 계속

私學法에 무슨 딴 뜻 있기에 이렇게 밀어붙였나

열린우리당은 9일 국회 본회의에서 사립학교 이사의 4분의 1 이상을 외부 인사로 선임하는 것을 주요 내용으로 한 사립학교법개정안을 민주·민노당의 지원을 받아 한나라당이 투표에 불참한 가운데 강행, 통과시켰다. 한국 사학법안연합회는 이에 대한 항의로 다음 주 중 하루를 휴교하고 앞으로 헌법소원, 정권 퇴진 운동, 2006년도 신입생 모집 중지, 학교 폐쇄 등으로 대응해 나가기로 했다. 현재 전체 중고등학교의 31.7%인 1608개교, 대학의 82.2%인 157개교가 사립학교다. 이번 여당의 사립학교법 밀어붙이기로 인해 앞으로 이들 사학이 진통을 겪게 될 전망이다.

사학법개정안의 골자는 사립학교 이사진에 학교운영위원회나 교수평의원회에서 추천하는 외부 인사를 집어넣어야 한다는 것이다. 학교운영위원회는 교사와 학부모, 지역대표들로 구성돼 있지만 운영회의 주도권은 조직화·세력화돼 있는 전교조 교사들에게 넘어갈 것이 뻔하다. 그렇게 되면 사립학교 이사의 4분의 1 이상을 전교조 후원세력이 차지한다는 말이나 한가지다. 안 그래도 전교조 교사들의 이념적 편가르기로 주저앉고 있는 학교 교육이 어디로 갈 것인지가 걱정될 수밖에 없다. 전쟁터가 교실과 교무실에서 재단 운영으로까지 넓어지는 것이니 교육이 정상적으로 이뤄질 리도 없다.

일부 사학 재단 운영에 문제가 있다면 당국이 엄정한 감사를 통해 적발하고 바로잡으면 된다. 정부 여당과 전교조 주장처럼 재단 이사진에 自派 인사가 참여해야 되는 것은 아니다. 사립학교란 원래 설립자 나름의 종교적, 교육적 이념을 실현하려고 귀한 재산을 내놓아 세워진 것이다. 여기에 교원들의 노조가, 그것도 전교조처럼 편향적 정치 이념을 노골적으로 내세운 단체가 나서 이사회에서 교무실까지 편짜기를 하고 나선다면 앞으로 학교 설립을 위해 재산을 내놓을 개인드 단체도 없어질 것이다. 학교 재단들이 교육의 뜻을 접고 있는 학교마저 문을 닫겠다고 나서면 정부와 여당이 책임질 것인가. 더구나 乙 종교 교단들이 자신들의 종교적 建學 정신에 맞는 교육을 시키지 못한다면 왜 출혈을 해가며 교육에 투자하겠는가.

이처럼 논란이 되고 있는 法案을 갖은 무리를 해가며 억지로 통과시켰기에, 전교조가 만들어내는 人間型에 기대 앞으로 몇십 년 더 집권해 보겠다는 정권의 딴 뜻이 담겨 있다는 해석까지 나오는 것이다.

되풀이해 주장되어 왔고 한국 저널리즘은 그때마다 부각해 왔다.

여기까지가 사학법 개정을 둘러싼 사실관계다. 이를 바탕으로 언론 보도를 분석해 보자. 발행 부수가 많은 신문들은 한나라당과 사학 재단의 논리를 여과 없이 보도했다. 가령 대다수 신문이 12월 10일자 1면 머리기사로 다룬 사학법 개정 보도는 제목부터 '특정 시각'이 담겨 있다.

조선일보 제목("학교 폐쇄·정권 퇴진 운동" 사학 법인들)은 물론, 동아일보("학교 폐쇄-정권 퇴진 운동")와 중앙일보(사학 단체 "학교 폐쇄 불사")의 표제들은 누가 보더라도 사학 재단에 또렷하게 기운 편집이다. 신문 휴간일인 11일을 지나 12일이 되자 신문들은 더 명확하게 사학 재단의 논리를 뒷받침 해 주었다. 특히 중앙일보는 1면 머리기사로 "교육부 고문 변호사 '사학법 위헌 가능성'"을 내보냈다. 조선일보도 "사립 중·고교 신입생 배정 거부"기사를 동아일보는 "사학협 휴업 여부 오늘 논의"를 각각 기사화했다.

사학 재단의 움직임을 1면에 집중 부각해 보도한 신문들의 시각은 10일자 사설을 통해 확인할 수 있다. 가장 대표적인 것이 조선일보 사설, "사학법에 무슨 딴 뜻 있기에 이렇게 밀어붙였나"이다. 사설은 사립학교 이사진에 학교운영위원회나 교수평의원회에서 추천하는 외부 인사를 포함시키도록 한 조항을 두고 "이사의 4분의 1 이상을 전교조 후원 세력이 차지한다는 말이나 한가지"라고 규정했다. 이어 "전쟁터가 교실과 교무실에서 재단 운영으로까지 넓어지는 것"이라며 "학교 재단들이 교육의 뜻을 접고, 있는 학교마저 문을 닫겠다고 나서면 정부와 여당이 책임질 것인가"라고 재단의 반발을 은근히 부추겼다. 더구나 "전교조가 만들어내는 인간형에 기대 앞으로 몇 십 년 더 집권해 보겠다는 정권의 딴 뜻이 담겨 있다는 해석까지 나오는 것"이라고 썼다. 동아일보와 중앙일보 사설의 논리도 '오십보백보'였다.

여기서 냉철히 짚고 넘어갈 대목이 있다. 아무리 사설이라고 하더라도 논리 전개는 사실에 근거해야 옳다. 한나라당과 사학 재단은 설령 사실과 다른 주장을 할 수도 있다. 하지만 적어도 언론이라면 사설이더라도 사실과 다른 논리를 전개해서는 안 된다. 무엇보다 사실 보도야말로 저널리즘의 제1장 제1절이 아니던가.

사실 보도의 원칙에서 가장 먼저 경계할 것은 허위 보도다. 허위를 보도할 자유마저 존재할 수는 있지만, 그때는 더 이상 언론을 자임해서는 안 된다. 그런데도 한국 언론에 허위 보도는 버젓이 그것도 지속적으로 저질러지고 있다.

사립학교 이사진에 외부 인사를 포함시키도록 한 조항을 두고 '전교조의 학교 장악'이라는 판단이 과연 옳은가. 조금만 들여다보더라도 전혀 아님을 알 수 있다.

개정된 사학법에 명시된 개방형 이사제는 "이사 정수를 7인으로 하고 1/4 이상을 학교운영위원회(대학은 대학평의원회)가 2배수 추천하는 인사 중에서 학교 법인이 선임"하도록 규정했다. 현행 초·중등교육법은 이사 추천권을 가지는 학교운영위원회의 수를 5인 이상 15인 이내에서 학교 규모에 따라 정하도록 하고 있는데 대체로 10명 안팎이다. 그 가운데 교사는 30~40% 정도로 규정했다. 학교장이 당연직으로 참가하므로 평교사는 결국 세 명 안팎이 된다. 2005년 말 현재 전체 11만 7,000명의 학교운영위원 중 교사는 4만 2,000여 명(36.2%)이고 그들 대다수(71.7%)가 교총 소속이다. 전교조 소속은 15.5%에 지나지 않는다. 결국 10명 기준 학교운영위에서 전교조 출신 교사는 겨우 0.5명만 참석하는 꼴이다. 따라서 전체 이사 일곱 명 중 1/4의 2배수를 추천하게 되어 있는 사학법 개정안에 따르면 전교조 교사가 추천할 수 있는 이사 후보는 0.2명이다. 그 또한 2배수이기 때문에 실제 이사가 될 확률은 사실상 드물다고 보는 게 타당하다.

사실이 이러함에도 '전교조의 학교 장악'을 정당도 아닌 언론이 아무런 비판적 논평 없이 지속적으로 부각해 보도하는 것은 명백한 허위 보도다.

저널리즘의 또 다른 상식은 허위 기사 못지않게 추측 기사에 대한 경계다. 하지만 앞서 소개한 허위 기사를 바탕으로 추측 기사와 예단 논평을 서슴지 않고 내보내고 있다. 여기서 전교조는 대한민국의 역사와 시장경제, 자유민주주의를 부정하고 아이들에게 반미 친북 이념을 교육시키는 집단이라는 케케묵은 색깔 공세는 접어 두자.

문제는 사학법 개정에 정치적 의도가 있다는 주장이다. 가령 중앙일보 사설("교육 위기 몰고 올 사학법 강행 처리", 12월 10일자)은 "사학법 개정에 반대하는 세력은 어차피 자신들을 지지하기는 틀렸으니 차라리 전통적 지지 세력이라도 확보하고 보자는 게 그들의 계산이었을 것"이라며 "백년대계인 교육 문제까지 정치적 이익과 이념으로 재단"한다며 '경악'이라는 표현을 썼다. 동아일보 사설("사학 간판 빌려 '좌파 전위대' 키우려 한다", 12월 13일자)도 "사립학교의 간판을 빌려 친북좌파 전위대를 양성하려는 정부의 의도를 결코 용인할 수 없다"는 사학 관계자들의 주장을 아무런 비판 없이 되레 부각해 논평했다.

이어 신문들은 12월 14일자에서 사학법 개정의 목적이 다른 데 있다는 김수환 추기경의 발언을 일제히 1면에 돋보이게 편집했다. 김 추기경이 "교육 잘못될까 걱정"(조선일보)이라거나 "사학법 목적, 비리 척결에만 있는 것 같지 않아"(중

"사학 간판 빌려 '좌파 전위대' 키우려 한다"

사립학교법 개정의 후폭풍이 거세다. 각급 사학법인들은 개정된 사학법의 위헌성을 묻는 헌법소원과 법률효력 정지 가처분신청을 내고 법률불복종 운동과 보상청구 투쟁을 벌이기로 했다. 당장 휴교는 않되 신입생 모집 거부와 학교 폐쇄 방안도 계속 강구하기로 했다.

중고교, 전문대, 대학 등 1857개 사립학교가 가입돼 있는 한국사학법인연합회는 "사립학교의 간판을 빌려 친북(親北)좌파 전위대를 양성하려는 정부의 의도를 결코 용인할 수 없다"는 성명을 냈다. 팔순의 조용기 연합회장은 "개방형 이사가 전국 사학에 3000~4000여 명 포진하고 이들이 형성한 네트워크에 전교조가 가세하면 모든 사학을 좌지우지할 것"이라고 경고했다. 그는 "사학이라는 간판 아래에서 그들이 요구하는 교육에 들러리를 설 수 없으니 국가가 (차라리) 사학을 몰수하는 게 낫다"고 했다.

황낙연 사립중고교법인협의회 사무처장은 "사학 설립자들이 사유재산을 털어 학교를 설립해 수많은 인재를 육성해 왔는데 정부가 이제 와서 (사학을) 범죄집단 취급하고 있다"며 분개했다. 전북 전주 상산고의 홍성대 이사장은 "사학마다 건학이념이 있기에 돈을 내고 학교를 세운 것인데, 다른 이념을 가진 인사들이 뛰어들어 헌법에도 맞지 않는 자신들의 교육철학을 강의하려 든다면 그런 학교는 없는 게 낫다"고 했다.

이들의 지적은 다수 국민이 공감하는 이유 있는 항변들이다. 사학의 투명경영은 엄격한 감사와 자체 윤리위원회를 통해 유도하는 것이 옳다. 비리 사학이 있다면 실정법에 따라 처벌하면 된다. 그럼에도 여권(與圈)이 사유재산 침해와 연좌제 금지 위배 등 위헌소지가 있는 사학법 개정을 강행한 것은 교육내용은 물론이고 학교운영까지 '코드화'하겠다는 의도를 드러낸 것이 아닌가.

교육부는 뒤늦게 내년 7월 1일 시행 이전까지 대통령령을 통해 사학의 건학이념이 훼손되지 않도록 보완하겠다고 밝혔지만 그 정도로 해결될 일이 아니다. 정부여당이 진정으로 교육과 국가의 장래를 걱정한다면 야당과 함께 재론하는 게 순리다.

동아일보, 2005년 12월 13일자 사설

앙일보), "사학법 목적 학교에 있는 것 같지 않다"(동아일보)들이 그것이다. 무엇보다 "집권 세력은 더 나아가 '전교조 금지 구역'이었던 사학의 빗장을 열고 젊은 세대를 그들의 이념대로 교육시켜 그들의 잠재적 원군으로 만들겠다는 원대한(?) 포부를 내보인 것"이라는 김대중 칼럼("'4개 입법' 타고 '10년 재집권' 간다?" 조선일보 12월 20일자)의 논평이 '압권'이다.

사학법 개정이 정권 재창출을 위한 것이라는 기사와 논평은 명백한 추측 기사일 뿐이며 실제 가능성도 크지 않다. 확인되지 않은 추측으로 상대를 공격하는 것은 정치 영역에서도 수준 낮은 공세에 지나지 않지만, 한국 언론에서 큰 영향력을 지닌다고 평가받는 언론인이 저널리즘의 기본에 어긋나는 칼럼을 쓰는 모습은 한국 언론 문화의 현주소를 극명하게 드러내 준다.

허위 기사나 추측 보도 못지않은 저널리즘의 상식은 언론이 자신의 이해관계에서 벗어나야 한다는 점이다. 이해관계에 따라 보도가 좌우되는 언론은 더 이상 언론이 아니다. 그런데도 사학 재단과 직간접적 관련이 있는 조선일보(연세대/숭문중고), 동아일보(고려대/중앙고), 중앙일보(성균관대)가 일방적으로 사학 재단 쪽의 논리를 확산해 나가는 모습은 저널리즘의 윤리와 어긋나는 일이다.

기실 사학 재단이 사학법에 반대하는 더 큰 이유는 '친인척 이사 수 제한'과 '비리 임원의 복귀 제한' 조항에 있다는 게 교육계 안팎의 대체적 평가다. 지금까지 누려온 '족벌 학교' 체제를 유지하기 어려워서다. 사학법 개정으로 이사장의 배우자와 직계존비속(아들, 며느리, 부모)을 교장으로 임명하는 족벌 체제는 실제로 흔들릴 수밖에 없다. 하지만 그 흔들림은 마땅히 권장할 흔들림이다.

사학법 개정 보도에서 나타난 문제들은 앞서 지적한 세 가지 밖에도 더 있다. 전교조 교사들의 연가 투쟁 시도에 대해서 '수업권 침해'라고 살천스레 비난했던 언론이 사학 재단의 신입생 배정 거부에 대해서는 수업권을 거론조차 하지 않는 것은 명백한 이중 잣대다. 비슷한 현상에 이중 잣대를 들이밀 때, 그 언론은 정직성을 의심받게 된다.

지금까지 분석했듯이 사학법 개정 보도에서 나타난 한국 언론의 문제는 저널리즘의 가장 기본적인 상식조차 묵살하는 데 있다. 허위 기사를 양산하고, 그에 근거한 추측 기사와 논평을 내보내며 자신의 직접적 이해관계를 언죽번죽 대변해 나가는 언론의 모습은 저널리즘의 본령과 거리가 멀다.

결국 사학 재단의 이익을 대변하는 한나라당과 저널리즘의 상식조차 무시한 언론의 여론 몰이 속에 2005년 말과 2006년 초 한국 사회는 '국가 정체성' 논란으로 일대 소동을 피웠다. 그 결과는 심각하다. 교육 문제에만 국한해 보더라도 정작 다뤄야 할 쟁점이 물구나무섰다. 전교조에서 추천한 사람이 이사가 될 확률이 거의 없다는 점이 논란이 되어야 마땅함에도, 거꾸로 '전교조의 학교 장악'이라는 허위 담론이 논쟁이 되고 말았다.

더 큰 문제는 허위와 추측에 바탕을 둔 의제로 인해 정작 절박한 사회적 의제들, 예컨대 비정규직 문제라든가 농민의 생존권과 같은 긴급하고 중요한 쟁점들이 전혀 공론화하지 못한 데 있다. 교육 현장과 정치 현장을 뛰는 한국 언론의 젊은 기자들이 과연 자신의 기사가 저널리즘의 상식과 윤리에 얼마나 부합하는지 진지한 성찰이 그 어느 때보다 절실한 시점이다. 사학법 개정을 둘러싼 보도에 대해 젊은 언론인들마저 자성이나 성찰이 없을 때, 한국 언론의 내일은 어두울 수밖에 없다.

'선거 공론장'과 민주주의의 위기

현대 사회에서 구성원들의 정치적 무관심 또는 정치에 대한 회의는 보편적인 현상으로 거론되고 있다. 미국은 그 가운데 더 심한 나라로 알려져 있다. 하지만 미국에서 방송사 보도국장을 지낸 뒤 지금은 강단에 선 앨 톰킨스^{Al Tompkins}의 생각은 다르다. 그는 사람들이 정치를 좋아하지 않는다는 미국 리서치 회사의 설문조사 결과에 대해 다음과 같이 논평했다. "(조사 결과 유권자들은) 사회적 문제에 관심을 갖고 있는 반면에 정치제도를 신뢰하지 않는 것으로 드러났다. …… 그들이 지겨워하는 것은 정치라는 주제가 아니라 그 주제에 대한 접근 방식이다."

2006년 5·31 지방선거. 집권 여당인 열린우리당의 참패로 끝났다. 열린우리당이 한나라당의 절반을 밑도는 득표를 한 사실은 명백한 심판이다. 불과 2년 전에 있었던 2004년 4월 총선에서 16개 시·도 가운데 10곳에서 과반수가 넘는 당선자를 냈던 사실과 비교하면 심판의 성격이 두드러진다. 한나라당이 사학법 개정이나 공천 헌금 수수, 당 간부의 취재기자 성추행으로 한계가 또렷이 드러났는데도 압승했기에 더 그렇다.

그럼에도 선거를 앞두고 우발적으로 벌어진 박근혜 대표 피습 사건을 집중 부각한 언론 보도는 짚고 가야 한다. 선거 판세에 큰 영향을 끼칠 게 확실한 돌출 사건을 대대적으로 보도하는 것에서 더 나아가 여당과의 관련 의혹을 근거 없이 부풀린 것은 선거 보도로서 균형을 잃은 보도였다. 게다가 방송 3사도 가세했다. KBS 〈뉴스9〉와 MBC 〈뉴스데스크〉, SBS 〈8시뉴스〉도 돌출 사건을 부각했다.

물론, 제1야당 대표가 피습당한 사건은 그냥 지나칠 수 없는 사안이다. 하지만 세 신문과 세 방송사는 피습 뒤에도 박 대표의 '병상 정치'를 집중 부각했다. 월드컵 축구 보도에 묻혀 가까스로 명맥이 유지되던 정책 관련 보도는 선거 막판에 이르러 사실상 실종되었다. 우발적 사건으로 선거의 의제가 사라지고 피습이라는 돌출 사건의 감성 보도가 지배적이었다.

열린우리당이 논평(5월 29일)을 내어 박 대표 피습 보도가 "선정 보도로 시작해 끝은 과장 왜곡 보도로 마무리됐다"고 비판한 것을 집권당의 '화풀이'로 넘기기 어려운 이유도 여기 있다. 논평이 강조하고 있듯이 "사건의 팩트만 보도해도 열린우리당에겐 악재였는데 사건 초반부터 열린우리당 관계자도 공범으로 몰고" 나간 것이 엄연한 사실이기 때문이다. 논평은 또 "모든 언론이 박 모 씨가 사건 당시 단상에 올라가 박 대표를 죽이라고 소리 지르며 의자를 집어던지는 등 난동을 피웠다고 보도했지만 차량 유세장에는 단상도 의자도 없는 것이 상식"이라고 설명했다.

정책 선거의 실종으로 가장 큰 피해를 입은 것은 아무래도 정책 차별성이 뚜렷한 민주노동당일 수밖에 없다. 흥미로운 것은 한나라당조차 언론 보도에 비판적이라는 데 있다. 한나라당 수석 부대변인은 "매번 느끼지만 언론은 정책 대결을 기대한다고 말만하면서 결국 정당끼리의 말싸움을 적극 보도해 어쩔 수 없이 진흙탕 싸움을 부추기고 있다"고 논평했다. 한나라당까지 선거 보도 문제점을 공식 지적한 것은 한국 저널리즘이 심각하게 성찰해 볼 대목이다.

『미디어오늘』 이선민 기자가 분석(5월 30일자)했듯이, 2004년 4월 총선 공간에서 열린우리당이 여론조사 결과 압도적 우세를 보였을 때 '혁명적 장악' '무소불위의 권력' '정국 파행'이라며 우려와 견제론을 집중 보도한 바로 그 언론이, 2006년 5월 지방선거에서는 압도적 우위로 여론조사에서 나타난 한나라당에 우호적 보도로 일관한 이유도 분석해 볼 만한 차이점이다.

하지만 선거 공간에서 언론 보도의 문제점을 과도하게 비평하는 것은 자칫 국민적 심판을 받은 집권 세력에 '면죄부'를 줄 우려가 있다. 기실 집권 세력의 선거 참패는 '국정 심판'이라는 점에서 1차적으로는 노무현 정부의 책임이다.

바로 그 점에서 5월 지방선거에서 언론 보도가 지닌 문제점은 선거 과정보다 선거 결과를 분석한 언론 보도에서 찾아야 옳다. 여기서 선거 결과를 놓고 정치적 분석의 잣대를 엄밀하게 들이밀 생각은 없다. 그것은 언론 비평의 본령과 거리가 있거니와, 결과에 대한 정치적 해석은 얼마든지 다를 수 있기 때문이다. 정치적 해석 틀에 대한 타당성을 거론하는 비평은 그 자체가 정치적 편견일 수 있다. 한국 저널리즘 안팎에서 '정파성' 문제가 본격적으로 거론되고 있는 상황이기에 더 그렇다.

하지만 그렇다고 해서 사실과 분명히 다른 분석까지 저널리즘에 용인되는 것은 아니다. 더구나 그런 분석이 신문 시장을 독과점하고 있는 조선일보, 동아일보, 중앙일보에 일관되게 나타나고 있는 것은 우려할 수밖에 없는 일이다.

먼저 조선일보를 보자. 이 신문은 선거 다음날인 6월 1일자 사설("5·31 선거 결과를 어떻게 읽을 것인가")에서 "여당의 이번 대참패는 임기를 2년이나 남겨 둔 여권의 정치적 파산이자 일종의 정치 공황이라 할 만한 사태"라고 규정했다. 옳은 분석이다. 사설이 지적했듯이, 집권 여당은 2006년 1월 개각 때 "정동영 의장, 김근태 최고위원을 당에 복귀시키고 3월 개각에서는 장관 네 명의 옷을 벗겨 이번 선거에 출마토록 하는 총력전을 펼쳤음에도" 참패했기 때문이다.

따라서 "최우선 과제는 집권 세력이 선거 결과에 담긴 국민의 뜻을 정확히 읽어 내는 것"이라는 주장도 적절하다. 기실 그것은 민주주의 국가에서 선거라는 공론장이 본디 지니는 중요한 기능이기도 하다.

문제는 다음부터다. 사설은 집권 세력의 참패를 거론하면서 "정권의 이념 취향"을 강조했다. 다음날 사설, "이제 나라를 정상으로 돌려놓을 때다"에서 문제점은 확연히 드러난다. 사설은 "과거사 정리라는 명목으로 벌이고 있는 과거사 뒤집기"와 "계층 간, 지역 간 갈등만을 부각시키고 있는 양극화 해소라는 구두선"을 비판한다. 이어 "교육과 산업의 국가적 백년대계를 허물고 있는 민노총과 전교조"의 문제를 제기하면서 "이 정권이 뼈대까지 흔들어 놓은 한·미 동맹, 짓밟고 모욕했던 대한민국 역사도 제자리와 명예를 되찾아 줘야 한다"고 목소리를 높인다.

집권 여당이 과거 청산과 양극화 해소 주장 때문에 과연 심판을 받았는가는 접어 두고라도 과연 "뼈대까지 흔들어놓은 한·미 동맹"이라는 분석이 사실과 얼마나 부합하는지 묻지 않을 수 없다.

무릇 집권 세력이 선거 결과에 겸손하지 않을 때, 권력에 대한 날카로운 추궁은 언론의 본령이다. 그런데 사실관계도 맞지 않을뿐더러 논리적으로 서로 어긋난 주장을 한다면 이를 어떻게 받아들여야 할까.

집권 여당의 경제 정책을 비판하는 조선일보 사설("세금 거둘 때 두려워하고 쓸 때 아껴 써야" 6월 3일자)은 "서민 생활을 더욱 고달프게 만들어 왔다"고 비판하면서 "이 정부 들어 세금과 연금 등 복지 비용을 합친 국민 부담은 2002년 1인당 351만 원에서 2005년 435만 원으로 늘어났다. 4인 가족으로 치면 한 해 1,800만 원 가까운 돈을 정부가 거둬 가는 셈"이라고 힐난한다. "그런데도 이 정부는 증세를 위한 세제 개혁을 들먹이고" 있다는 지적이 뒤를 잇는다.

동아일보는 아예 색깔 공세로 방향을 잡았다. 1일자 사설("'정권 탄핵' 票心더는 거스르지 말아야")에서 노무현 정권이 "사회주의적 좌파 정책으로 경제 침체와 사회적 갈등을 부추겼다"며 "한·미 동맹을 금 가게 함으로써 '동북아의 외톨이'로 남을지 모른다는 불안감을 키웠다"고 강조한 뒤 이를 참패의 원인으로

'정권 탄핵' 票心 더는 거스르지 말아야

지방선거가 예상대로 열린우리당의 참패로 끝났다. 전국 단위 선거에서 여당이 기록한 최악의 패배다. 1960년 4·19혁명 직후 7·29총선에서 민주당이 민의원 233석 중 175석(75%)을 석권하고, 자유당은 겨우 2석을 얻어 사실상 전멸했던 상황과 비슷하다.

이번 선거 결과는 노무현 정권 3년 3개월의 국정 운영에 대한 '국민적 탄핵(彈劾)'이라고 볼 수밖에 없다. 2004년 노 대통령에 대한 야당의 탄핵안 의결에 반발해 국회 과반 의석을 여당에 몰아주었던 국민이 이번에는 노 대통령과 여당의 실정(失政)을 응징한 것이다. 투표율이 2002년 지방선거보다 높아진 것도 '집권세력에 대한 분노를 보여주려는' 표심의 반영으로 풀이된다.

정치의 근본은 국민의 평안을 보장하고 삶의 질을 높이는 데 있다. 그런데도 현 정권은 '역(逆)밥상' 운운하면서 민심에 역행하기를 밥 먹듯이 했다. '역주행 정권'이라는 말이 나올 정도로 거꾸로 갔다. 지난해 4·30 재·보선에서 국민이 보낸 '23 대 0'이란 경고 신호도 무시했다. 3년간 잠재성장률을 밑도는 저(低)성장과 무거운 세금에 국민은 허리가 휘는데도 세계적으로 이미 퇴조한 사회주의적 좌파 정책으로 경제 침체와 사회적 갈등을 부추겼다. '자주'와 '민족'을 앞세워 한미동맹을 금가게 함으로써 '동북아의 외톨이'로 남을지 모른다는 불안감을 키웠다.

노 대통령과 여당이 이번 선거에서 거듭 확인된 민심조차 편한 대로 해석하거나 '남의 탓'으로 돌리면서 또 '꼼수'로 상황을 돌파하려 든다면 국민과 역사로부터 처절하게 버림받고 말 것이다. 독선과 오만으로 국민을 괴롭혀 온 데 대해 사죄하고 이제라도 국정 운영의 방향을 실용과 민생에 맞춰야 한다. 인적 청산도 해야 한다. 개각도 그 연장선에서 이뤄져야 한다.

그런데도 벌써 청와대는 '여당의 지방선거 참패와 대통령을 연결하는 것은 억지'라며 '국민적 심판'의 의미를 부인하는 모습이다. 전현직 장관급 인사들을 서울 부산 대구 광주 경기 충남 경남 등 7곳의 시도지사 후보로 징발하는 '다걸기(올인)'를 하고도 '대통령 무관론'을 편다면, 바로 그런 청와대식 사고방식이 여당 참패를 낳았다고 볼 수밖에 없다. 유권자들은 노 대통령이 '시대정신'이라고 강변했던 '노무현 코드'를 전면(全面) 거부한 것이나 다름없다.

여권(與圈)이 정계 개편을 통한 정치판 흔들기를 획책하는 것도 성난 민심에 기름 붓는 꼴이 될 것이다. 이런 '꼼수 정치'로 반전(反轉)을 노린다면 국민이 더는 속지 않을 뿐 아니라 용서하지 않을 것이다. 1년 9개월의 남은 임기만이라도 '상식(常識)의 국정'을 펴는 것만이 집권세력에 남은 마지막 희망이 될 것이다. 북한을 실질적으로 변화시키지 못하는 정략적 '북한카드'로도 국민을 속이지는 못할 것이다.

한나라당도 '내가 잘해서' 이긴 것이 아님을 꼭 알 것이다. '한나라당의 승리'가 아니라 '여당의 패배'일 뿐이다. 수권 정당으로서 비전과 대안을 보여 주지 못하면서 대권 싸움으로 자중지란(自中之亂)만 일으킨다면 국민적 분노가 한나라당의 머리 위로 떨어질 것이다. '한나라당이 지방선거에서 압승했으니 대선에선 또 지는 거 아닐까' 하는 소리가 나오고 있음도 알아야 한다.

국민은 '선거 이후'를 냉철한 눈으로 지켜보고 있다.

동아일보, 2006년 6월 1일 사설

분석했다. 이어 2일 사설 "민심 읽었다며 좌파 정책 한다니"에서도 정책 방향을 "실용적 코드"로 바꿔야 한다면서 "양극화를 해소한다며 세금을 더 걷고, 집값을 안정시킨다며 시장을 때려잡는 반시장 정책은 민생만 더 힘들게 할 뿐"이라고 주장한다. 이어 "각종 규제 권한을 지자체에 대폭 위임해 지자체 간에 경제 살리기 경쟁이 벌어질 수 있도록 여건을 만들어 줘야 한다"고 기업에 대한 규제 완화를 주장한다.

중앙일보도 1일자 사설("집권 3년 심판한 지방선거")에 이어 2일자 사설("선거 민심을 국정 운영에 반영하라")에서 색깔 공세에 가세했다. "국가와 민족의 역사적 정통성을 파괴하고, 우방들과는 마찰음을 내면서 북한에는 끌려만 다녔다. 근거 없는 적개심으로 반反기업 정서를 부추겼다. 경제의 성장 동력은 멈추고, 일자리는 줄어들었다. 특정 지역 부동산을 겨냥해 세금을 올렸지만 죽어나는 건 서민들이다. 평준화와 3불不정책이라는 성역 속에 공교육은 무너지고, 사교육비는 사상 최대로 늘어났다"고 주장한다.

결국 중앙일보의 결론도 '예상'에서 벗어나지 않는다. "선거 민심은 국민을 고통과 불안에 몰아넣는 정책들을 근본적으로 바꾸라고 요구한다"면서 "기업의 투자 환경을 개선"하라고 촉구한다. 이어 "정치 격변의 와중에서 자칫 흔들릴 수 있는 한·미 자유무역협정이나 연금 개혁 등 국가적 과제의 성사에 총력을 기울여야 한다"고 주장한다.

문제의 사설에서도 사실관계가 명확하지 않은 단정적 주장이 어김없이 들어 있다. 가령 "평준화와 3불 정책이라는 성역 속에 공교육은 무너지고" 있다거나 "특정 지역 부동산을 겨냥해 세금을 올렸지만 죽어나는 건 서민들"이라는 주장은 인과관계가 명확하지 않은 주장이다.

결국 세 신문에서 나타난 공통적인 해석 틀, 보도 틀은 집권 여당에 대한 심판이 개혁 정책 때문이라는 것으로 간추려진다. 과거 청산이나 부동산 대책, 양극화 해소 주장, 반시장주의, 한·미 동맹 훼손이 그것이다.

세 신문이 곰비임비 촉구한 '대안'도 일치한다. 어떤 대안인가? 대한민국 정통성을 부정하고 역사를 '뒤집기' 하는 과거 청산 중단이다. 특정 지역을 증오하는 정책, 곧 서울 강남 지역에서 하늘을 모르고 치솟는 아파트 값에 대한 규제 포기다. '복지 정책'과 반시장주의에서 벗어나 기업에 대한 규제 완화다. 흔들리는 한·미 동맹 바로잡기다.

그러나 냉철히 톺아보자. 그런 주장은 사실과 얼마나 가까운가. 과연 잘못된 과거 청산은 단순히 과거만의 문제인가? 오히려 문제는 한나라당은 물론, 세 신문의 집중 '견제'로 법안 자체가 후퇴해 과연 과거 청산이 가능할까에 회의할 수밖에 없는 현실에 있지 않을까.

부동산 대책도 마찬가지다. 서울 강남의 아파트 값 상승은 큰 위화감을 불러 일으키고 있다. 세 신문의 주장대로 정책을 수정한다면 부동산 불로소득으로 빚어지는 양극화는 무장 커질 수밖에 없다. 오히려 문제는 부동산 세제 정책 또한

南北에는 原則이, 同盟에는 信義가 있어야 한다

열린우리당은 5·31 지방선거 참패에 따른 대책의 하나로 南北·北韓 관계, 韓한·美미관계 등 外交외교·安保안보 정책 노선을 재검토하기로 했다. 무조건 '좋은 게 좋은 거' 라는 식의 지난 3년의 남북관계, 얼굴 붉히며 할 말은 한다는 기분 爲主위주로 흘렀던 지난 3년의 한·미관계가 대한민국을 흔들어 왔고 그 속에서 싹튼 현 정권의 정체에 대한 의혹과 불안이 국민이 정권을 등진 원인의 하나라는 뒤늦은 자각이 이 집권세력 안에서도 고개를 든 것이다.

對北대북 정책의 일차적 목표는 남북관계를 안정적으로 관리해서 한반도를 전쟁의 위험으로부터 지켜내는 것이다. 그러자면 南北남은 北북의 행동을, 北북은 南북의 행동을 서로 예측할 수 있어야 한다. 서로가 서로를 예측할 수 있게 하는 토대는 상대의 이런 행동에 대해서는 우리가 이렇게 나갈 것이라는 것을 명확히 알게 해주는 것이다. 그래서 南北남북관계에서 原則원칙이 중요한 것이다. 이 원칙의 길이 멀리는 통일의 길로 이어지는 것이다.

대북정책의 또 하나의 목적은 북한동포들을 고난과 불행에서 보호하고 구해내 그들의 삶의 질을 끌어 올리는 것이다. 북한 주민들이 배를 곯거나 질병에 시달리는 것을 막아주며, 인간으로서 최소한의 기본권을 누릴 수 있도록 돕는 것이다.

이 정부는 출범 때 北核북핵 해결을 대북정책의 최우선 과제라고 했고, 북핵 해결의 가닥이 잡혀야 대북支援지원을 비롯한 남북관계의 개선이 가능하다는 원칙도 정했다. 그러나 이런 정부 입장과 원칙은 "북한의 핵 보유는 일리가 있다. 북한 핵무기는 방어용"이라는 발언과 "북한에 대한 제도적, 물질적 지원은 조건없이 하려 한다"는 대통령의 연속된 발언으로 이미 숨이 끊기고 말았다. 또 통일부 차관이라는 사람이 북한 인권개선에 대해 "피켓들고, 데모하고 시위하고 성명서 남독한다고 인권문제가 해결될 것 같으면 우리도 100만장의 성명서를 낼 수 있다"고 말할 정도로 북한 인권문제는 이 정부에게 번거롭기만 한 주제가 돼 버렸다.

정권 편의에 따른 이 정권의 對北대북 無原則무원칙은 북한 정권에게 남북을 대하는 방식으로 국제사회를 상대해도 통한다고 교사하는 꼴이 돼버린 셈이다. 그 결과 北核북핵은 실타래처럼 꼬이고 국제사회가 그런 북한을 더 외면하게 만드는 결과만을 불러왔다.

대한민국 외교의 기본軸축이었던 한·미동맹은 이 정권의 '일관되고' '집요하고' '국민의 의사를 철저히 외면한' 외교노선 추구로 인해 變質변질·弱化약화·解體해체의 단계를 밟아가고 있다. "(한국군이) 명실상부한 自主자주군대로 돼어나야 한다"는 이 정권의 자주국방론은 次期차기 정권 갈로 예정한 시간표 위에서 戰時作戰전시작전 통제권 환수를 굴려가고 있다. 작전통제권 회수라는 이 정권의 목표가 달성되면 한·미 聯合司연합사는 해체된다. 한·미동맹 역시 대변화를 겪게 될 것이다. 이것은 한·미관계가 강화된 美미·日일동맹의 부속품이 되거나 아니면 한국에게 미·일동맹의 반대편에 서기를 강요하는 불행한 兩者擇一양자택일로 내몰 가능성을 안고 있다.

물론 同盟동맹은 國益국익을 위해 맺는 것이다. 국가 이익은 그때 그때 달라지는 流動的유동적인 것이다. 따라서 탐구적인 동맹관계란 있을 수 없다. 그러나 동맹을 지킬 것인가 허물 것인가 하는 판단은 냉철한 국익판단 위에서 이뤄져야 한다. 국가 운명이 좌우되는 동맹정책의 변화를 한 정권의 이념적 偏向편향에 내맡겨서는 안 되는 것이다. 그래서 역사는 不注意부주의한 동맹정책으로 숨通이 끊긴 나라들의 공동묘지라는 말이 있는 것이다.

한·미동맹은 지난 50년간 대한민국의 존립과 번영을 가능하게 했던 대들보이고 韓한·日일관계, 韓한·中중관계 같은 다른 대외관계는 그 대들보 위에 얹힌 서까래라고 할 수 있다. 이 정부가 자주국방이니 균형외교니 하는 속빈 말로 한·미동맹이라는 대들보를 흔들면서 우리의 외교, 안보, 경제가 함께 휘청거리고 있는 것이 대한민국 안보의 현실이다.

선거를 통해 집권한 대통령이라 해서 나라의 안위와 존립과 번영이 걸린 기본틀에 변화를 줄 수는 있어도 그것을 허물 수는 없는 법이다. 국민은 남북관계나 동맹관계의 근본적 전환까지를 5년 임기의 대통령에게 위임하지 않았다. 더구나 이 정권은 임기의 3분의 2를 지난 정권이다. 이 정권은 남북관계는 원칙에 따라, 동맹관계는 신의에 따라 관리한다는 기본으로 돌아가야 한다.

조선일보, 2006년 6월 6일 사설

과거사법이 그랬듯이 후퇴한 데 있다. 노 정권이 좌파적 정책을 편다거나 '반시장주의'라는 주장 또한 현실과 차이가 크다. 아니 더 엄밀하게 말하자면 정반대다. 노 정권의 경제 정책을 '좌파'로 규정하는 것은 왜곡을 넘어 희극 아닌가.

무엇보다 사실과 다른 것은 '뼈대까지 흔들리는 한·미 동맹' 주장이다. 예컨대 "한·미 동맹은 이 정권의 '일관되고' '집요하고' '국민의 의사를 철저히 외면한' 외교 노선 추구로 인해 변질·약화·해체의 단계를 밟아 가고 있다"는 조선일보의 주장(6월 6일자, "南北에는 原則이, 同盟에는 信義가 있어야 한다")이 대표적이다. 사설은 "무조건 '좋은 게 좋은 거'라는 식의 지난 3년의 남북 관계, 얼굴 붉히며 할 말은 한다는 기분 위주로 흘렀던 지난 3년의 한·미 관계가 대한민국을 흔들어 왔고 그 속에서 싹튼 현 정권의 정체에 대한 의혹과 불안이 국민이 정권을 등진 원인의 하나"라고 분석한다.

현실은 정반대다. 노 정권은 주한미군의 전략적 유연성을 전격 수용하고 이에 따라 평택 미군 기지 건설을 위해 여론도 제대로 수렴하지 않은 채 '군사작전'을 펴고 있다. 더 심각한 문제는 한국 저널리즘이 사실과 다른 선거 분석에 그치지 않고 국가 정책 방향을 자신들의 이해관계에 유리하게 몰아가는 데 있다. 선거 뒤 이어지는 세 신문의 사설과 칼럼들은 한결같이 기득권 세력과 그들을 위한 정책 옹호로 귀착되고 있다.

사회과학에 최소한의 상식이라도 있는 사람이라면 노 정권의 선거 참패가 스스로 공약한 개혁 과제들을 실천은커녕 되레 후퇴시킨 데 대한 심판임을 알 수 있다. 그럼에도 선거 결과에 대해 사실을 왜곡하고 그를 바탕으로 일방적 여론 몰이에 나선 것은, 정책 선거를 통해 사회적 쟁점들을 풀어 가야 할 선거 공론장을 근본적으로 흔든다는 점에서 민주주의의 위기를 불러올 중대한 사안이다. 그것은 왜곡 보도 이전에 민심 왜곡이다.

'낡은 방식' 벗어나지 못하는 노사 관계 보도

사회학자 송호근이 지적하듯이 한국 사회가 자본주의를 유지하는 한 "노동 문제는 자본주의의 중심축"일 수밖에 없다. 송 교수는 노동자에 대한 "정치적 배제나 경제적 포섭 등의 낡은 방식에 의존하는 국가는 민주국가가 아니다"라고 강조한다. 그가 한국의 '노동 체제'를 분석하면서 "보혁 대결은 국가 발전의 추진력"임에도 "한국에서의 보혁 대결은 국론 분열의 주범으로 간주된다"고 비판한 것은 1990년대 초의 일이다(『열린 시장, 닫힌 정치 : 한국의 민주화와 노동 체제』, 나남, 1994).

그러나 현실은 달라지지 않았다. 한국에서 노사 관계는 여전히 '국론 분열의 주범'으로 인식되거나 '낡은 방식'에 의존하고 있다. 노동 문제가 사회의 '중심축'이라는 사회학자의 분석을 언론학에 '대입'하면, 언론이 다루어야 할 의제^{agenda}의 '중심축'이 노동 문제라는 논리로 이어진다.

문제의 핵심은 노사 관계를 보도하는 언론의 틀이 여전히 '낡은 방식'을 벗어나지 못한 데 있다. 2006년 3월 1일부터 전개된 철도 노동자들의 파업을 보도한 한국 언론은 '낡은 저널리즘'의 모습을 고스란히 보여 주었다.

철도노조의 파업이 시작되자 신문 시장을 독과점하고 있는 신문들은 예외 없이 '시민의 불편'을 집중 부각하고 나섰다. 반면에 철도 파업이 왜 벌어질 수밖

조선일보, 2006년 3월 2일

에 없는지, 노조의 요구는 무엇인지에 대해서는 온전히 보도하지 않았다.

언론에 대한 시민사회의 비판적 시각은 민주언론운동시민연합(민언련)이 낸 논평("시민 볼모론으로 선동하지 말라")에서 극명하게 드러난다. 논평은 언론인들을 겨냥해 "파업을 제대로 취재할 능력이 없는 것인지, 아니면 알면서도 언론으로서 기본 역할을 방기하는 것인지 다시 한번 되묻지 않을 수 없다"고 비판했다.

민언련의 날 선 논평에 적잖은 언론인들이 불쾌할 수도 있다. 특히 민언련이 발표해 온 비평들을 '이념적 편향'이라거나 '비전문가적 잣대'로 일축해 온 언론인들에게는 더 그럴 터이다. 하지만 실제로 철도파업 보도를 분석해 보면, 이념이나 '비전문가'라는 잣대를 들이대기 전에, 언론이 '사실 보도'조차 충실하지 못했다는 사실을 쉽게 발견할 수 있다.

가장 발행 부수가 많은 신문을 보기로 분석해 보자. 조선일보는 파업 바로 다음날(2일) 1면에 "전철 1, 3, 4호선 출근 비상" 기사에 이어 3면에 "열차 절반 서고 버스표 동나 … 역·터미널 아우성"과 "컨테이너 1,000여 개 지체 '물류도 비상'" 기사를 편집했다.

물론, 조선일보가 노조의 요구를 전혀 다루지 않은 것은 아니다. 가령 "철도

철도 勞使 손잡고 파업으로 국민 협박하나

철도공사 노조가 1일 波業파업을 벌였다. 중앙노동위원회의 臨時임시중재 회부 결정을 무시한 불법파업이다. 파업으로 열차 운행은 평상시의 40%를 겨우 넘었다. 철도 파업은 2002년과 2003년에도 있었다.

노조 요구사항 중 하나는 고속철도 건설 負債부채를 정부가 引受인수해 달라는 것이다. 4조5000억원의 부채를 정부가 대신 갚아 달라고 했던 철도공사 使사측과 똑같은 얘기를 하고 있는 것이다. 철도공사의 전체 빚은 10조원에 이른다. 일반 기업에 이 정도 빚이 있다면 당연히 비상경영에 들어가야 한다. 사장부터 末端말단까지 어떻게 하면 비용 요인을 줄이고 효율을 높일까 머리를 짜내고 속을 태워도 모자랄 일이다. 그래도 안 되면 인원을 줄여서라도 경영을 정상화하자는 목소리가 내부로부터 나오는 게 상식이다.

철도공사 勞使노사는 거꾸로다. 철도공사는 작년 1월 철도청에서 공사로 바뀌면서 1800명의 인원을 늘렸다. 그러고도 노조는 지금 다시 3200명을 더 늘려 달라고 하고 있다. 해고자 67명도 復職복직시켜 달라고 한다. 철도공사는 얼마 전 국회에 낸 보고서에서 노조 요구사항이 받아들여지지 않으면 파업으로 가게 된다고 알렸다. 노조는 실제로 파업에 들어갔다.

철도공사는 本業본업도 아닌 러시아 유전개발 사업에 투자해 계약금 절반을 날린 일이 있다. 철도 업무와 별반 관련도 없어 보이는 자회사들을 10여 개나 만들어 감사원 감사 까지 받았다. 철도공사 사람들의 낙하산 자리를 마련하려 한 게 아니냐는 지적이었다. 放漫방만한 회사 운영을 반성하고 개선할 생각은커녕 노사가 손잡고 파업으로 국민을 협박하는 것이냐는 소리를 들어도 할 말이 없을 것이다.

미국 뉴욕에선 지하철과 버스가 파업을 벌이자 법원이 노조에는 하루 100만 달러씩, 노조원 개인에겐 파업 하루당 이틀치 임금을 벌금으로 물렸고 그걸로 파업은 사흘 만에 끝났다. 엄정한 법 집행만이 노조의 불법파업을 막을 수 있다. 민주노총도 非비정규직법에 반대하는 총파업에 들어가 있다. 정부가 철도 파업에 물러터진 대응을 하게 되면 민주노총 파업도 걷잡을 수 없이 번질 수 있다.

조선일보, 2006년 3월 2일 사설

노조 뭘 요구하나” 제하의 기사를 3면에 편집하기도 했다. 하지만 그 작은 '상자 기사'조차 노조가 내세운 "명분"이 무엇인가를 짧게 언급한 뒤 곧바로 "일부에서는 노동계가 대정부 샅바 잡기에서 밀리지 않기 위해 초강수를 뒀다는 분석도 나오고 있다"거나, "춘투를 앞둔 노동계가 정부와의 기세 싸움에서 이기기 위한 파업을 강행했다"고 보도함으로써 추측성 논평을 노골적으로 기사에 담았다. 정략적 추측으로 바라본 파업 기사의 연장선에서 사설("철도 勞使 손잡고 파업으로 국민 협박하나")은 '엄정한 법 집행'을 촉구하고 "정부가 철도 파업에 물러터진 대응을 하게 되면 민주노총 파업도 걷잡을 수 없이 번질 수 있다"는 주장을 폈다.

동아일보는 일찌감치 1일부터 "수도권 전철 '직격탄' …… 교통대란 우려" 기사를 내보냈다. 파업 다음날(2일)에는 "열차-수도권 전철 파행 운행"을 1면에 보도했다. 중앙일보도 어김없이 '시민 불편'을 강조했다. 2일자 1면에 "철도 파업 이틀째 운행률 20% 수도권 출근 대란 우려" 제하의 기사를 실었다. 열차와 전철의 파행 운영으로 개학을 맞은 학생과 출근길 시민들이 고통을 겪게 됐다고 보도했다. 철도 운행율과 복귀율에 대해 중계하듯 보도하는 행태는 두루 공통적이었다.

한겨레는 어땠을까. 민언련은 한겨레가 '대란' '대혼란' 등의 용어를 쓰지는 않았으나 "기본적으로 철도 파업으로 인한 부정적 결과에 초점을 맞추었다는 점에서 다른 신문들의 보도 경향에서 크게 벗어나지 않았다"며 "노조와 공사 측의 쟁점을 다뤘지만 이 역시 팽팽한 주장을 대립적으로 나열하는 수준에 그쳤다"고 꼬집었다.

물론, 파업으로 시민이 불편을 겪는 것은 사실이다. 또 그것을 부각해서 보도하는 게 언론의 의무라고 볼 수도 있다. 하지만 그렇다면 왜 시민이 불편하게 되었는지, 다시 말해서 왜 파업이 벌어졌는지에 대한 분석이 반드시 필요하다. 파업은 노동자 혼자 하는 게 아니라 노사 관계라는 두 당사자의 대화 실패로 빚어진 일이기 때문이다. 파업으로 시민이 불편하다면 언론은 마땅히 그 책임을 노사 양쪽에 균형감을 갖고 추궁해야 옳다.

철도 노동자들이 파업을 벌인 가장 큰 이유가 시민의 안전과 철도의 공공적 성격에 있었다면 더욱 그렇다. 하지만 언론 보도의 편향성으로 국민 대다수는 철도노조가 파업에 돌입하면서 내세운 요구들이 무엇이었는지, 철도노조 파업의 의미는 무엇인지 정확히 인식할 수 없었다.

여기서 새삼스럽지만 파업 보도에서 중요한 사실 가운데 하나가 파업 원인임을 확인할 필요가 있다. 철도 노동자들이 파업을 벌이며 내세운 요구에 관해 충분한 사실 보도나 정보 제공이 드물었기에 더욱 그렇다. 오히려 조선일보처럼 철도 노동자들이 '정치적 목적'으로 파업에 나섰다거나 집단 이기주의로 규정하는 보도가 이어졌다.

하지만 파업의 객관적 성격은 언론 보도와 큰 차이가 있다. 특히 '시민의 발을 볼모로 한 집단 이기주의'라는 보도와는 정반대다. 근거도 뚜렷하다. 철도노조 파업의 쟁점은 '사용자' 쪽도 인정하듯이 네 가지였다. 철도의 공공성, 인력 충원, 해고자 복직, KTX 승무원(파견직)의 정규직화가 그것이다. 어느 쟁점을 보더라도 정규직 철도 노동자의 '집단 이기주의'를 위한 투쟁은 아니었다.

가령 철도노조는 장애인을 비롯해 사회적 약자에게 할인 혜택을 요구하고 나섰다. 그것도 전혀 없었던 제도를 새로 도입하자는 게 아니었다. 원상 회복의 요구였다. 철도공사가 출범한 뒤 공사는 경영 적자를 내세워 유아, 학생, 장애인 등에 대한 요금 할인을 축소해 왔다. 사회적 약자에게 시나브로 줄어드는 할인 제도를 다시 회복하자는 요구는 현재 철도노조만이 제기하고 있다. 어찌 보면 언론이 적극 의제로 설정해 나가야 할 문제를 현장 노동자들이 제기한 셈이다.

더구나 철도 노동자들은 해마다 30여 명이나 일터에서 산재로 숨지고 있다. 절대적인 노동력 부족에서 오는 안전사고가 가장 큰 원인이다. 문제는 철도 노동자의 열악한 노동조건이 곧바로 철도를 이용하는 시민의 안전과 직결된다는 데 있다. 대구 지하철 참사가 여실히 입증해 주었듯이 인력 부족은 대형 인명 사고로 이어질 수 있다. 그럼에도 언론이 파업에 나선 이유를 소홀히 보도한 것은 직무 유기에 가깝다. 바로 그 점에서 전국철도노조 조연호 선전국장이 『미디어오늘』과 가진 인터뷰(3월 2일)는 한국 언론에 깊은 성찰을 요구한다.

"당혹스럽다. 언론의 관심이 고맙기는 하지만 노조의 요구를 제대로 확인하는 전화조차 별로 없었다. 어떤 잣대로 그렇게 쓰는지 모르겠다. …… 우리가 파업을 하고 싶어서 하는 것이 아니다. 언론이 또 '시민을 볼모로 삼은 집단 이기주의'로 몰아가지만 불가피한 측면이 있다. 철도 노동자의 생존권 문제, 사고로 인한 죽음을 부르는 열차 안전 문제, 정부의 올바른 철도 정책 입안 등의 과제들을 공사 그리고 정부와 대화로 해결하고 싶은데 대화로는 도저히 풀리지 않기 때문에 파업을 하는 것이다. 파업이 좋아서 하는 것이 아니다. (파업 노동자들도) 현장으로 빨리 돌아가 시민 안전과 철도 발전을 위해 일하고 싶다."

철도 파업 보도에 대한 비판은 광범위하게 퍼져 가고 있다. 전국민중연대도 3월 1일 "철도 파업에 대한 언론의 구시대적 보도행태"라는 논평을 냈다. 논평은 "철도를 움직이는 노동자들이 동시에 일손을 멈추었으니 철도 운영이 정상적이지 못한 것은 당연한 결과인데, 언론은 파업으로 인한 손실과 불편을 수치화하고 보도하고 있다"면서 "철도노동조합이 철도공사 측과 수개월간 어떤 내용의 협상을 벌였으며 왜 결렬되어 파업에 이르게 되었는지에 대해서는 관심조차 없는 듯하다"고 분석했다. 논평은 '노동자·농민들의 투쟁에 대해 반복되는 언론의 보도 행태'에 '참담함'을 토로하며 "언론 종사자들은 언론의 최소한의 사회적 기능에 대해 제발 생각해 보기 바란다"고 호소했다.

철도노조 김영훈 위원장이 『매일노동뉴스』와 가진 긴급 인터뷰(3월 2일)에서 파업으로 불편을 겪고 있는 국민에게 "송구스럽다"면서 "철도가 국민들에게 공공적으로 봉사하는 그런 국가 기간산업으로 거듭나는 것으로 보답해드리겠다"고 밝혔지만, 대다수 신문과 방송은 그 발언을 보도하는 데도 인색했다.

앞서 보았듯이, 철도 파업은 명백히 철도의 공공성을 강화하려는 것이었다. 그럼에도 한국 언론은 사실과 다른 매도로 일관했다. 직권중재의 정당성에 대한 언론의 진지한 의제 설정도 찾아보기 어렵다.

언론과 권력이 철도 노동자들의 파업을 불법이라고 주장하는 근거는 중앙노동위원회의 직권중재 회부 결정이었다. '직권중재'는 노동 3권을 제약하는 독소 조항이기 때문에 국제사회에서 폐지 압력을 받아 왔다.

그럼에도 한국 저널리즘은 "엄정한 법 집행만이 노조의 불법 파업을 막을 수 있다"는 주장만 되풀이했다. 더구나 '불법 엄단'이라는 한국 언론의 잣대는 노사 사이에 전혀 균형을 갖추지 못하고 있다. 예컨대 삼성그룹 이건희 회장을 비롯한 재벌 총수들의 불법 분식 회계와 편법 상속에 대해서는 언론의 '엄정한 법 집행' 요구가 전혀 없다. 결국 정부는 물론이고 언론도 불법 엄단을 강조하면서 이중 잣대를 들이밀고 있는 셈이다.

그래서였다. 심지어 철도공사 임원진 사이에서도 언론 보도의 문제점과 파업의 정당성을 지적하는 주장이 나왔다. 철도공사 김용석 감사는 직원들에게 보낸

이메일(3월 8일)에서 "이번 파업은 정부의 교통 정책과 철도의 역할을 국민에게 제대로 알리는 파업이었다"는 의견을 밝혔다. 그는 "(노조 입장에서) 파업 이후 가장 나쁜 놈이 누구였냐"고 묻고 "정부나 경영진 등이 아닌 보수 언론이었다고 생각한다"고 밝혔다.

물론, 김 씨의 지적은 적절하지 않다. 당장 조선일보(3월 14일치 기자수첩)가 꼬집었듯이 "만일 이번 파업이 정당했다면 그는 파업 시작 전 청와대나 건설교통부, 하다못해 이철 철도공사 사장을 설득했어야 옳다. 그래도 자기 뜻이 관철되지 않는다면 '자리'를 걸었어야 했을 것"이다. 하지만 김 감사의 처신이 적절하지 않았다고 해서 언론에 대한 그의 지적까지 옳지 않은 것은 아니다.

앞서 분석했듯이, 한국 언론의 철도 파업 보도는 노조는 물론, 시민사회로부터 따가운 비판을 받았다. 철도노조 게시판에 한 노동자가 올린 글은, 비록 거칠지만 '노사 관계'의 낡은 저널리즘에 대해 그 어떤 학문적 비평보다 더 정곡을 찌르고 있다. 오늘의 언론이 그 비평에서 얼마나 자유로운지 냉철하게 톺아볼 때다.

"찌라시. 참 반가운 단어를 들어 봅니다. 어릴 적, 논쟁의 정점에서 모두를 한방에 보내 버리는 '그거 신문(방송)에서 봤어!'를 그 많은 시간이 흐른 지금도 보게 됩니다. 사실은 사라지고, 쟁점은 묻혀 버리는, 그래서 누구라도 쉽게 뱉을 수 있는 그 말, '시민들의 불편을 볼모로 한 파업!' 얼핏 돌이켜 봐도 20년은 들어 온 것 같습니다. 2,000명이 넘는 노동자를 직위 해제한 것이 '법의 엄정 적용'이 돼 버리고 조합원 하나하나에 손해배상을 청구하겠다는 것이 '원칙의 고수'가 돼 버리는, 충혈된 눈동자에 뺨 위로 흘러내리는 눈물조차 느끼지 못하고 자기 자리로 돌아와야 하는 그 참담한 심정의 노동자들을 마치 '패잔병' 취급하는 그 찌라시들을 오늘 다시 만나게 됩니다."

비정규직 타살과 임산부 유산의 '공범'

경찰이 살천스레 휘두른 '공권력'에 한 대한민국 국민이 맞아 죽었다. 그런데 발행 부수 1, 2위를 다투며 '정론지'를 자처하는 신문들은 숨진 사실을 기사화하지 않았다. 텔레비전 방송 3사도 단순 보도에 그쳤다. 대다수 신문과 방송은 뒤늦은 보도에서도 경찰과 숨진 국민 사이에 "사인死因 공방"이 있다며 중계하듯 보도했다. 목격자들의 증언이 넘쳐나는데도 "넘어져서 다친 것"이라는 경찰 주장을 비슷한 무게로 보도했다.

선입견 없이 직시할 필요가 있다. 들머리에서 서술한 현상은 민주공화국에선 쉽게 상상하기 어려운 저널리즘 양태다. 하지만 아니다. 대한민국 언론에서는 되풀이되고 있다. 2005년 11월, 서울 국회의사당 앞에서 생존권 시위를 벌이다 쓰러진 고 전용철 씨에 대한 보도가 그랬다. 그로부터 반년이 지난 2006년 7월, 포항에서 비정규직 건설 노동자 하중근 씨가 노동쟁의 과정에서 숨졌다. 경찰이 휘두른 폭력으로 40대 중반의 농민과 노동자가 참혹하게 숨졌는데도 신문과 방송은 조용했다.

더구나 포항 건설 노동자의 파업 과정에서 생명을 잃은 참사는 하중근 씨로 끝나지 않았다. 파업에 참여한 노동자 가족인 임산부가 경찰 폭력으로 끝내 유산했다. 대다수 신문과 방송은 묵살했다. 기껏해야 생색내듯 보도했다. 그 결과다. 사건이 발생한 지 한 달이 넘도록 아무도 책임지지 않았다. 사과의 말도 내놓지 않았다. 국민 대다수도 조용하다.

한 사회에서 저널리즘이 제구실을 못할 때, 한 시대를 살아가는 사람들 대다수가 윤리 의식이 둔감해질 수 있다는 살아 있는 증거다. 포항 건설 노동자들의 파업과 관련한 언론 보도를 찬찬히 톺아보아야 할 이유가 바로 여기 있다.

포항지역 건설노조 노동자들이 포스코 본사에서 농성을 벌이기 시작한 것은 7월 13일이었다. 농성이 시작되자 모든 노동쟁의에 '공통'되는 대응이 이어졌다. 정부는 불법 엄단 의지를 표명했다. 경찰은 강경 진압으로 일관했다. 언론은 '노조의 폭력성'과 '국가 경제의 손실'을 부각했다. 권력에 '엄정 대처'를 주문했다. 그런 상황에서 노사 관계의 한 당사자인 사 쪽이 대화에 나설 필요가 있을까? 실제로 포스코 경영진은 대화 의지를 전혀 보이지 않았다. 전기를 끊어 버리는 단전의 단호함만 보였을 뿐이다.

비단 '부자 신문'만이 아니었다. 방송 3사도 건설 노동자들의 농성이 파국을 맞을 때까지 왜 파업을 했는지, 노동자들의 요구는 무엇이었는지 사실 보도조차 온전히 하지 않았다.

신문과 방송에 넘쳐 난 것은 노동자들을 매도하는 보도였다. 중앙일보는 14일자 신문에서 "포스코 직원 600여 명 한때 감금당했다"며 '포항 포스코 본사 점거 농성' 기사를 편집했다. 같은 날 조선일보도 "억류 직원 600명 10시간 만에 풀려나"를 보도했다. 동아일보도 "직원 500여 명 한때 억류" 제하의 기사에서 노조가 직원들을 감금했고 "하루 100억 원가량의 피해"가 발생하고 있다는 기사를 내보냈다. 점거를 막지 못한 경찰을 비난하는 기사도 이어졌다.

하지만 언론이 규정한 이른바 '불법 점거 농성'과 진실은 큰 차이가 있다. 포스코로부터 하청받은 업체들에서 일하는 비정규직 노동자들이 사측인 전문건설협회와 협상을 벌인 것은 2006년 4월부터였다. 15차례 협상을 했지만 차이를 좁히지 못했다. 6월 30일 파업에 들어갔다. 불법 다단계 하도급의 구조적 문제 해결, 임금 삭감 없는 주5일제 실시, 하루 8시간 노동, 임금 15% 인상을 요구했다. 무관심한 언론이 그나마 주목한 것은 '임금 15% 인상'이었다. 건설노조가 전문건설협회와 15차례 협상을 벌이고도 타협에 이르지 못한 이유는 다른 데 있지 않다. 하청 전문건설업체와 협상에 성공해도 원청이 그것을 무력화하는 사례가 많기 때문이다. 건설 노동자들이 실질적 사용자인 포스코가 직접 나서야 비로소 해결될 수 있다고 판단한 것도 이 때문이다.

문제는 서울방송이 18일 보도했듯이 "포스코가 파업 기간 동안 대체 인력을 투입"한 데 있다. 하지만 서울방송은 그것이 부당노동행위임을 전혀 언급함이 없이 "(대체 인력 투입이) 노조 활동을 방해한다면서 직접 당사자도 아닌 포스코 본사를 불법 점거한 것"이라며 노조의 불법성만을 부각했다. 대다수 언론이 그랬다. 부당노동행위가 농성의 직접적인 계기가 되었음에도 노조의 불법 행동만을 과녁으로 삼았다.

파업이 새로운 국면에 접어든 7월 13일, 건설 노동자들은 대체 인력을 투입하는 본사의 부당노동행위에 항의 집회를 열고 있었다. 경찰의 과잉 진압에 쫓겨 노동자들은 포스코 본사로 밀려 들어갔다. 바로 그것이 '불법 점거 농성'의 실체적 진실이었다. 따라서 '본사 점거'라는 규정은 옳지 않다. 사전에 계획했던 행위가 아니었고 우발적이고 불가피하게 일어난 사건에 지나지 않았다. 경찰의 과잉 진압이 원인이었다.

그럼에도 어떤 신문과 방송도 진실을 보도하지 않았다. 경찰에 쫓겨 본사 농성이 벌어지면서 파업과 관련된 첫 보도가 나타나기 시작했다. 하지만 이미 '불법 점거 농성'이라는 틀로 짜여 비난 여론 몰이 일색이었다.

여론 시장을 독과점하고 있는 조선일보, 동아일보, 중앙일보는 "포스코 포항

노조, 포항에선 불법 示威, 울산에선 배부른 투정

이런 노조, 세계 어디에 또 있는지 대 보라

억지와 생떼, 자해공갈식 노동운동

조선일보, 2006년 7월 18일 사설
동아일보, 7월 15일 사설
중앙일보, 7월 15일 사설

본사 업무 올스톱" 과 같이 사 쪽의 취재원을 중심으로 기사를 내보냈다. 이어 약속이나 한 듯이 원색적인 사설로 노조를 비난했다. 사설 제목들부터 자극적이다. "노조, 포항에선 불법 示威, 울산에선 배부른 투정"(조선일보 7월 18일자)이라며 언구럭부리거나 "이런 노조, 세계 어디에 또 있는지 대 보라"(동아일보 7월 15일자)고 묻는가 하면 "억지와 생떼, 자해공갈식 노동운동"(중앙일보 7월 15일자)이라고 규정했다.

사설은 기초적 사실조차 왜곡하며 논리를 전개했다. 조선일보 사설은 노조가 "노사 교섭 대상도 아닌 포스코 본사로 밀고 들어갔다"고 불법성을 강조했다. 하지만 앞서 밝혔듯이 포스코 본사로 밀고 들어간 게 아니라, 밀려 들어갔을 뿐이다. 동아일보의 "임금 인상을 놓고 단체 협상을 벌이다 결렬되자 발주 업체의 직원들을 가뒀다"는 사설도 사실을 심각하게 뒤틀고 있다. 주목할 것은 동아일보 사설이 노동운동을 "법도 윤리도 무시하는 막가파식 투쟁"이라며 파렴치한 조직 폭력배에 비유한 사실이다. 범죄적 비유는 중앙일보 사설에서도 발견할 수 있다. 사설은 "경제 상황이 갈수록 어려워지는 가운데 일부 노조의 무분별한 행태가 도를 더하고 있다"면서 "억지와 생떼, 회사를 갉아먹는 자해 공갈식 노동운동 행태가 불식되지 않으면 노조의 고립과 노사의 공멸을 부를 뿐"이라고 강조했다.

결국 노조를 '범죄 집단'으로 몰아간 세 신문은 경찰에 강력 대응을 촉구했다. 가령 7월 19일자 중앙일보를 보자. 중앙일보는 1면에 "불법 점거로 포항 경제 타격" 제하의 기사를 싣고 포스코 본사의 '업무 마비'를 강조했다. 이어 정부의 '늑장 대응'를 비난했다. 사설 "7일째 포철 불법 점거, 공권력은 어디 갔나"에서는 노조의 '폭력 행위'를 들먹인 뒤 "이런 나라를 법치국가로 볼 수 있는가"라고 물었다. 이어 "불법과 적당히 타협해 마무리 지어 왔던 정부 행태를 노조가 잘 알기 때문에 공권력에 권위가 없는 것"이라며 "정부가 이렇게 노조에 무르게 대응을 하니 외국 자본이 노조 때문에 한국에 오지 않는"다고 주장했다. 경찰의 강경 진압을 촉구한 것은 더 말할 나위 없다.

하지만 경찰이 과연 '무르게 대응'하고 있었을까? 사실은 전혀 다르다. 언론이 경찰을 집중 성토하고 있던 바로 그 시점에 이미 하중근 씨가 사경을 헤매고 있었다.

중앙일보가 경찰의 늑장을 비판하며 강경 대응을 촉구한 날(7월 19일)에 참사는 또 일어났다. 포스코 본사에서 농성하고 있는 남편에게 식사를 전달하려 했던 임산부가 경찰의 집단 구타를 당했다. 경찰의 포위로 굶으며 농성하는 남편에게 밥을 전달하려고 노동자 가족들이 본사 앞에 스크럼을 짜고 있을 때였다. 경찰이 '기습 공격'에 나섰다. 이때 경찰 5~6명으로부터 임산부가 집단 구타를 당했다. 당사자를 비롯한 주변에서 "임산부"라고 외쳤으나 경찰의 구타는 하혈을 할 때까지 멈추지 않았다. 결국 임산부는 병원으로 이송됐지만 다섯 달 된 태아를 유산했다. 결혼 7년 만에 들어선 아기였다.

차분히 톺아보자. 과연 지나친 것일까? 강경 대응을 강경 요구한 언론이 저 잉태한 생명의 유산에 공범이라는 지적은. 대다수 언론이 정부의 늑장 대응을 비난하면서, 법무장관을 비롯한 세 장관은 엄단하겠다는 담화문을 발표했다. 장관들의 담화문이 현장의 경찰들에게 어떤 '압박'으로 다가왔을까는 충분히 짐작할 수 있다.

임산부가 하혈을 하며 병원에 실려 간 뒤에도 언론 보도는 전혀 달라지지 않았다. 가령 서울방송은 19일에 "가뜩이나 좋지 않은 경기에 비 피해까지 극심한 상황에서 벌어지는 파업에 시민들은 비난의 목소리를 높였다"는 시민의 인터뷰를 내보냈다.

결국 40대 중반 노동자의 타살과 임산부의 유산이라는 비극적 참사가 일어났음에도 언론은 철저한 외면으로 일관했다. 오히려 언론의 부추김을 받아 공권력은 강경 일변도로 치달았다. 마침내 건설노조의 포스코 점거 농성은 9일 만인 7월 21일에 자진 해산 형식으로 끝났다. 그럼에도 언론은 '부관참시'에 나섰다.

두 생명이 목숨을 빼앗기는 참사를 겪었음에도 정작 풀어야 할 문제들은 전혀 의제로 설정조차 되지 못했다. 포스코가 발주하는 공사가 포스코건설을 거쳐 하청 업체까지 내려가면 공사비가 설계비의 절반 수준으로 떨어지는 상황에서, 하청 노동자들의 빈곤과 상대적 박탈감은 필연이다. 그런데도 간접 고용된 하청 업체의 노동자들이 실제 '사용자'와 교섭을 할라치면 원청 업체에서는 "현행법상 대화할 의무가 없다"고 대화 자체를 거부하는 게 현실이다. "단체 협상 때마다 사용자 쪽인 전문건설업체가 상위 원청사인 포스코 건설에, 포스코 건설은 발주처인 포스코 핑계를 대고, 포스코는 다시 사용자인 전문건설업체와 얘기를 하라는 식으로 노조에 '뺑뺑이'를 시켜 온 것"("뺑뺑이 단협·밑바닥 처우가 투쟁 불렀다" 한겨레 7월 18일자 기사)이 사태의 원인이었음에도 대다수 신문과 방송은 외면했다.

한겨레, 2006년 7월 18일

그랬다. "국가 기간산업이 사실상 마비되고 있다"는 언론 보도에서 20~30년 동안 주 70시간이 넘는 살인적 노동을 하고도 포스코 정규직의 36%뿐인 임금을 받는 비정규직 일용 건설 노동자들의 현실은 외면당했다. '토요일 유급 휴무 인정' 요구도 언론이 주장하듯 '사치'가 아니다. 일용직 노동자에게 주5일제 도입은 하루를 더 무급으로 쉬라는 것 이상은 아니기 때문이다.

한 해 순이익만 5조 9천억 원에 이르는 국내 최대 기업의 하청업체 노동자들이 '8시간 노동'이라는 상식적 요구를 위해 40대 노동자가 맞아 죽고 임산부가 유산을 당하는 사태가 벌어진 것이다. 그럼에도 언론은 "청와대가 노동계 시위에 관대하게 대처함에 따라 사태의 악화를 불렀다"는 보도(동아일보 7월 21일자 3면 "지역경제 멍드는데 정부는 뒷북 엄포만")를 서슴지 않았다.

건설 노동자들이 본사 농성에서 자진 해산하기 바로 전날인 7월 20일에 포스코 경영진이 조선일보, 동아일보, 중앙일보와 경제지 두 개 및 지방지 세 개 등 여덟 개 신문 140부를 엘리베이터로 농성장에 넣어 준 사실도 기록해 둘 일이다. 포스코 관계자는 "배달된 신문이 남아돌아 노조원들에게 보내 주었을 뿐"이라고 해명했지만, 신문이 결국 사 쪽의 심리전 또는 이데올로기전의 무기로 쓰인 것은 분명해 보인다.

포스코 본사 농성이 대규모 구속 사태를 빚은 뒤 진실이 다음과 같이 곰비임비 드러났다. 경찰은 포스코 경영진에게 노조의 동향을 분석한 문건을 전달했다. 포스코 경영진이 조합원을 단계별로 나눠 '관리'한 문건도 나왔다. 노동부, 검찰, 시청까지 '관리 대상'이었다. 노조의 파업 명분을 약화시키고 경영진에 우호적 여론을 조성하려고 기자들까지 관리했다. 농성이 시작된 7월 13일, 포항 시장이 참석한 포스코 경영진 쪽 대책회의에 한국방송 포항 지사를 포함한 지역 언론사 간부들도 자리를 함께 했다. 이 모든 사실들이 밝혀졌음에도 대다수 한국 언론은 은폐와 축소로 일관했다. 파업 노동자 "엄벌"만 외쳤다. 외마디처럼.

본디 커뮤니케이션은 "함께 이야기를 나누다"라는 뜻의 라틴어 'Communicare' 에서 연유한 개념이다. 그런데 오늘날 한국 저널리즘에서 이야기를 함께 나누는 대상은 자본과 경찰, 언론 등 우리 사회 상층 집단일 뿐이다. 이 땅의 가장 중요한 생산자 집단인 노동자의 요구와 주장은 위로부터 철저히 배제되어 있다.

3부 | 죽은 공론장 살리기

언론 개혁과 철학의 실천

언론. 언뜻 철학과 무관하게 여기기 십상이다. 아니, 그 정도가 아니다. 언론과 철학은 '세속'과 '상아탑'의 대명사로 대칭에 놓이기도 한다. 하지만 조금만 성찰해 보아도 그렇지 않다는 사실을 알 수 있다. 당장 국어사전을 펼쳐 보라. '말이나 글로 자기의 사상을 발표하는 일'이 언론의 일상 언어적 약속이다. 언론과 사상 또는 철학은 기실 이어져 있는 셈이다. 현대 철학이 언어철학의 새 길을 열고, 언어학적 전환이 사회과학에 새 바람을 일으켰다는 것은 잘 알려진 사실이다.

무엇보다 언론은 그 자체가 철학적 실천이다. 비록 강단의 철학과 다르지만 하루하루 이뤄지는 언론의 모든 '창작'에 철학이 녹아들 수밖에 없다. 그 실천이 천박할지는 모르겠으되, 분명한 사실은 언론에 어떤 형태로든 철학적 판단이 깃들어 있다는 점이다. 괜스레 과장이 아니다. 신문이나 방송은 물론이고 인터넷 매체도 모두 편집이라는 과정을 거친다. 편집은 선택이요, 그 선택은 가치판단이다. 어떤 철학으로 신문 지면을 편집하고 방송 화면을 편성할 것인가. 지면과 화면을 구성하는 밑절미에는 어김없이 철학적 선택이 놓여 있다. 더구나 더불어 살아가는 이들의 삶과 사색에 그러한 가치판단이 큰 영향을 끼친다면, 중요성은 더 말할 나위 없다. 언론 개혁의 문제가 제기되는 곳도 이 지점이다.

언론은 좋든 싫든, 또는 그 자신이 원했든 아니든, 현대 사회에서 삶의 환경을 감시할 권리와 의무가 있다. 물론, 여기서 '감시'란 광범위한 개념이다. 분업이 갈수록 세분화하는 동시에 그것이 세계화라는 지구적 흐름과 직결되는 시대를 살아가기란 여간 고단한 게 아니다. 현대 사회의 구성원들은 자신의 삶을 최소한 재생산하기 위해서라도 자신의 삶 밖에서 어떤 일이 일어나고 있는가를 시시각각 알아야 하는 비극적 상황에 놓여 있다.

삶의 세계에서 일어나고 있는 현상들 가운데 사회 구성원의 삶에 영향을 끼칠 사건들을 정보로 제공해야 할 사회적 제도가 바로 저널리즘이다. 끊임없이 일어나는 사건을 파악하고 그 사건이 왜 일어났는지 그리고 앞으로 어떤 파장을 가져올지 진단하고 예견해야 한다면, 비록 일상적으로 이루어진다고 하더라도 거기에는 만만찮은 철학의 무게가 스며 있게 마련이다.

따라서 언론이 제구실을 온전히 못할 때, 더구나 저널리즘에 사망 선고가 서슴지 않고 내려질 때, 사회 구성원들의 개개 삶이 받는 폐해는 계량화하기 어려울 만큼 넓고 깊다. 언론이 일어나고 있는 일을 일어나고 있지 않다고 보도하거나 일어나지 않는 일을 일어난다고 보도할 경우, 저널리즘은 단순히 허위의식을 전파하는 이데올로기 기구 차원을 떠나 삶을 파괴하는 제도로 타락할 수밖에 없다. 바로 그 곳에서 언론 개혁의 담론과 실천이 출발한다.

그런데도 언론계는 물론이고 학계에서도 언론 개혁 문제를 둘러싸고 비생산적 논의가 주된 흐름이 되는 데에는 여러 원인이 있다. 무엇보다 사회적 논쟁의 핵심 당사자인 언론이 공론장을 마련하기보다는 자신의 이해관계를 여론화 과정에서 깊숙이 반영시키고 있기 때문이다. 게다가 언론 개혁을 둘러싼 논쟁이 곧바로 정치권에 연결됨으로써 언론 개혁을 한낱 당리당략의 수준에서 접근하려는 정치 세력들의 이해도 깔려 있다. 그 결과 언론 개혁을 '정권의 특정 신문 죽이기' 또는 '비판 언론 길들이기' 따위와 동일시하는 천박한 이해에 머물고 있다.

이는 단순히 논쟁의 왜곡에 그치지 않는다. 논쟁 자체가 뒤틀림으로써 정작 언론 개혁이라는 시대적 당위성이 찬반 토론의 한쪽 의견에 지나지 않는 것으로 전락하고 있다. 결과는 언론 개혁의 좌초에 머물지 않는다. 한국의 시민사회가 꾸준히 일궈 온 민주주의 사회의 성숙을 가리틀 수 있기 때문이다.

한국 사회에서 언론 개혁론이 전개된 것은 근대 언론이 민족 구성원을 오도하고 있다는 인식이 민중 사이에 싹트면서였다. 근대 미디어로서 언론은 19세기 말에 도입된 뒤 지금까지 줄곧 사회 구성원들의 언론 자유를 유린한 제국주의 외세나 국내 독재 세력과 '밀월'을 즐겨 왔다. 이는 시각 또는 해석 차이가 있을 수 없는 엄연한 사실事實이자 지울 수 없는 사실史實이다.

1883년 발간된 최초의 신문 『한성순보』에는 창간 과정부터 일본 후쿠자와 유키치福澤諭吉를 비롯한 정한론征韓論자들의 영향이 정신적·물리적 차원에서 두루 깊이 개입했으며, 최초의 민간신문인 『독립신문』 또한 의병을 '비도'匪徒로 보도하고 '사회진화론'을 공공연한 편집 철학으로 삼았다. 사회진화론은 결국 제국주의의 지배를 정당화하는 논리로 '구현'됐다. 『한성순보』에서 『독립신문』을 거쳐 『황성신문』과 『제국신문』에 이르기까지 민중에 대한 무시와 제국주의에 대한 무지에서 자유롭지 못했다.

일본 제국주의 강점기에 발행된 신문도 마찬가지였다. 한글로 발행하며 '민족지'를 내세운 신문이 신문 제호 위에 일장기를 올려 발행함으로써 제국주의 앞잡이로 부닐었다. 더러는 친일 언론 규정이 '과도한 해석'이라고 언죽번죽 주장하지만, 그리고 그런 변호 가운데는 언론사를 전공한 중견 언론학자의 '저작'도 있지만, 스스로 '대일본제국의 보도기관'을 1면 사고社告에서 자임한 신문이 '민족지'라면 이는 겨레에 대한 모욕이다. 다만, 친일 신문이 아니라는 주장은 맞을지 모른다. 스스로 '천명'한 활자活字가 지금까지 지면에 살아남아 증언하듯이 '일본 신문'이었기 때문이다.

　1945년 해방 뒤에도 '전통'은 이어져 미국의 반소·반공 정책을 충실하게 복창했다. 친일 수구 권력이 4월혁명으로 무너지자 1961년 박정희 육군 소장의 5·16 군사쿠데타를 적극 지지했고, 그 정권이 다시 부마항쟁으로 흔들리자 전두환 소장의 쿠데타에 용춤 추고 나섰다. 군부독재 시기 천민 자본가들이 여성 노동자들에게 분뇨를 강제로 퍼 먹였던 야만적 노동 탄압마저 아예 모르쇠한 반노동자적 보도에서, 조선민주주의인민공화국을 '북괴'北傀로 적대시한 냉전적 반공 보도에 이르기까지 한국 언론의 추악한 행적은 그 시대를 살아갔던 민족 구성원이나 사회 구성원들의 언론 자유를 노상 짓밟는 역사였다.

　따라서 언론을 개혁하자는 운동이 뜻 있는 지식인들과 민중 그리고 언론인들 사이에서 일어난 것은 자연스러운 현상이다. 일찍이 대한제국 말기에 신채호가 일본 제국주의에 부니는 언론을 겨냥해 매서운 필봉을 휘둘렀거니와, 일제 강점기에도 동아일보와 조선일보가 치졸한 사세社勢 경쟁을 벌인 것을 날카롭게 비판한 언론 비평이 남아 있다.

　하지만 현재 벌어지는 언론 개혁 운동에 논의를 국한한다면, 1974년 10·24자유언론실천선언에 이은 1975년 동아사태에서 출발하는 게 현실적이다. 유신체제와 싸운 동아일보 기자들이 130여 명이나 해직됨으로써 언론 운동이 비로소 민주화 운동과 긴밀한 연관 속에 성장했기 때문이다. 이어 1980년 5월 무장항쟁과 1987년 6월대항쟁을 거치면서 언론 운동은 해직 언론인들을 중심으로 한 운동에서 민중 운동으로 마당을 넓혀 갔다.

　민중의 힘으로 군부독재를 물리친 6월대항쟁이 열어 놓은 공간에서 한국의 언론인들은 비로소 노동조합을 합법적으로 세울 수 있었다. 1970년대에 노조를 설립한 기자들은 모두 신문사에서 해직되었고 노조 자체도 '승인'되지 못했다. 그 뒤에도 언론 현장에서 민주 언론인들이 해직을 무릅쓰고 언론 자유 운동을 벌이며 정치권력과 싸워 왔지만, 대다수 언론인은 언론 자유를 유린한 독재 정권과 기꺼이 손잡았다.

비단 언론 현장만이 아니었다. 문단과 학계로 대표되는 한국의 지식인 사회 일반이 마찬가지였다. 언론 현상을 연구하는 언론학계는 물론, 철학계까지 예외가 아니었다. 그 과거는 오늘의 현실에서 언론 개혁을 둘러싼 진솔한 토론에 알게 모르게 제약 조건으로 작용하고 있다.

정치권력의 통제를 받던 언론사에 자유를 준 주체는 언론인도 아니고 언론학자도 아니고 지식인 사회도 아니었다. 민중이었다.

1987년 6월항쟁 뒤 권력의 고삐로부터 벗어난 언론사 안에서 젊은 언론인들이 언론 개혁 운동을 시작한 것도 민중에 빚진 의식이 깔려 있었기 때문이다. 더구나 언론 자본이 언론 자유를 통제한 정치권력과 분탕질을 저질러 왔기에 일선 언론인들의 개혁 운동은 시대적 요청이기도 했다.

'권력과 자본으로부터 해방'을 내세운 언론노동운동은 1988년 전국언론노동조합연맹(언론노련) 창립 이후 시민사회 단체들과 꾸준한 연대 활동을 벌여 왔다. 언론의 궁극적 주권자는 독자와 시청자이기 때문이다. 실제로 언론 개혁 운동은 언론 노동자와 시민사회 단체의 두 축을 근간으로 전개되어 왔다. 두 축이 조직적으로 연대한 기구가 1998년 8월 27일 출범한 언론개혁시민연대(언개련)이다. 언론 자본의 자유로 타락한 한국의 언론 자유를 부활하기 위해 현장 언론인들과 언론의 궁극적 주권자인 독자와 시청자들이 연대 기구를 내온 것이다.

언론 노동자들과 수용자들이 손잡고 벌여 온 입법 운동은 2004년 4월 총선으로 새 국면을 맞았다. 특정 가문이 언론사 주식을 독점한 신문사 구조를 바꾸고 편집의 자율성을 보장하는 입법은 언개련을 비롯한 언론 운동 단체들의 줄기찬 요구였다. 17대 총선을 거치면서 시민사회 단체의 입법 요구는 정기간행물법 개정을 넘어서게 된다. 개정이 아니라 폐지하고 아예 새 법을 만들자는 뜻이다. 가칭 '신문법'의 고갱이는 헌법에 명시한 언론의 자유를 온새미로 구현하기 위해서 내적 자유(편집 자율성)와 외적 자유를 높이자는 데 있다. 여론의 다양성을 보장하기 위해 시장점유율이 낮은 신문사에 공공 자금 지원이나 신문 공동 판매의 제도화도 적극 추진되고 있다.

여기서 언론 개혁 입법은 제도 정치권에서 제안한 것이 아니라 시민사회에서 제기한 것임을 명토 박아 둘 필요가 있다. 아직도 언론 개혁의 문제를 정권 차원의 문제로 매도하는 '정치 공세'가 논의의 밀도를 흐리고 있기 때문이다.

주목할 것은 사회 구성원의 언론 자유를 온전히 구현하려는 운동은 비단 한국 사회에서만 일어나는 것이 아니라는 사실이다. 유럽과 미국은 물론, 세계에서 언론 자유를 넓히려는 운동은 쉼 없이 일어나고 있다. 하버마스의 표현을 빌려 말하면, '재봉권화된 공론장'을 민주화하는 것은 민주주의 사회의 중요한 과제 아닌가.

자본의 영향력이 나날이 심화되는 현대 자본주의 사회에서 언론 자유의 공간을 확보하려는 운동이 일어나는 것은 당연한 현상이다. 미국의 허친스 위원회나 영국 왕립언론위원회 그리고 독일 권터 위원회가 입증하듯이 언론에 대한 연구는 여러 나라에서 활발하게 일어났다. 한국의 언론인들과 시민들이 실천적으로 모색하고 있는 언론 개혁 운동도 그 보편적 움직임의 연장선에 있다. 한국의 언론 개혁 운동은 2001년 언론사 세무조사를 계기로 '세계화'했다. 발행인·사주들의 모임인 국제언론인협회IPI와 세계신문협회WAN, 그리고 기자들의 조직인 국제기자연맹IFJ이 하루 차이로 서울에 와 '특별 조사'를 벌였다. 전자가 한국을 '언론 탄압 감시 대상국'Watch List으로 선정한 반면에, 후자는 "한국의 언론 자유가 보장되어 있다는 것을 확인"하고 한국 언론노조의 개혁 운동에 지지를 표명했다. 신문사 소유자들이 보는 시각과 현장을 뛰는 평기자 단체가 보는 시각은 비단 한국만 아니라 다른 나라에서도 똑같았던 것이다.

국제적 언론자본단체IPI, WAN와 기자단체IFJ가 한국의 언론 상황을 놓고 날카롭게 대립각을 세운 사실은 '민주 공론장' 확립이 '세계화 시대'의 보편적 과제라는 사실을, 그리고 한국의 언론 개혁 운동은 그 최전선에 있다는 사실을 웅변으로 입증해 준다.

무엇보다 한국 언론 개혁 운동이 이룬 성과는 실천 과정에서 민중 의식이 성숙해 가는 데 있다. 한국 사회를 반세기 넘도록 틀어쥐고 있는 미국 중심의 세계관이 시나브로 깨져 가는 것도 그 열매다. 미국이 주도하는 세계화와 신자유주의에 비판적인 인식도 퍼져 가고 있다.

한낱 특정 세력의 이익을 '보편 이익'으로 여론화함으로써 민중 의식의 성장을 가로막아 온 '죽은 저널리즘'과 그 통제로부터 벗어나 진정한 공론장을 살려 내려는 민중 사이의 갈등은 필연적이거니와 바람직한 일이다. 따라서 문제는 다음과 같이 귀결된다. 그 사이에서 오늘의 철학은 어떤 '실천'을 할 것인가.

신문윤리강령의 위선과 저널리스트의 의무

신문윤리강령. 말 그대로 신문의 철학, 윤리를 담은 강령이다. 한국신문협회, 한국신문방송편집인협회, 한국기자협회가 공동으로 제정하고 선포했다. 신문윤리강령은 전문前文에서 윤리강령 제정을 다음과 같이 명쾌하게 설명해 놓고 있다.

"우리 언론인은 자유롭고 책임 있는 언론을 실현해 우리에게 주어진 사명을 다할 것을 다짐한다. 우리는 자유롭고 책임 있는 언론이 민주 발전, 민족 통일, 문화 창달에 크게 기여한다고 믿는다. 이러한 신념에 따라 스스로 윤리규범을 준수하고 품위를 지키고자 1957년 4월 7일 신문윤리강령을 처음 제정한 바 있다. 이제 그 숭고한 정신을 바탕으로 한국신문협회, 한국신문방송편집인협회, 한국기자협회는 정보화 사회의 출현 등 시대 변화에 맞춰 새로운 신문윤리강령을 다시 채택한다."

하지만 '저널리스트의 죽음'을 다룬 이 책에서 신문윤리강령을 거론하기란 착잡한 일이다. 저널리스트의 죽음을 이끈 신문 사주들과 고위 간부들이 주도해 만든 윤리강령이기 때문만은 아니다. 그들의 철학적 성찰을 믿지 못해서도 아니다.

이미 사문화된 윤리강령은 저 신문협회나 신문방송편집인협회의 강령만이 아니기 때문이다. 평기자들이 주도적으로 제정한 윤리강령조차 사문화한 지 오래다.

그랬다. 언론사마다 노동조합이 주도해 윤리강령 제정 바람이 불던 때가 있었다. 1987년 6월대항쟁 뒤 언론이 민중으로부터 지탄의 손가락질을 받을 때가 그랬다. 언론인들이 사회적 물의를 빚을 만큼 '거액의 촌지'를 집단적으로 받은 사건이 발생한 뒤에도 그랬다. 하지만 두루 알다시피 모든 '약속'은 일과성으로 넘어갔다.

저자는 동아일보 기자 시절에 노동조합 공정보도위원으로서 동아일보 기자 윤리강령의 전문 초안을 썼지만, 현재 동아일보 기자들이 그 전문을 준수하고 있다고 전혀 생각하지 않는다. 여기에는 기자들 자신의 책임도 분명 있을 터이다. 하지만, 진실을 보도하려는 기자들을 통제하고 있는 사람들이 바로 신문사주들과 고위 간부들이라는 데 주요 원인이 있다.

바로 그래서다. 신문협회와 신문방송편집인협회의 윤리강령을 새삼 거론하는 까닭은. 이 땅에서 내로라하는 언론사주들과 고위 간부들의 조직이 만든 강령 아닌가. 강령은 저널리스트가 걸어가야 할 길을 다음과 같이 간명하게 일곱 개 조항으로 천명하고 있다.

제1조 언론의 자유 : 우리 언론인은 언론의 자유가 국민의 알권리를 실현하기 위해 언론인에게 주어진 으뜸가는 권리라는 신념에서 대내외적인 모든 침해, 압력, 제한으로부터 이 자유를 지킬 것을 다짐한다.

제2조 언론의 책임 : 우리 언론인은 언론이 사회의 공기로서 막중한 책임을 지고 있다고 믿는다. 이 책임을 다하기 위해 우리는 무엇보다도 사회의 건전한 여론 형성, 공공복지의 증진, 문화의 창달을 위해 전력을 다할 것이며, 국민의 기본적 권리를 적극적으로 수호할 것을 다짐한다.

제3조 언론의 독립 : 우리 언론인은 언론이 정치, 경제, 사회, 종교 등 외부 세력으로부터 독립된 자주성을 갖고 있음을 천명한다. 우리는 어떠한 세력이든 언론에 간섭하거나 부당하게 이용하려 할 때 이를 단호히 거부할 것을 다짐한다.

제4조 보도와 평론 : 우리 언론인은 사실의 전모를 정확하게, 객관적으로, 공정하게 보도할 것을 다짐한다. 우리는 또한 진실을 바탕으로 공정하고 바르게 평론할 것을 다짐하며, 사회의 다양한 의견을 폭넓게 수용함으로써 건전한 여론 형성에 기여할 것을 결의한다.

제5조 개인의 명예 존중과 사생활 보호 : 우리 언론인은 개인의 명예를 훼손하지 않고 개인의 사생활을 침해하지 않을 것을 다짐한다.

제6조 반론권 존중과 매체 접근의 기회 제공 : 우리 언론인은 언론이 사회의 공기라는 점을 인식하여 개인의 권리를 존중하고 특히 독자에게 답변, 반론 및 의견 개진의 기회를 주도록 노력한다.

제7조 언론인의 품위 : 우리 언론인은 높은 긍지와 품위를 갖추어야 한다. 우리는 저속한 언행을 하지 않으며 바르고 고운 언어 생활을 이끄는 데 앞장설 것을 다짐한다.

그랬다. 신문협회와 신문방송편집인협회가 다짐한 강령은, 그리고 구체적 실천요강(자료 참조)은 이 책의 1부와 2부에서 살펴본 저널리즘의 구체적 현실과 너무나 거리가 멀다. 무엇보다 보도와 평론의 자세를 다짐한 4조를 보라. "사실의 전모를 정확하게, 객관적으로, 공정하게 보도할 것을 다짐"하고, "진실을 바탕으로 공정하고 바르게 평론할 것을 다짐"하며, "사회의 다양한 의견을 폭넓게 수용함으로써 건전한 여론 형성에 기여할 것을 결의"하고 있다.

하지만 저널리즘의 현실은 그 다짐과 결의가 얼마나 공허한가를 웅변해 준다. 밖으로부터의 왜곡과 위로부터의 배제로 간추려지는 저널리즘의 현실은 신문윤리강령을 사문화시킨 '주범'이라 해도 결코 지나친 말이 아니다.

실제로 기자들 스스로 신문윤리강령을 거들떠보지도 않는다. 신문협회나 편집인협회가 만든 강령에 애초부터 회의가 짙기 때문이다. 저들의 위선을 일상적으로 느끼고 체험하고 있어서다.

가령 전국 단위 10개 종합 일간지 기자 10명 중 여덟 명, 방송사 기자의 10명 중 아홉 명 정도가 '신문윤리강령 및 실천요강'의 내용을 잘 모르고 있는 것으로 나타났다. 강령을 자세하게 정독한 경험이 있거나 포함하고 있는 내용을 알고 있는 응답자는 신문이 19%, 방송은 11%에 지나지 않았다(한국 언론재단, 『한국 언론의 윤리점검 시스템』, 2005).

그럼에도 신문윤리강령과 실천요강을 이 책에 '삽화'처럼 기록하는 이유는 다른 데 있지 않다. 젊은 저널리스트들이, 저널리스트를 꿈꾸는 예비 언론인들이, 한 줄 한 줄 새겨보기를 기대해서다.

하여, 그 한 줄 한 줄이 이 강령 제정에 주도적으로 참여한 한국신문협회와 한국신문방송편집인협회의 구성원인 신문사즈와 고위 간부들에게 당당하게 맞서 나가는 젊은 저널리스트의 '무기'가 되길 기대해서다. 국민 앞에 공포한 그것을 언죽번죽 지키지 않는 작태는 얼마나 부도덕한가.

그렇다. 왜 저들이 스스로 만들고 선포한 윤리강령을 지키지 않는지, 지켜야 할 의무가 있지 않는지, 지키지 않을 것을 알면서도 제정하고 선포했다면 국민을 기만한 위선이 아닌지, 정직하게 물어야 옳지 않겠는가. 그 답이 궁색하다면 궁색하다고 결연히 항의하며 시시비비를 명백히 가려 갈 저널리스트의 존재가 한국 저널리즘에 절실하다.

강령 한 구절 한 구절을 겸허하게 읽어 주길 기대하는 까닭이다. 젊은 저널리스트들이, 저널리스트를 꿈꾸는 예비 언론인들이.

신문윤리실천요강

우리 언론인은 한국신문협회, 한국신문방송편집인협회, 한국기자협회가 채택한 신문윤리강령을 구체적으로 시행하기 위하여 다음과 같은 신문윤리실천요강을 채택하고 이를 준수할 것을 다짐한다. 또한 우리는 이 신문윤리실천요강을 한국신문윤리위원회의 준칙으로 삼을 것을 결의한다.

제1조 언론의 자유·책임·독립

언론인은 자유롭고 책임 있는 언론을 실현하기 위해 부당한 억제와 압력을 거부해야 하며 편집의 자유와 독립을 지켜야 한다.

① (정치권력으로부터의 자유) 언론인은 정권, 정당 및 정파 등 어떠한 정치권력이 언론에 대해 가하는 부당한 압력과 청탁을 거부해야 한다.

② (사회·경제 세력으로부터의 독립) 언론인은 어떠한 단체, 종교, 종파 등 사회 세력과 그리고 기업 등 어떠한 경제 세력의 부당한 압력, 또는 금전적 유혹이나 청탁을 거부해야 한다.

③ (사회적 책임) 언론인은 개인의 권리 보호에 최선을 기해야 하며, 건전한 여론 형성과 공공복지 향상을 위하여 사회의 중요한 공공 문제를 적극적으로 다루어야 한다. 또한 특정 지방, 종교, 인종 등의 이유로 개인을 차별해서는 안 된다.

제2조 취재 준칙

기자는 취재를 위해 개인 또는 단체를 접촉할 때 필요한 예의를 지켜야 할 뿐만 아니라 비윤리적인 또는 불법적인 방법을 사용해서는 안 된다. 또한 기자는 취재를 위해 개인을 위협하거나 괴롭혀서는 안 된다.

① (신분 사칭·위장 및 문서 반출 금지) 기자는 신분을 위장하거나 사칭하여 취재해서는 안 되며 문서, 자료, 컴퓨터 등에 입력된 전자정보, 사진 기타 영상물을 소유주나 관리자의 승인 없이 검색하거나 반출해서는 안 된다. 다만 공익을 위해 부득이 필요한 경우와 다른 수단을 통해 취재할 수 없는 때에는 예외로 정당화될 수 있다.

② (재난 등 취재) 기자는 재난이나 사고를 취재할 때 인간의 존엄성을 침해하거나 피해자의 치료를 방해해서는 안 되며 재난 및 사고의 피해자, 희생자 및 그 가족에게 적절한 예의를 갖추어야 한다.

③ (병원 등 취재) 기자는 병원, 요양소, 보건소 등을 취재할 때 신분을 밝혀야 하며 입원실을 포함한 비공가 지역을 허가 없이 들어가서는 안 된다. 또한 기자는 허가 없이 환자를 상대로 취재하거나 촬영을 해서는 안 되며 환자의 치료에 지장을 주어서는 안 된다.

④ (전화 취재) 기자는 전화로 취재할 때 먼저 신분을 밝혀야 함을 원칙으로 하며 취재원이 취재 요청을 거절할 경우 거듭된 통화의 연속적인 반복으로 취재원을 괴롭혀서는 안 된다.

⑤ (도청 및 비밀 촬영 금지) 기자는 개인의 전화 도청이나 비밀 촬영 등 사생활을 침해해서는 안 된다.

제3조 보도 준칙

보도 기사(해설 기사 포함)는 사실의 전모를 충실하게 전달함을 원칙으로 하며 출처 및 내용을 정확히 확인해야 한다. 또한 기자는 사회정의와 공익을 실현하기 위해 진실을 적극적으로 추적·보도해야 한다.

① (보도 기사의 사실과 의견 구분) 기자는 사실과 의견을 명확히 구분하여 보도기사를 작성해야 한다. 또한 기자는 편견이나 이기적 동기로 보도기사를 고르거나 작성해서는 안 된다.

② (미확인 보도 명시 원칙) 기자는 출처가 분명치 아니하거나 확인되지 않은 사

실을 부득이 보도할 경우 그 점을 분명히 밝혀야 한다.

③ (선정 보도의 금지) 기자는 성범죄, 폭력 등 기타 위법적이거나 비윤리적 행위를 보도할 때 음란하거나 잔인한 내용을 포함하는 등 선정적으로 보도해서는 안 되며 또한 저속하게 표현해서는 안 된다.

④ (답변의 기회) 보도 기사가 개인이나 단체에 대한 비판적이거나 비방적 내용을 포함할 때에는 상대방에게 해명의 기회를 주고 그 내용을 반영해야 한다.

⑤ (보도자료의 검증과 영리 이용 금지) 취재원이 제공하는 구두 발표와 보도자료는 사실의 검증을 통해 확인 보도하는 것을 원칙으로 하며 특히 영리적 목적으로 발표된 홍보 자료를 경계해야 한다.

⑥ (피의 사실의 검증 보도) 경찰 및 검찰 등 수사기관이 제공하는 피의 사실은 진실 여부를 확인하도록 노력해야 하며 특히 피고인 또는 피의자 측에게 해명의 기회를 주어야 한다.

제4조 사법 보도 준칙

언론인은 사법기관의 독립성을 부당하게 훼손하는 취재, 보도, 평론을 해서는 안 된다.

① (재판에 대한 부당 영향 금지) 언론인은 재판에 부당한 영향을 끼치는 취재, 보도, 평론을 해서는 안 된다.

② (판결문 등의 사전 보도 금지) 언론인은 판결문, 결정문, 공소장 및 기타 사법 문서를 사전에 보도·평론해서는 안 된다. 다만 관련 취재원이 사법 문서에 포함된 내용을 제공할 때에는 예외로 한다.

제5조 취재원의 명시와 보호

보도기사는 취재원을 원칙으로 익명이나 가명으로 표현해서는 안 되며 추상적이거나 일반적인 취재원을 빙자하여 보도해서는 안 된다. 그러나 기자가 취재원의 비보도 요청에 동의한 경우 이를 보도해서는 안 된다.

① (취재원의 명시와 익명 조건) 기자는 취재원이나 출처를 가능한 한 밝혀야 한

다. 다만 공익을 위해 부득이 필요한 경우나 보도 가치가 우선하는 경우 취재원이 요청하는 익명을 받아들일 수 있다. 이 경우 그 취재원이 익명을 요청하는 이유, 그의 소속 기관, 일반적 지위 등을 밝히도록 노력해야 한다.

② (제3자 비방과 익명 보도 금지) 기자는 취재원이 익명의 출처에 의존하거나 자기의 일방적 주장에 근거하여 제3자를 비판, 비방, 공격하는 경우 그의 익명 요청은 원칙적으로 받아들여서는 안 된다.

③ (배경 설명과 익명 조건) 기자는 취재원이 심층 배경 설명을 할 때 공익을 위해 필요한 경우 그의 익명 요청을 받아들일 수 있되, 취재원의 소속 기관과 일반적 지위를 밝혀야 한다.

④ (취재원과의 비보도 약속) 기자가 취재원의 신원이나 내용의 비보도 요청에 동의한 경우 취재원이 비윤리적 행위 또는 불법 행위의 당사자인 경우를 제외하고는 보도해서는 안 된다.

⑤ (취재원 보호) 기자는 취재원의 안전이 위태롭거나 부당하게 불이익을 받을 위험이 있는 경우 그 신원을 밝혀서는 안 된다.

제6조 보도 보류 시한

기자는 취재원이 요청하는 합리적인 보도 보류 시한을 특별한 이유가 없는 한 존중하여야 한다.

① (보도 보류 시한의 연장 금지) 기자는 자의적인 상호 협정으로 취재원이 원래 요청한 보도 보류 시한을 연장해서는 안 된다.

② (보도 보류 시한의 효력 상실) 보도 보류 시한은 한 언론사가 이를 지키지 않을 때에는 그 시점부터 다른 언론사들도 지켜야 할 의무를 지지 않는다.

제7조 범죄 보도와 인권 존중

언론인은 유죄가 확정되기 전의 형사사건 피의자 및 피고인의 인권을 존중해야 한다. 또한 범죄에 연루된 정신이상자와 박약자, 성범죄에 연루된 피해자 및 무관한 가족들의 인권을 존중해야 하며 특히 이들의 신원을 밝히는 데 신중해야 한다.

① (형사 피의자 및 피고인의 명예 존중) 언론인은 형사사건의 피의자 및 피고인이 무죄로 추정된다는 점을 유의하여 경칭을 사용하는 등 그의 명예와 인격을 존중해야 한다. 다만 피의자가 현행범인 경우와 기소 후 피고인에 대한 경칭의 사용 여부는 개별 언론사의 편집 정책에 따른다.
② (정신이상자의 익명 존중) 기자나 편집자는 범죄에 연루된 사람이 정신이상자 또는 박약자로 밝혀질 경우 면책되는 점에 유의하여 신원을 밝히는 데 신중해야 한다.
③ (성범죄와 무관한 가족 보호) 기자나 편집자는 성범죄를 보도하는 경우 무관한 가족의 신원을 밝혀서는 안 된다.
④ (미성년 피의자 신원 보호) 기자나 편집자는 미성년(18세 이하)의 피의자 또는 피고인의 사진 및 기타 신원 자료를 밝혀서는 안 된다.
⑤ (피의자 촬영 금지) 기자는 당사자의 동의 없이 형사사건의 피의자를 촬영하거나 사진이나 영상을 보도해서는 안 된다. 다만 현행범과 공인의 경우는 예외로 한다.
⑥ (참고인 등의 촬영 금지) 기자는 당사자의 동의 없이 피의자 아닌 참고인 및 증인을 촬영하거나 보도해서는 안 된다. 다만 공인의 경우는 예외로 한다.

제8조 출판물의 전재와 인용

언론사와 언론인은 신문, 통신, 잡지 등 기타 정기간행물, 저작권 있는 출판물, 사진, 그림, 음악, 기타 시청각물의 내용을 표절해서는 안 되며 내용을 전재 또는 인용할 때에는 그 출처를 밝혀야 한다.

① (통신 기사의 출처 명시) 언론사와 언론인은 통신 기사를 자사 기사와 구별하여 출처를 밝혀 사용하여야 하며 사소한 내용을 변경하여 자사 기사로 바꿔서는 안 된다.
② (타 언론사 보도 등의 표절 금지) 언론사와 언론인은 타 언론사의 보도와 평론을 표절해서는 안 되며 출처를 명시하지 않고 실체적 내용을 인용해서는 안 된다.

③ (타 출판물의 표절 금지) 언론사와 언론인은 타인의 저작권을 침해해서는 안
   되며 저작자의 동의 아래 인용할 경우 그 출처를 밝혀야 한다.
④ (사진 및 기타 시청각물의 저작권 보호) 언론사와 언론인은 개인이나 단체의
   사진, 그림, 음악, 기타 시청각물의 저작권을 보호해야 하며 보도나 평론에
   사용할 경우 그 출처를 밝혀야 한다.

제9조 평론의 원칙

평론은 진실을 근거로 의견을 공정하고 바르게 표명하되 균형과 절제를 잃지 말
아야 하며 특히 고의적 편파와 왜곡을 경계해야 한다. 또한 평론은 정치적 입장
을 자유로이 표현할 수 있으며 논쟁적 문제에 대해 다양한 공중의 의견을 폭넓
게 수용하여 건전한 여론 형성을 위해 노력해야 한다.

① (논설의 정론성) 사설은 소속 언론사의 정론적 입장을 대변해야 하며 특히 언
   론사의 상업적 이익이나 특정 단체와 종파의 이권을 대변해서는 안 된다.
② (정치적 평론의 자유) 사설 등 평론은 실정법을 위반하지 않는 한 특정 정당
   또는 특정 후보자에 대한 지지 또는 반대를 표명하는 등 언론사의 정치적 입
   장을 자유로이 표현할 수 있다.
③ (반론의 기회) 사설 등 평론이 개인 또는 단체를 비판하는 경우 비판받은 당사
   자의 적절한 해명과 반론의 기회를 주도록 노력해야 한다.

제10조 편집 지침

편집자는 사내외의 압력이나 억제로부터 자유로워야 하며 공개된 편집 기준에
따라 독립적으로 편집해야 한다. 또한 편집자는 기사 내용을 과장하거나 왜곡하
는 등 선정적인 편집을 해서는 안 된다.

① (표제의 원칙) 신문의 표제는 기사의 요약적 내용이나 핵심적 내용을 대표해
   야 하며 기사 내용을 과장하거나 왜곡해서는 안 된다.
② (편집 변경 및 선정주의 금지) 편집자는 사내외의 부당한 요구에 따라 기사를
   없애거나 기사의 면 배치, 면 위치, 크기 등 내용을 바꾸어서는 안 되며 음란

하거나 잔혹한 내용으로 선정적인 편집을 해서는 안 된다.

③ (미확인 사실 과대 편집 금지) 편집자는 출처가 분명하지 않거나 확인되지 않은 사실을 부득이 보도할 경우 과대하게 편집해서는 안 된다.

④ (기고 기사의 변경 금지) 편집자는 사외 기고 기사의 경우 기고자의 동의 없이 기사의 실체적 내용을 변경해서는 안 된다.

⑤ (기사의 정정) 편집자는 사실의 오류를 발견하거나 독자가 잘못된 사실의 정정을 요구할 경우 그 내용을 신속히 그리고 뚜렷하게 게재해야 한다.

⑥ (관계 사진 게재) 보도 사진은 기사의 실체적 내용과 직접적으로 관련을 가져야 하며 그것을 사진 설명으로 밝혀야 한다. 다만 부득이한 경우 기사와 간접적 관련이 있는 사진을 사용할 수 있되 그 사실을 밝혀야 한다.

⑦ (사진 조작의 금지) 편집자는 보도 사진의 실체적 내용을 삭제, 첨가, 변형하는 등 조작해서는 안 된다. 다만 편집의 기술적 편의를 위해 부득이한 경우 최소한의 조작 기법을 사용할 수 있되 그 사실을 밝혀야 한다.

제11조 명예와 신용 존중

언론인은 개인과 단체의 명예나 신용을 훼손하는 보도 및 평론을 해서는 안 된다.

① (개인의 명예·신용 훼손 금지) 기자는 오보, 부정확한 보도, 왜곡 보도, 그리고 공익과 무관한 사실 보도 등으로 개인이나 단체의 명예나 신용을 훼손해서는 안 된다.

② (저속한 표현에 의한 명예훼손) 기자는 개인이나 단체를 저속하게 표현하여 명예를 훼손해서는 안 된다.

③ (사자의 명예 존중) 보도와 평론은 사자의 명예를 부당하게 훼손해서는 안 된다.

제12조 사생활 보호

언론인은 공익을 위해 부득이 필요한 경우를 제외하고는 개인의 사생활을 보도·평론해서는 안 된다.

① (사생활 영역 침해 금지) 기자는 개인의 주거 등 사생활 영역에 허락 없이 침

입해서는 안 된다.

② (전자 개인 정보 무단 검색 등 금지) 기자는 컴퓨터 등 전자 통신기에 입력된 개인 정보를 소유주나 관리자의 승인 없이 검색하거나 출력해서는 안 된다.

③ (사생활 등의 사진 촬영 및 보도 금지) 기자는 개인의 사생활, 사유물, 개인에 속한 기타 목적물을 동의 없이 촬영하거나 취재 보도해서는 안 된다. 다만 공인의 경우는 예외로 한다.

④ (공인의 사생활 보도) 언론인은 공인의 사생활을 보도·평론하는 때에도 절제를 잃지 않도록 경계해야 한다.

제13조 어린이 보호

언론인은 어린이의 건전한 인격 형성과 정서 함양을 위해 노력해야 하며 특히 음란하거나 폭력적인 유해 환경으로부터 어린이를 보호해야 한다.

① (어린이 취재 보도) 기자는 부모나 기타 보호자의 승인 없이 어린이(13세 미만)를 대상으로 인터뷰나 촬영을 해서는 안 된다. 또한 기자는 학교장이나 유치원장 등 보호 책임자 동의 없이 어린이를 접촉하거나 촬영을 해서는 안 된다.

② (성범죄와 어린이 보호) 기자나 편집자는 어린이나 어린이의 가족이 성범죄에 연루된 경우 그 어린이의 신원을 밝혀서는 안 된다.

③ (유괴 보도 제한 협조) 기자나 편집자는 어린이가 유괴된 경우 무사히 생환하는 데 모든 협조를 다해야 하며 특히 유괴된 어린이가 범인의 수중에 있는 때에는 가족이나 수사기관의 보도 제한 요청에 응해야 한다.

④ (유해 환경으로부터의 어린이 보호) 언론인은 폭력, 음란, 약물 사용의 장면을 미화하거나 지나치게 상세하게 보도하여 어린이에게 유해한 환경을 조성하지 않도록 특별히 경계해야 한다.

제14조 정보의 부당 이용 금지

기자는 취재 과정에서 얻은 정보를 본인, 친인척 또는 기타 지인의 이익을 위해서 사용하거나 다른 개인이나 기관에 넘겨서는 안 된다.

① (기자 본인 및 친인척의 소유 주식에 관한 보도 제한) 기자는 본인, 친인척 또는 기타 지인이 이해관계를 갖는 주식 및 증권 정보에 관해 보도해서는 안 된다.
② (소유 주식 및 증권의 거래 금지) 기자는 주식 및 증권 정보에 관해 최근에 기사를 썼거나 가까운 장래에 쓰고자 할 때 그 주식이나 증권의 상업적 거래에 직접 또는 간접적으로 참여해서는 안 된다.
③ (부동산 등 부당 거래 금지) 언론인은 취재 및 기타 언론 활동에서 얻은 정보를 부동산 거래 등 기타 사사로운 이익을 위해 이용해서는 안 된다.

제15조 언론인의 품위

언론사와 언론인은 언론의 사회적 공기성에 합당하는 높은 직업적 기준을 준수함으로써 공인으로서의 품위를 지켜야 한다.

① (금품 수수 및 향응 금지) 언론사와 언론인은 취재, 보도, 평론, 편집에 관련하여 이해 당사자로부터 금품, 향응, 무료 여행 초대, 취재 여행의 경비, 제품 및 상품권, 고가의 기념품 등 경제적 이익을 받아서는 안 된다. 다만 서평을 위해 받은 서적은 예외로 하며 제품 소개를 위해 받은 제품은 공공 목적을 위해 사용해야 한다.
② (부당한 집단 영향력 행사 금지) 기자는 공동 취재나 친목 또는 직업적 공동이익을 위한 목적 이외에 단체를 구성하거나 활동해서는 안 되며 출입처와 기업 등 취재원에 대해 집단적 영향력을 행사해서는 안 된다. 특히 이들 취재원으로부터 금품이나 부당한 향응을 받아서는 안 된다.
③ (부당한 금전 지불 금지) 언론인은 반사회적 범죄자에게 금전을 제공하는 등 비윤리적 방법에 의해 취재하거나 기타 자료를 취득해서는 안 된다.
④ (기자의 광고 · 판매 · 보급 행위 금지) 언론사는 언론직 종사자(편집자, 기자 등)에게 보급 행위 및 광고 판매를 요구해서는 안 되며 언론직 종사자도 그런 요구를 받아들여서는 안 된다.

제16조 공익의 정의

이 신문윤리실천요강에서 규정하는 공익을 위해 필요한 경우는 다음과 같은 사항을 포함한다.

① (국가 안전 등) 국가의 안전 보장, 사회질서 유지, 공공복리를 위해 부득이한 경우
② (공중 안녕) 공중의 보건과 안전 및 환경 보존을 위해 부득이한 경우
③ (범죄의 폭로) 반사회적 범죄 또는 중대한 비윤리적 행위를 방지하기 위해 부득이한 경우
④ (공중의 오도 방지) 개인이나 단체의 성명 또는 행동으로 공중이 오도되는 것을 막기 위해 부득이한 경우

한국신문협회, 한국신문방송편집인협회, 한국기자협회는 개정된 신문윤리강령 및 실천요강을 승인, 준칙으로 삼는다.

노무현 정권과 '누더기 언론 개혁'이 남긴 과제

2002년 12월. 한국 대통령 선거에서 노무현 후보가 이회창 후보를 꺾고 당선이 확정되었을 때, 대다수 한국인들은 그것을 '이변'으로 받아들였다. 대하소설 『태백산맥』을 쓴 작가 조정래가 '이것은 혁명'이라고 감동했을 정도다.

노 후보의 당선은 한국 언론에도 큰 충격이었다. 한국에서 발행 부수 1, 2, 3위를 기록하며 여론 시장을 독과점 해 온 조선일보, 동아일보, 중앙일보가 노골적으로 이회창 후보를 지원하는 편파 보도를 했는데도, 그가 낙선했기 때문이다. 세 신문의 처지에서 보면 이는 1997년 선거에 이은 실패로서, 그들이 자신해 왔던 여론 지배력 또는 여론 형성력의 한계를 명확하게 드러냈다는 의미를 지닌다.

더구나 노 후보는 대통령 선거 과정에서 신문 개혁에 강력한 의지를 보였다. 가령 그는 2002년 4월 6일 집권 여당 대선 후보 경선 연설에서 "조선일보, 동아일보가 언론사 소유지분 제한에 대한 나의 주장을 포기하라고 했지만 굽히지 않았다"고 밝히며 "나는 언론에 고개 숙이지 않을 것이고 끝까지 맞서 싸울 것"이라고 공언했다.

노 후보는 여론 시장을 독과점 함으로써 한국 정치인들에게 '사활적 영향'을 끼치고 있던 신문사와 서슴없이 논쟁을 벌이고, '언론 개혁'에 적극적 의지를 보임으로써 유권자들에게 소신이 분명한 '진보적 후보'의 이미지를 심을 수 있었다.

하지만 노무현 후보에 덧씌워 있었던 진보적 이미지는 현실과 부닥치면서 집권 직후부터 급속도로 퇴색했다. 언론 개혁을 주장했던 그의 목소리 또한 큰 변화를 겪었다. 집권 초기에 노 정권은 정부와 언론 사이의 '관행'을 개선하는 데 역점을 두었다. 2003년 3월 3일, 청와대는 '정례 브리핑제 도입, 출입 기자 등록제 실시, 개방형 기자실, 본관 및 비서동의 기자 출입 금지'를 뼈대로 한 '청와대 기자실 개방과 운영 계획'을 발표했다. 이어 3월 14일 문화관광부 이창동 장관이 '문광부 홍보 업무 운영 방안'을 기자간담회 형식으로 발표했다. 출입 기자 등록제 실시와 개방형 브리핑 룸 설치는 청와대의 조처와 크게 다르지 않았다.

물론, 노 정권이 종래 권언유착을 낳게 한 취재 관행을 개선하겠다는 정책적 의지를 보인 것은 긍정적인 평가를 받을 일이다. 하지만 신중하지 못한 접근으로 공연한 오해와 갈등을 불러일으켰다. 이를테면 공무원들에게 '취재 응대 후 보고 의무' 조항을 둠으로써 언론으로부터 거센 비판을 받았다. 결국 그 조항은 스스로 철회하고 말았지만 후유증은 컸다. 저널리즘 관행 차원의 문제점을 둘러싸고 정부와 주요 언론사 사이에 대립이 불거지면서, 정작 언론 개혁의 여론을 형성해 가는 데 실패했다.

2003년 8월 2일 노 대통령은 장·차관과 고위 참모들이 참석한 국정 토론회에서 언론 개혁에 대한 자신의 구상을 밝혔다. 노 대통령은 "언론제도에서 중요한 것은 언론이 공익적 사업이나 다름없으므로 더욱 더 공정한 시장 경쟁 원칙을 지켜야 한다는 것"이라고 말했다. 이는 '시장의 자유'를 내세워 언론 외부로부터의 어떤 개입도 반대해 온 조선일보, 동아일보, 중앙일보의 논리를 반박하는 발언이었다. 실제로 이날 노 대통령은 "언론을 시민 선택에 맡기라는 말이 있으나,

공정한 경쟁이 되고 난 후 시민 선택에 맡겨야 하며 이미 법(공정거래법)이 있으므로 법을 단호히 집행해야 한다"고 강조했다. 더 나아가 그는 "공정한 의제, 정확한 정보, 냉정한 논리가 언론 기능인데 언론이 제대로 못하고 있다"면서 "개별 보도에 대해선 각 부처가 적극 대응해 나가되 민사소송까지 나설 수 있도록 전문 기관이 필요하고, 예산이 필요하다"고 밝혔다.

하지만 노 대통령은 언론 현업인들의 조직인 전국언론노동조합과 한국기자협회, 그리고 시민 언론 운동 단체들이 줄기차게 요구한 언론 개혁의 핵심 사안에 대해서는 다음과 같이 선을 그었다.

"편집권과 인사권, 지배 구조 이런 문제의 제도 개선은 어떤 정부에도 너무 벅찬 일이어서 보류할 수밖에 없고, 언론과 시민사회가 하도록 기다리고, 시민대표 기관인 국회가 있으므로 정부가 나서지 않는 게 좋겠다고 지금까지 판단했다."

노대통령의 발언은 앞서 2002년 3월 민주당 내 대선 후보 경선 과정에서 한국기자협회의 설문조사에 비해 명백히 후퇴한 것이다. 당시 노 후보는 편집권 독립과 언론사 소유 지분 제한에 모두 찬성했다. 언론사에 대한 세무조사도 정례화하고 언론사 경영지표도 공개하는 데 찬성했다.

노 대통령의 생각이 바뀌고 있는 게 이미 감지되었지만, 아니 바로 그렇기에, 더더욱 민주 언론운동 단체들은 언론 구조를 민주화하는 입법 운동에 나섰다. 전국언론노조와 시민 언론 운동 단체의 연대 기구인 언개련은 2004년 9월 기존 〈정기간행물의 등록 등에 관한 법률〉(이하 정간법)을 대체하는 〈신문 등의 기능 보장에 관한 법률〉 입법청원안을 낸 데 이어, 열린우리당과 민주노동당이 10월, 한나라당이 11월 각각 독자적인 신문법안을 발표했다.

이들 네 개 법안은 기존 정간법을 대체해 신문에 관한 종합법의 기틀을 세운다는 공통적인 취지를 담았다. 하지만 정당별로 법안의 방향은 큰 차이가 있었다.

이를테면 한나라당은 열린우리당과 언개련, 민주노동당의 신문법안에 대해

1980년 전두환 정권이 언론을 통제하기 위해 만든 언론기본법보다 더 악법이라고 몰아쳤다. 법조인 출신 의원들로 구성된 한나라당 법률지원단(단장 장윤석)은 11월 22일 공식적으로 "열린우리당의 언론관계법은 자유민주주의 실현 요체인 언론·출판의 자유를 심각하게 침해하고 정부가 이를 간섭·통제하는 반민주 언론 악법"이라고 주장했다.

한나라당은 그 근거로 열린우리당 신문법안에서 시장 지배적 사업자 규정이 헌법 제11조(평등 원칙)와 헌법 제21조(언론·출판의 자유), 헌법 제119조(시장경제질서 원리)를 침해하고 있다고 강조했다. 편집위원회 설치 및 편집규약 마련도 헌법 제21조(언론·출판의 자유)와 헌법 제15조(직업의 자유)를 침해하고 있다며 반대했다.

하지만 한나라당이 위헌이라며 격렬하게 반대한 열린우리당의 입법안은 정작 민주 언론 운동 단체들이 줄기차게 요구해 온 '신문사의 소유 지분 분산' 규정이 실종된 법안이었다. 열린우리당 의원들은 '핵심 조항'을 외면한 이유에 대해 "한나라당이나 세 신문과 불필요한 마찰을 줄이기 위해 뺐다"고 스스럼없이 설명했다.

반면에 민주노동당이 제출한 신문법안은 민주 언론 운동 단체의 요구를 반영해 신문사의 소유 지분 상한선을 설정함으르써 1인 사주에 의해 편집 방향이 결정되어 온 한국 저널리즘의 오랜 문제점을 해소하는 길을 열게 했다. 기실 소유 지분 제한은 신자유주의가 성행하고 있는 오늘의 '기준'에서 볼 때, 선뜻 납득하기 어려운 사안일 수 있다. 하지만 소유가 분산되거나 소유와 경영, 편집이 분리된 유럽, 일본, 미국 언론들과 달리 소유가 특정 가문에게 집중된 조선일보, 동아일보, 중앙일보에서 사주가 편집권을 자의적으로 행사해 온 게 엄연한 사실이다.

그럼에도 사주의 부당한 개입으로부터 편집국의 자율성을 보장하려는 최소한의 장치인 편집위원회 설치 및 편집규약 마련을 두고서도 큰 갈등이 불거졌다. 한나라당은 편집권은 발행인의 권한이라는 논리에서 편집규약 법제화는 세계적으로 유례가 없는 위헌 조항이며 신문사 자율에 맡겨야 한다고 주장했다.

결국 2005년 1월 1일 새벽. 국회 본회의에서 〈신문등의자유와기능보장에관한법률〉(이하 신문법)이 통과됐다. 재석 244에 찬성 133, 반대는 99였다. 열린우리당과 한나라당이 '합의'해 통과시킨 신문법에는 언론 개혁의 핵심인 신문사의 소유 분산에 대해 언급조차 없다. 1인 사주의 절대 권력을 제한하지 않은 '편집 독립'의 한계는 더 말할 나위 없을 터이지만 그나마 편집위원회·편집규약·독자 권익위원회 설치조차 의무 조항이 아닌 '권고 조항'으로 합의했다. 결국 오랜 세월 군부독재와 결탁해오면서 사세를 확장해 온 신문사주들의 편집권 장악을 개혁하는 과제에 신문법은 전혀 다가서지 못한 셈이다.

2004년 봄 탄핵 정국 뒤 민주 시민의 도움으로 과반 의석을 지니게 된 열린우리당의 무능과 의지 결핍이 빚은 '누더기 개혁입법'이었다. 열린우리당 문화관광위 의원들이 기자회견을 열고 소유 구조를 개혁하겠다고 공언했던 모습에 비교하면 극히 실망스러운 수준의 입법이다.

기실 기존의 정기간행물법의 대체입법인 신문법은 '반쪽 입법'이라고 평가하기에도 부족할 만큼 핵심 조항들이 빠져 있다. 누더기 입법임이 분명하지만 언론 개혁 운동의 성과가 전혀 담겨 있지 않은 것은 아니다. 대표적인 '성과'가 신문발전위원회와 신문발전기금, 신문유통원의 규정이다.

이미 신문법 제정에 앞서 2004년 3월 22일에 〈지역신문발전지원특별법〉이 6년 한시법으로 제정되었다. 신문 경영의 열악한 환경으로 생존 자체가 위협받고 있는 지역 신문사에 대한 지원을 목적으로 한 법이다. 그해 11월 8일에 〈지역신문발전지원법〉 제7조에 따라 지역신문발전위원회가 구성되어 지역신문에 대한 기금 지원 사업을 벌이고 있다.

지역신문발전위원회의 구성과 활동은 신문발전위원회와 신문유통원과 더불어 저널리즘의 개혁과 발전을 위한 법제화의 성과라는 점 또한 분명하다.

신문발전위원회는 한시적 기구인 지역신문발전위와 달리 중앙일간지를 포함해 신문 산업 전반을 지원하는 기구다. 신문법 제정에 따라 2005년 10월 31일 출범했다. 신문법 제27조는 여론의 다양성을 보장하고 신문 산업의 진흥을 위한 업무를 지원하며, 신문발전기금을 관리·운영하기 위하여 문화관광부에 신문발전위를 설치하도록 규정하고 있다. 신문발전위는 여론의 다양성 보장과 신문 산업 진흥을 위한 계획·정책에 관한 자문, 신문 발행 부수 등의 신고·검증 및 공개에 관한 업무, 신문발전기금의 조성과 운용에 관한 기본 계획의 심의·의결 및 동 기금의 관리·운용, 신문발전기금 지원대상의 선정 및 지원 기준의 심의·의결, 여론의 다양성 보장과 신문 산업의 진흥을 위한 교육·연구·조사, 그리고 그 밖에 위원회의 목적 수행을 위하여 필요한 사항 등을 수행한다(신문법 제29조).

신문발전위는 위원장과 부위원장을 포함하는 임기 3년의 위원 아홉 명으로 구성된다(신문법 제28조). 위원은 국회의장 추천 2인, 한국신문협회, 전국언론노조, 한국 언론학회 및 시민 단체가 추천한 6인을 포함한다. 위원은 언론에 관한 식견이 있는 사람 가운데 문화관광부 장관이 위촉하며, 여성이 참여해야 한다.

신문법은 신문 등 정기간행물 및 인터넷 신문의 진흥을 위하여 위원회에 신문발전기금을 설치하도록 규정하고 있다(제33조). 신문발전기금은 정부의 출연금, 다른 기금으로부터의 전입금, 개인 또는 법인으로부터의 출연금 및 기부금품, 기금의 운용으로 생기는 수익금, 그 밖에 대통령령이 정하는 수입금을 재원으로 한다.

신문발전기금의 용도는 여론의 다양성 촉진과 신문 산업 및 인터넷 신문의 진흥을 위한 사업, 독자 권익 보장을 위한 사업, 신문 유통 구조 개선을 위한 사업, 언론 공익 사업, 그 밖에 대통령령이 정하는 사업 등이다(신문법 제34조). 신문법 시행령 제26조는 그밖에 소외 계층 등에 대한 구독료 지원 사업과 언론 보도 피해자 상담 및 피해 구제에 관한 사업으로 규정하고 있다.

신문법은 또 무료로 제공 또는 발행되는 정기간행물의 사업자와 시장 지배적 사업자에 대해서는 기금을 지원하지 못하도록 규정했다(여기서 시장 지배적 사업자란 1개 사업자의 시장점유율이 전년 12개월 평균 전국 발행 부수의 100분의 30 이상에 해당할 경우나 세 개 이하 사업자의 시장점유율의 합계가 전년 12개월 평균 전국 발행 부수의 100분의 60 이상일 경우의 사업자를 말한다. 하지만 시장 지배적 사업자를 규정한 신문법 제17조는 2006년 6월 헌법재판소의 위헌 결정으로 무효가 되었다).

아울러 신문법 시행령 제27조는 독자권익위원회 설치와 정기적 운영, 편집위원회 설치와 정기적 운영, 편집규약의 제정과 정기적 운영, 상업 광고가 정기간행물 등의 연간 평균 발행면의 50%를 넘지 아니하는 자, 그리고 〈독점규제및공정거래에관한법률〉(이하 공정거래법)의 일부 규정을 위반한 사실이 없는 자 중 어느 하나의 조건을 충족시키는 신문사에 대하여 우선적으로 기금을 지원할 수 있도록 했다.

신문유통원은 독자들이 폭넓게 신문을 선택할 수 있는 권리를 보장하기 위해 신문법 제37조 규정에 따라 신문의 공동 배달, 잡지 및 기타 간행물의 배달, 신문 수송의 대행을 담당하기 위하여 설립한 법정 기구다. 신문유통원의 운영 경비는 국고에서 지원할 수 있도록 법에 규정되어 있으며, 국회의 의결을 통해 확보된 2006년도 예산은 100억 원이다. 신문유통원은 2006년 3월 15일 개원식을 갖고 공식 활동에 들어갔다.

신문유통원이 전국적 보급망을 설립해 효율적으로 운영하면 자본력이 부족한 신문사들도 얼마든지 독자들에게 다가갈 수 있다. 비단 독자의 선택권을 넓히는 데만 신문유통원의 유용성이 있는 것은 아니다. 신문 공동 배달을 통해 각 신문사가 부담해야 할 배달 비용을 크게 줄임으로써 갈수록 심각해지고 있는 신문 경영의 위기도 해소하는 데 도움이 될 수 있다. 게다가 경품과 무가지 살포로 독자를 '매수'하고, 자사 신문의 판매 부수를 부풀리는 신문 시장의 혼란상을 바로잡을 수 있다.

언론 개혁 운동이 풀어 가야 할 과제는 아직 많다. 당장 신문발전위원회와 지역신문발전위원회, 신문유통원, 그리고 한국 언론재단으로 신문 관련 기구들이 업무가 겹치고 있다. 각각의 입법이 먼저 언론 개혁의 큰 틀을 마련함이 없이 그때그때 요구에 따라 이뤄진 탓이다. 법적 재정비가 필요한 까닭이다.

어차피 신문법은 개정이 불가피한 상황이다. 신문법이 통과되자 조선일보와 동아일보가 헌법재판소에 낸 헌법 소원에서 부분 위헌 결정이 났기 때문이다. 이 결정을 두고 조선일보, 동아일보는 물론 중앙일보까지 마치 신문법 전체가 위헌 결정이라도 난 듯이 부풀려 보도했지만 이 또한 전형적인 왜곡 보도에 지나지 않는다. 2006년 6월 29일에 내린 헌법재판소 결정문을 찬찬히 읽어만 보더라도 진실을 확인할 수 있다. 헌법재판소는 위헌 청구된 34개 조문 가운데 오직 네 개 조문(일부만 해당된 경우도 포함)에 위헌을 결정하고 나머지에 대해서는 합헌 결정을 내리거나 기각 또는 각하했다. 위헌 결정을 받은 조문 가운데 가장 논란이 많았던 조항은 시장 지배적 사업자 규정이다. 앞서 언급한 신문발전위원회나 신문유통원을 비롯해 언론관계법의 기본 틀과 핵심 조항들은 모두 합헌으로 결정났다.

기실 헌법재판소 결정으로 무효가 된 시장 지배적 사업자 추정 규정(신문법 제17조)은 애초부터 실효성이 부족한 조항이었다. 신문 한 개사의 시장점유율이 30%, 세 개사의 점유율이 60%를 넘으면 시장 지배적 사업자로 추정하는데, 시장점유율 산정 기준인 '일간신문 전체 발행 부수 대비 3사 발행 부수의 비율'에 의하면 현재 국내 신문 시장을 과점하고 있는 조선일보, 동아일보, 중앙일보 3사의 점유율은 48.3%에 지나지 않기 때문이다.

주시할 것은 헌법재판소가 여론 독과점 방지를 통한 신문의 다양성 확보라는 입법 목적에는 문제가 없다고 본 대목이다. 더구나 헌법재판소의 판결 이전에 이미 언론 운동 단체들은 시장의 범위에 일반 일간신문과 특수 일간신문을 모두 포함한 것에 대해 시장의 동질성이 결여돼 부적절하다고 주장해 온 터였다. 따라서 이 문제에 대해서는 충분한 숙의熟議를 통해 '시장 지배적 사업자'에 대한 합리적 기준을 마련할 수 있을 것이다.

하지만 무엇보다 앞으로 신문법 개정에서 중요한 것은, 누더기 입법을 벗어나는 데 있다. 그 고갱이는 한국 언론 개혁 운동이 줄기차게 요구해 온 신문 소유 구조의 개혁과 그와 긴밀히 연계되어 있는 편집의 자율성 확보다. 그것이 현실화될 수 있는가의 문제는 언론 운동을 벌여 나가는 주체들이 사회 구성원들의 '개혁 여론'을 모으고 '국민적 동의 구조'를 만들어 나갈 수 있느냐에 달려 있다.

바로 그 지점에서 노무현 정권의 언론 정책을 평가할 필요가 있다. 여기서 노무현 정부라 하지 않고 정권이라 하는 이유는 청와대와 여당을 아우른 개념이다. 노 정권은 2004년 탄핵을 거치면서 김대중 정권과 달리 행정부와 입법부를 모두 '장악'했다. 그럼에도 언론 개혁 입법을 누더기로 제정할 수 없었던 이유는 무엇일까.

첫째, 철학의 부재다. 왜 언론 개혁을 하는지 노 정권 스스로 혼란스러운 모습을 보였다. 대통령 스스로 정치적 이해관계가 걸려 있을 때, 언론을 겨냥해 비난의 화살을 쏘아대는 언행은 적잖은 사람에게 대통령의 언론 개혁 목적을 의심케 했다. 언론 개혁이 민주주의의 핵심적 제도인 공론장의 활성화에 있음을 명백히 인식했다면, 적어도 정치적 이해관계가 있거나 정략적 접근으로 오해받을 수 있을 사안에는 언행을 더 조심해야 했다. 민주주의에 대한 깊이와 철학의 부재는 한·미 자유무역협정을 추진하는 과정에서 드러난 의사 결정의 독단성에서도 확인할 수 있다.

둘째, 정치력의 부재다. 개혁은 개혁에 저항하는 기득권 세력의 존재를 전제로 하는 개념이다. 따라서 개혁을 시작할 때 기득권 세력의 저항을 충분히 고려해야 한다. 하지만 노 정권에게 그런 모습은 보이지 않는다. 왜 개혁이 옳은가를 공론화하고 국민적 동의 구조를 형성하는 데 최선을 다해야 할 때에, 오히려 기득권 세력을 자극하는 언행이 잦았다.

언론 개혁을 의제로 삼고 그것에 국민적 공감대를 형성하려면 언론개혁위원회를 만들어 그 안에서 충분히 숙의하고 그 과정을 언론에 공개하는 형태로 나가야 옳았다. 구체적 개혁 정책을 만드는 과정 자체가 국민적 교육이 되고, 그동안 기득권 세력의 대변자인 언론 권력이 얼마나 세상 읽기를 오도했는가를 깨달을 수 있도록 해야 했다.

하지만 그런 과정이 전혀 없이 선언적·선포적으로 언론 개혁을 추진했다. 기득권 세력의 저항에 어떻게 대응할 것인가에 대해 치밀한 전략을 세운 뒤 발표를 해야 할 때, 거꾸로 아무런 준비도 없이 발표부터 하는 전시적·과시적 행태를 보였다. 정치력의 부재는 그대로 의회에서 협상 전략의 부재로 이어져 결국 누더기 신문법을 만들고 말았다.

그 결과다. 집권 말기로 접어들면서 노 정권은 언론 개혁에 참여할 수 있는 '자격'도 잃고 말았다. 철학의 부재는 그들이 개혁하고자 했던 언론 권력과 주요 정책에서 일치하는 양상으로 나타났다. 한나라당과 대연정 제의나 주한미군의 전략적 유연성 합의가 대표적 보기다. 청와대와 열린우리당이 스스로 민중을 탄압하며 여론을 무시하는 상황에서 노 정권이 언론 개혁을 거론한다는 것 자체가 희화가 되었다. 게다가 언론 개혁 운동에 나선 적잖은 시민운동가들이 노 정권에 직접 참여하면서 언론 개혁 운동은 전선조차 불투명해지고 말았다.

바로 그 점에서 한국 저널리즘의 개혁 운동이 걸어갈 길은 아직 멀다. 그 길을 걸어가기 위해 지금 필요한 것은 언론 개혁 운동이 자신의 철학부터 새롭게 다지는 일이다. 저널리즘 개혁 운동에 나선 세력부터 자기 개혁의 성찰이 절실하다. 들메끈을 고쳐 매는 까닭이다.

'민주적 선거 공론장' 만들기

현대 민주주의를 '미디어크라시'mediacracy로 개념화할 만큼, 미디어는 민주주의의 가장 중요한 제도로 논의되고 있다. 대다수 국민과 정치인 사이에 의사소통은 미디어를 통해 가능한 게 엄연한 현실이다.

특히 민주주의의 '꽃'으로 흔히 거론되는 선거 국면에서 미디어의 영향력은 한층 커진다. 미디어의 조명에 따라 정치인의 당락이 많이 좌우되기 때문이다. 선거와 관련된 법과 제도에서 미디어 문제가 중요하게 제기되는 이유도 여기에 있다.

21세기 들어서면서 한국 사회는 금품 살포나 조직 선거에 의한 폐해를 줄이기 위하여 후보들의 유권자 직접 접촉을 제한하고 미디어를 이용한 선거운동을 확대하는 방향으로 선거법을 개정해 왔다. 중앙선거관리위원회는 선거 자금의 수요를 줄이면서 그 비용을 세금으로 충당해 불법 자금의 유입을 차단하고 공영 선거를 확대한다는 의도 아래 '미디어 선거'를 적극 도입했다.

따라서 미디어 선거와 그를 뒷받침하고 있는 선거법이 오히려 선거 공간에 가장 중요한 의견과 토론의 활성화를 가리틀고 있는 현실은 자가당착이 아닐 수 없다. 그 자가당착의 상징적 보기가 '언론의 후보자 공개 지지'Media Endorsement를 현행 선거법이 금지한 대목이다.

언론의 후보 지지 문제에 대해서는 언론학계는 물론이고 언론계 안팎에서 풍부한 논의가 이뤄졌다. 2002년 1월에 〈오마이뉴스〉가 그해 12월 대통령 선거에서 특정 후보 지지를 공개적으로 밝히겠다고 나서면서 논쟁이 활발해졌지만, 이미 그 이전에도 저널리즘 연구자들에 의해 후보자 공개 지지의 필요성이 조심스럽게 제기되었다. 이를테면 강명구는 14대 총선(1992년) 보도를 분석한 논문에서 "사설을 통해 적극적으로 지지 정당을 각 신문이 공표하고 기사를 통해서는 최소한의 보도 윤리(정확성과 균형성)을 준수하는 기사 작성을 하는 방식을 심각하게 고려해 볼 수 있을 것"(『한국저널리즘이론』, 나남, 1994)이라고 제안했다. 물론, 쟁점이 본격적으로 불거진 것은 〈오마이뉴스〉의 '도발적 문제 제기'가 있고 난 뒤였다. 지상파 방송사가 텔레비전 토론 주제로 삼으면서 여러 차례의 토론회와 세미나가 열렸다.

한국기자협회가 언론의 특정 후보 지지에 대한 찬반 논리와 외국의 사례를 기관지인 『기자협회보』에 자세히 소개한 데 이어, 관훈클럽은 정치부장 세미나의 주제로 삼았다. 관훈클럽 세미나에서 발제를 한 임상원은 신문이 선거 방송 토론회 등을 단순 보도하는 형태에서 벗어나 적극적으로 토론 결과를 평가하고 사설을 통해 특정 정책에 대한 지지 여부를 밝힐 때가 됐다는 논리를 폈다.

새언론포럼과 한국언론정보학회가 주관한 토론회에서는 주제 발표를 맡은 학계와 현장 언론인 사이에 찬반이 또렷하게 갈라졌다. 이효성이 언론의 특정 정당 지지 후보 공개를 반대하는 논리를 조목조목 반박한 데 비해, 동아일보 기자 안기석은 한국 언론의 편집권 독립이 이루어지지 않은 현실에서 '시기상조론'을 폈다.

국회 '언론발전연구회'가 같은 주제로 연 토론회에서 발표한 박영상은 신문이 '우연한 관찰자'의 시각에서 선거 관련 뉴스를 만들기보다는 설명과 더불어 평가하고 분석함으로써 유권자들의 판단을 돕는 '적극적 개입자'여야 한다면서 '전향적 검토'가 필요하다고 밝혔다.

이처럼 대통령 선거가 열린 2002년 한 해 동안 언론의 특정 정당 및 후보 지지가 사회적 쟁점으로 부각되었고, 대체로 이에 찬성하는 의견들이 지배적이었으나 결국 선거법 개정으로 이어지지 못했다. 그리고 문제를 제기한 〈오마이뉴스〉도 애초 방침을 철회함으로써 문제는 다시 수면 아래로 잠복했다.

그러다가 2004년 4월 총선을 맞아 선거일을 앞두고 다시 쟁점으로 불거졌다. 이에 대해 김재영은 "국회의원 총선거일이 불과 이틀밖에 남지 않은 시점에 이 문제를 새삼스럽게 거론하는 것 자체가 실효성 측면에서 '공연한 헛소동'much ado about nothing일 수 있다"면서도 그 근본 원인이 우리 선거 보도의 '고질병'인 불공정 편파 보도에 있다고 분석했다. 실제로 편파 보도는 17대 총선 보도에서도 재현되었거나 더 심화되었다.

지금까지 소개한 기존 연구들은 후보자 공개 지지 문제에 대해 더 이상의 논의가 필요할까 싶을 만큼 구체적 쟁점까지 다루었다. 텔레비전 토론이 진행되는 과정에서 쟁점으로 불거졌기 때문인지 연구 논문들은 대부분 찬반 논리를 중심에 놓고 있다. 여기서 논의의 진전을 위해 지금까지 연구 성과를 찬반양론으로 나누어 간추리면 다음과 같다.

먼저 후보 공개 지지에 부정적인 논리는 두 가지로 분류할 수 있다. 한국 언론 내부의 문제점과 언론 외부적으로 정당과의 관계에서 나타나는 문제점이다. 언론 내부의 문제점은 다시 언론사 사이의 문제와 각 언론사의 문제, 두 가지로 나누어진다.

언론사 사이에서 나타나는 문제는 이념적 성향이 다른 언론 사이에 균형이 이루어지지 못했기에 후보 지지는 '시기상조'라는 지적이다. 기득권 성향 신문들과 진보적 성향 신문 사이에 신문의 숫자와 영향력이 비슷해야 하는데, 현실은 그렇지 못하다는 것이다. 실제로 편집 성향이 거의 같은 조선일보, 동아일보, 중앙일보사가 전체 신문 시장의 70% 안팎을 독과점하고 있고 그 영향력도 막대하다. 반면에 진보를 지향하는 신문은 시장 지배력에서 절대적인 열세에 있다. 이런 상황에서 신문들로 하여금 후보에 대한 공개 지지를 허용하면, 후보에 대한 신문들의 지지가 균형을 이루지 못해 결국 공정 선거를 이룰 수 없다는 주장이다.

각 언론사의 문제는 언론 내부에서 빚어진다. 대다수 언론사, 특히 앞서 언급한 신문 시장을 독과점한 신문사들의 내부가 편집권 독립이 이루어지지 않았기에 사주의 영향력이 그대로 지면에 관철된다는 주장이다. 따라서 후보 지지를 법으로 보장할 때 여론 시장을 독과점한 언론들은 기득권 세력의 후보를 지지하게 되고 결국 그들의 당선이 유력해질 수 있다는 논리이다.

언론사의 문제 못지않게 큰 문제점은 한국 언론과 정당과의 관계에서 나타난다. 권언유착의 우려가 그것이다. 집권 세력과 친밀한 관계를 맺고 이권을 챙기려는 우리 신문들의 기회주의적 성향에 대한 우려 때문에 후보 지지가 바람직하지 않다는 지적이다. 한국 언론이 신문사주의 이익이나 사세 확장을 위해, 또는 언론인들이 '입신양명'을 위해, 집권자나 집권 세력과 유착 관계를 형성해 온 것은 명백한 사실이다. 따라서 후보 지지가 '우세자 편승 효과'bandwagon effect만을 불러일으키고 언론과 유력 후보 사이의 유착만 강화시킬 것이라는 우려를 제기한다.

또 다른 논자는 오랜 세월의 권언유착으로 우리 사회의 토론 민주주의 수준이 크게 미흡한 점을 든다. 가령 정부·여당에 반민주적인 '색깔 공세'를 펴면서도 스스로 "야당지"를 자처하거나 "할 말은 하는 신문"이라고 독자들에게 공언하고 있는 게 한국 언론의 현실이라는 것이다. 반면에 여당의 후보를 지지하면, '아직 토론 민주주의 수준이 낮은 상황'에서 자칫 '기관지'로 규정될 가능성이 높다는 주장이다.

따라서 어떤 형태로든 언론의 특정 후보 지지 선언은 권력과 유착으로 보이게 된다. 언론이 지지한 후보가 여당이면 '어용'이라는 비난을 받기 십상이고, 야당이면 야당과의 유착으로 인해 정부·여당과의 '갈등'을 각오해야 하며 선거가 끝나면 보복 가능성도 있다는 논리다. 또 후보에 대한 신문의 판단 기준이 인물 중심이 되어 지연, 학연, 신문사의 이해관계 그리고 경우에 따라서는 담합이나 흥정, 매수 등 뒷거래에 의존할 가능성이 크다는 분석이다.

이에 대해 후보 지지에 찬성하는 논리를 반대 논리에 따라 정리하면 다음과 같다.

먼저 언론 내부 문제부터 살펴보자. 찬성론은 한국 언론이 비단 후보 지지를 표명하지만 않을 뿐, 지금까지 줄곧 특정 후보를 사실상 지지해 왔다는 논리를 전개한다. 실제로 신문 시장을 독과점하고 있는 세 신문사가 선거 때마다 어느 정당, 어떤 후보를 지지해 왔는지는 두루 알려진 사실이다. 우리 사회에 '신문 권력'이나 '언론 권력' 또는 '선출되지 않은 권력'이라는 개념들이 언론학계와 언론 현장 안팎에서 나온 것도 이 때문이다.

따라서 언론사 사이의 문제든, 언론사 내부의 문제든 특정 후보 지지를 밝히는 것으로 인해 나타나는 반대론자들의 '우려'는 실제로는 이미 현실로 나타나고 있다는 게 찬성론의 주요 논리이다. 오히려 음성적인 지지를 공개적으로 드러냄으로써 적어도 독자를 기만하지 않을 수 있고, 공개 지지에 따른 문제점이 있다면 하나하나 개선해 나갈 수 있다는 것이다. 따라서 우리 언론도 미국과 유럽의 대다수 나라가 그렇듯이 언론으로 하여금 선거 시기에 특정 정당이나 후보를 공개적으로 지지할 수 있도록 허용하자는 목소리가 크다.

다음으로 언론과 정당과의 관계에서도 특정 정당이나 후보에 대한 지지가 오히려 권언유착을 청산하는 계기가 될 수 있다는 분석이다. 특정 후보를 지지하면서도 겉으로는 '불편부당'을 강조함으로써 '권언유착'을 심화시켜 왔던 역사적 사실을 되돌아 볼 필요가 있다. 게다가 1987년 6월대항쟁 뒤 시민사회가 성숙하면서 언론에 대한 감시 운동이 활발해졌기 때문에 언론이 특정 정당 지지를 공표할 때 오히려 '은밀한 유착'을 막을 수 있다는 분석이다.

가령 특정 정당을 지지했을 때 선거 결과가 나온 뒤 나타날 수 있는 두 가지 경우를 모두 검토해 보아도 결론은 같게 나온다. 특정 신문이 지지한 후보가 권력을 얻을 때를 가정해 보자. 권력을 얻은 세력은 시민사회의 감시 때문에 그 신문에 어떤 특혜도 줄 수 없게 된다. 오히려 지금과 같이 '불편부당'의 편파성이라는 이중성으로 지지할 때 어떤 특혜가 오갈지 모른다. 언론 보도 또한 마찬가지다. 특정 후보를 지지했을 때 선거 과정에서 보도의 진실성과 공정성에 더 주의를 기울일 수밖에 없음은 물론이고 당선된 뒤에도 책임감을 갖고 후보에 대한 감시를 할 수밖에 없다.

거꾸로 특정 신문이 지지한 후보가 낙선했을 때도 마찬가지다. 집권한 반대쪽 후보는 시민사회의 눈을 의식해서라도 그 신문에 압력을 행사하기 힘들다. 신문사 또한 자신이 선거에서 반대한 후보라는 사실을 시민사회가 알고 있기 때문에 권력에 대한 비판에 한층 더 진지할 수밖에 없다.

지금까지 살펴본 찬반 논리의 분석에서 나타났듯이 언론의 특정 후보 및 정당 지지에 대한 반대론은 현실 설명력이 부족한 게 사실이다. 찬반 논리를 분석해 보더라도 반대론의 논거가 찬성론에 비해 약하다는 사실을 발견할 수 있다. 기실 반대론자들의 반대도 원칙적 반대이기보다는 '시기상조론'에 기울어 있다.

문제는 풍부한 논쟁들이 우리의 선거 현실에 아무런 변화도 주지 않았다는 사실에 있다. 무엇 때문일까. 사회과학의 실천적 관심이 현실을 정확히 분석하는 것 못지않게 이를 바탕으로 현실을 변화시키는 데 있다면, 특정 후보 공개 지지의 문제를 둘러싼 기존의 연구 성과들 위에서 현실적 대안을 마련하기 위해서는 문제를 재구성해 볼 필요가 있다.

저자는 후보 공개 지지 문제가 찬반 논의 자체 못지않게 논의의 마당場이 중요하다고 생각한다. 문제의 핵심은 선거법을 개정하느냐 아니냐에 있지 않고 선거법이 개정되든 되지 않든 대다수 신문사들이 지지 후보를 공개적으로 밝힐 가능성이 거의 없다는 데 있기 때문이다. 논리적으로 아무리 후보 지지의 찬성론이 설득력 있다고 하더라도 현실의 전개 과정은 이와 동떨어져 있는 것이다.

선거법을 개정하더라도 강제 조항이 없는 한 언론사들은 공개적으로 지지 후보를 밝히지 않을 가능성이 대단히 높다. 그렇다고 지지를 밝히라고 강제 조항을 두는 것은 언론 자유에 대한 원천적 훼손이다. 그렇다면 문제는 다음과 같이 재구성해야 한다.

1. 한국 언론은 왜 특정 후보 지지 쟁점에 소극적인가.
2. 그럼에도 선거법을 개정해야 할 논리적 근거는 무엇인가.
3. 그렇다면 누가 선거법 개정의 주체인가.

아울러 그 현실을 바탕으로 장기적 과제와 단기적 과제를 나누어 분석해야 한다. 언론의 후보 공개 지지 여부를 쟁점화하는 이유도 미디어 선거가 지닌 문제점들을 극복해 가는 데 있고, 더 나아가 한국 민주주의의 발전에 그 목적이 있기 때문이다. 세 가지 문제를 차례로 분석해 보자.

선거 보도의 이중성 : 불편부당의 편파성

후보 지지 쟁점을 두고 논쟁이 달아올랐으나 정작 여론 시장을 독과점한 신문사들은 전혀 동요하지 않았다. 한국 저널리즘은 왜 특정 후보 지지 쟁점에 소극적인가라는 문제를 제기하는 이유도 여기에 있다.

한국 언론이 후보 지지라는 자신의 문제에 무심한 까닭은 명쾌하다. 한국 언론은 이미 특정 후보나 특정 정당을 지지하고 있기 때문이다. 이는 17대 선거 공간에서 한국 언론이 생산해 낸 뉴스들을 분석해 보더라도 확연히 드러난다.

전국 222개 시민 단체가 주축이 된 '2004 총선 미디어감시 국민연대'가 낸 여러 보고서들에서도 나타났듯이, 17대 총선 과정에서 신문 시장을 독과점한 신문사들은 노골적으로 '한나라당 편들기'를 했다. 특히 조선일보는 "낯 뜨거운 '박근혜 띄우기', 지역감정 부추기기, 정치적 냉소 조장, '탄핵 심판' 물타기, 진보정당 흠집내기 등 온갖 편파·왜곡 보도에 앞장섰다"는 비판을 받아 선거가 끝난 뒤인 2004년 4월 21일 조선일보사 앞에서 편파·허위·왜곡 선거 보도 규탄 및 언론 개혁 촉구 대회와 릴레이 1인 시위가 벌어졌다. 특정 정당에 대한 언론의 편파성은 민주언론운동시민연합이 총선 시기에 선정한 '나쁜 보도 3선'을 분석해 보더라도 확인할 수 있다.

사례 1 ▌ 동아일보 2004년 3월 26일자 A10면 "한국정치 틀이 바뀐다"

동아일보의 위 기사는 17대 선거에서 각 정당들이 정당 개혁의 취지 아래 상향식 공천제도를 도입하고 후보 경선을 실시한 것을 다뤘다. 당원과 유권자들이 지역의 후보를 선출하는 상향식 공천제도는 돈과 인맥에 의한 구시대적 공천제도를 바꿈으로써 정치 개혁을 앞당기는 데 기여할 제도임에 틀림없다. 다만 지역과 인맥에 의한 우리나라 정치구조의 독특함으로 본디 취지를 온전히 담아내지 못한 것도 사실이다.

하지만 동아일보 기사는 작은 표제 "본래 취지 퇴색 …… 현역 기득권 되레 커지기도"에서 볼 수 있듯이 이 제도가 오히려 문제를 증폭시키는 것으로 보도했다는 게 민언련의 분석이다. 당원 투표를 통해 상향식 공천제도를 무리 없이 소화해 낸 민주노동당의 사례는 언급조차 하지 않은 채, 상향식 공천을 '문제 투성이'

한국정치 틀이 바뀐다   상향식 공천 허와 실

경선실시율 6~37% 저조

중앙당 낙하산 여전… 지역후보와 마찰 잦아
본래 취지 퇴색… 현역 기득권 되레 커지기도

본보·서울대 한국정치부 공동기획

로 보도했다.

민언련 보고서에서 주목할 대목은 동아일보 기사가 각 당별 경선 관련 결과를 분석하면서 "경선 비중이 가장 적은 한나라당은 오히려 현역 의원 148명 중 59명(40%)이 공천 대열에서 탈락"했다면서 이를 근거로 "3당 중 물갈이 폭이 가장 큰 것으로 드러났다"고 평가한 대목이다. 하지만 한나라당의 현역 의원 탈락 비율이 높은 것은 비리에 연루된 의원들이 많았기 때문에 나온 결과로, 상향식 공천 여부와는 무관하다. 그런데도 직접적 상관관계가 없는 '상향식 공천'과 '현역 의원 탈락 비율'을 연결해 한나라당의 물갈이가 크다는 기사는 "교묘한 여론 조작"이라고 민언련은 분석했다.

사례 2 ▊ 조선일보 3월 29일자 A6면 "4·15총선 D-17/불법선거 78명 구속 ······ 16代의 6배"

조선일보의 위 기사는 불법 선거 횡행을 강조하는 기사로 유권자들의 정치 혐오를 부추겨 선거 참여를 저해하는 보도로 꼽혔다. 문제의 기사는 17대 총선을 앞둔 정당들이 "하나같이 정치 개혁을 내세우고 있지만, 현장에서는 선거법 위반 사례가 과거보다 오히려 폭증, 극심한 혼탁·과열 양상이 빚어지고 있다"면서 16

대에 비해 70%가량 늘어난 선거법 위반 적발 사례와 각 정당별 과태료 부과액을
근거로 들었다.

물론, 선거법 위반 사례가 늘어난 것은 사실이다. 그러나 위반 사례가 급증한
원인은 엄격해진 선거법과 선관위의 단속 강화, 포상금 제도 및 당내 경선의 부작
용 때문으로 보는 것이 일반적인 해석이다.

문제는 이 기사에서 인용한 불법 사례가 모두 열린우리당뿐이고 그나마 열린
우리당이 경선을 많이 실시해 위반 사례가 많다는 사실을 적시하지 않았다는 데
있다. 민언련은 이 기사가 불법 혼탁 선거의 주범을 열린우리당으로 몰려는 의도
가 아니냐는 의구심을 불러일으킨다고 설명했다. "불법이 늘어나고 있다는 것과
혼탁, 과열 선거 양상이 빚어지고 있다는 것은 적어도 이번 선거에 해당되는 말은
아니다"라며 따라서 위 기사를 "보도한 의도를 공정 선거를 유도하기 위한 것이라
고 보기는 어렵다"는 분석이다. 오히려 '선거 혐오'를 부추기고 특정 정당에 대한
부정적 인식을 갖게 해 청년층의 투표 의지를 저하시키려는 의도라는 것이다.

사례 3 ▮ 조선일보 4월 2일자 1면 **"各黨 공약 발표②: 한나라당 편"**

조선일보는 각 당의 정책 검증 시리즈 두 번째로 4월 2일자 1면과 2면에 "한나라 전 국민에 연금 혜택" "10만 명 규모 이공계 병역특례 부활"을 내보냈다. 민언련은 이에 대해 전 국민 연금 혜택 공약, 국방 예산 40% 증액 등 현실성을 결여한 공약을 별다른 비판 없이 보도해 정책 '검증'이라고 하기에는 함량 미달 기사라고 평가했다. 1면과 2면 기사를 합해 한 개 면 전체에 달하는 기사 내용 가운데, 한나라당 공약의 문제를 지적한 기사는 단 몇 줄에 그쳤다는 것이다.

반대로 열린우리당에 대해서는 지나치게 비판적이었으며 정책 평가에도 동일한 잣대를 대지 않아 매우 편파적이었다. 열린우리당의 공약을 보도한 3월 30일자 신문에서 조선일보는 분양 원가 공개에 대해 "업계의 반발이 예상된다"고 비판하는가하면 국민소환제에 대해서는 사설까지 동원해 "국회의원까지 군중의 힘과 거리의 구호로 끌어내릴 수 있다면 우리나라 대의민주주의 제도의 본질이 위협받게 될 것"이라고 강도 높게 비판했다.

여기서 민언련은 분양 원가 공개가 한나라당의 공약 사항이기도 하다는 점, 그리고 국민소환제 또한 한나라당에서 전향적으로 검토하는 내용이었고 경실련의 정책 질의서에는 '찬성'이라고 답변한 점을 주목한다. 그럼에도 한나라당의 공약을 보도할 때에는 국민소환제와 분양 원가에 대한 언급은 물론이고 비판도 하지 않았다는 것이다. 이 보도를 '나쁜 보도'로 선정한 민언련 신문 모니터팀의 다음 지적은 시사적이다.

"객관성을 상실한 채 자사의 선호도를 노골적으로 드러내는 조선일보는 아예 자신들이 지지하는 정당을 공개적으로 밝히는 것이 타당할 것이다."

하지만 문제는 바로 이 지점에 있다. 앞에서 분석했듯이 특정 후보를 노골적으로 지지하고 있는 언론들이 언제나 '중립' 또는 '불편부당'을 내세우고 있기 때문이다. 그 이유도 명백하다. 바로 그것이 신문사들이 능동적이고 적극적으로 선택한 판매 전략이자 광고 전략이기 때문이다. 그리고 이에 바탕을 둔 지면 전략이기도 하다. 특정 후보 지지 의사를 밝힐 때보다 밝히지 않을 때에 더 많은 독자들을 확보할 수 있고 이는 광고의 확대와 수입 증대로 이어진다.

따라서 이들 신문으로서는 굳이 특정 후보 지지를 공개적으로 밝힐 아무런 이유가 없다. 특정 후보를 사실상 지지하면서도 그로 인해 발생하는 경영상의 '손실'도 피할 수 있는 길이 있기 때문이다. 후보 공개 지지를 반대했던 동아일보 기자도 "경영진의 입장에서는 특정 후보를 지지하는 것이 자신의 기존 독자층의 범위를 축소하는 경우와 이로 인해 판매나 광고 수입이 떨어지는 경우 반대할 것은 명약관화하다"고 밝혔다. 바로 그렇기에 선거법의 금지 조항이 사라지더라도 이들 신문은 후보 지지를 밝히지 않을 가능성이 더 높다. 후보 공개 지지 문제에 대한 연구자들의 찬반 논의가 왕성했음에도 신문사들이 전혀 눈길을 돌리지 않는 이유가 여기에 있다.

선거 공론장 왜곡과 선거법 개정

그렇다면 여기서 두 번째 문제가 제기된다. 아무런 실효성이 없는데도 굳이 선거법을 개정해야 할 이유는 무엇인가. 그 논리를 탐색하기 위해서는 먼저 선거법의 구체적 규제 조항을 분석해 볼 필요가 있다.

1994년 제정되어 2004년 3월 개정된 현행 〈공직선거 및 선거부정방지법〉(이하 선거법)에서 신문사가 특정 후보 지지를 밝힐 때 문제가 되는 조항으로 거론된 것은 세 가지다. 먼저 96조를 보자.

> 제96조 (허위논평·보도의 금지) 방송·신문·통신·잡지 기타의 간행물을 경영·관리하는 자 또는 편집·취재·집필·보도하는 자는 특정 후보자를 당선되게 하거나 되지 못하게 할 목적으로 선거에 관하여 허위 사실을 보도하거나 사실을 왜곡하여 보도 또는 논평을 할 수 없다.

이 조항은 허위 사실을 보도하거나 사실을 왜곡하지 않는다면 언론이 특정 후보에 대한 지지를 표명할 수도 있는 것으로 해석될 수 있다는 점에서 결정적 문제는 아니다. 다음에 검토할 법 조항은 58조다.

> 제7장 선거운동 제58조(정의 등)
> ① 이 법에서 "선거운동"이라 함은 당선되거나 되게 하거나 되지 못하게 하기 위한 행위를 말한다. 다만, 다음 각 호의 1에 해당하는 행위는 선거운동으로 보지 아니한다. 1. 선거에 관한 단순한 의견 개진 및 의사 표시 2. 입후보와 선거운동을 위한 준비 행위 3. 정당의 후보자 추천에 관한 단순한 지지·반대의 의견 개진 및 의사 표시〈신설 2000·2·16〉 4. 통상적인 정당 활동
> ② 누구든지 자유롭게 선거운동을 할 수 있다. 그러나 이 法 또는 다른 법률의 규정에 의하여 금지 또는 제한되는 경우에는 그러하지 아니하다.

58조에 따르면 "선거에 관한 단순한 의견 개진 및 의사 표시" 그리고 "정당의

후보자 추천에 관한 단순한 지지·반대의 의견 개진 및 의사 표시"는 선거운동으로 보지 않는다고 규정하고 있다. 따라서 신문의 후보 지지를 후보에 관한 단순한 지지 의견의 개진으로서 선거운동 차원의 것으로 볼 수도 있다. 실제로 새언론포럼 토론회(2002년 7월)에서 이 문제를 두고 법조계와 중앙선관위 쪽이 논쟁을 벌였다. 정대화 변호사는 '단순한 의견 개진 및 의사 표시' 규정의 불명확성을 들어 "사실상 현행 선거법에 언론사의 지지 후보 공개를 명시적으로 금지한 규정은 없다"고 주장했다. 하지만 이에 대해 중앙선거관리위원회 홍보관리관은 "언론사들이 특정 후보 지지를 공개 표명하는 것은 당락에 큰 영향을 미치는 '선거운동'에 해당되기 때문에 현행 선거법에 저촉된다"고 분명히 밝혔다.

　문제는 제8조다. 선거법의 기본 성격을 1조에서 7조까지 규정한 바로 뒤에 8조에서 '언론기관의 공정 보도 의무 조항'을 두고 있어 법 자체가 미디어 선거에 큰 비중을 두고 있다는 사실을 알 수 있다. 특히 8조 1항과 3항이 문제이다. 8조 1항은 선거에 관한 '언론기관의 공정 보도 의무'를 규정하고, 8조 3항은 언론중재위원회에 설치된 선거기사심의위원회가 정기간행물에 게재된 선거 기사의 공정성 여부를 조사하여 그 내용이 공정하지 않다고 인정할 경우에 사과문이나 정정 보도문의 게재를 결정하고, 언론중재위원회는 해당 언론사에 이의 게재를 명하도록 하고 있기 때문이다. 더구나 법 조항은 사설과 논평까지 심의 대상임을 명문화하고 있어 언론 자유를 명백히 침해하고 있다.

　따라서 이 조항이 있는 한, 신문사의 후보 지지는 '공정 보도'의 관례적 개념에 따라 불법이 된다. 결국 후보 지지를 사설로 자유롭게 표명하기 위해서는 선거법을 개정해야 한다.

　그렇다면 이제 왜 굳이 선거법을 개정해야 하는가 논의해 보자. 세 가지로 간추릴 수 있다.

　첫째, '선거 공간'의 모호성이다. 선거법은 언론이 후보나 정당을 공개적으로 밝히지 못하게 한 것은 물론, 선거일을 앞두고 여론조사까지 공표하지 못하게 함으로써 법 제정의 의도와 무관하게 선거 공간의 모호성을 조장하고 있다. 17대 총선에서도 유권자들은 과연 '거여 견제론'과 '거야 부활론' 가운데 어떤 것이 더 현실적인지 갈피를 잡을 수 없었다. 반면 신문을 제작하는 신문사들은 여론조사 토대 위에서 문제의 기사들을 편집하고 대량 생산해낸다는 점이다. 신문사의 의도에 자칫 유권자들이 말려 들어갈 가능성이 높다.

신문 시장을 보수 또는 수구적 편집 방향을 지닌 신문사들이 독과점하고 있고, 이들 내부에서도 사주의 영향력 아래 편집권이 놓여 있는 현실은 선거 공간의 모호성이 지닌 '여론 조작' 가능성을 더 높여 준다. 따라서 사주의 영향력으로부터 자유롭지 못하고 신문사들 사이에 불균형이 있는 바로 그 현실 때문이라도 후보 공개 지지를 금하고 있는 선거법은 개정해야 옳다. 민주 사회에서 선거가 지닌 중요성에 비추어 선거 공간의 모호성을 투명하게 바꾸는 것은 민주주의 발전의 조건이다.

둘째, 이미지와 감성이 지배하는 선거를 바꾸기 위해서다. 민주주의를 발전시키려는 정치 세력들 사이에 정책을 놓고 경쟁해야 마땅한 선거가 이미지나 감성에 좌우된다면 이는 심각한 문제이다. 문제는 바로 그런 선거를 만드는 데 언론의 책임이 가장 크다는 점이다. 이는 17대 총선 보도에서도 어김없이 나타났다. 가장 대표적 사례가 이른바 '박근혜의 눈물 보도'다. 조선일보는 2004년 3월 31일자 가판 4면의 "당 대북 정책에 많은 시간 할애 '경직된 노선 벗고 유연해질 것'"이라는 제목의 기사에서 박근혜 대표의 TV 선거 유세 방송을 한나라당의 대북 정책 중심으로 보도했다. 그러나 배달판에서는 이를 "울어 버린 박근혜 : 선거 방송 중 '어려운 가정 어머니 된 심정……' 눈물"이라는 기사로 교체하면서 "박 대표가 30일에 있었던 TV 선거 유세 방송에서 천막 당사로 간 심정, 부패 절연의 방안 등을 구체적으로 거론하다, 감정을 이기지 못한 듯 눈물을 주르륵 흘리기도

울어버린 박근혜

선거방송중 "어려운 가정 어머니 된 심정…" 눈물

조선일보, 2004년 3월 31일

했다"고 보도했다. 이런 보도는 한나라당의 발전을 위해서도 바람직하지 못한 것임은 두말할 나위가 없다.

동아일보도 가판에 실리지 않았던 "박근혜의 눈물"이라는 기사를 추가했다. 동아일보는 이 기사에서 박근혜 대표가 TV 방송 중에 당의 잘못에 대해 국민에게 사죄하며 눈물을 훔쳤다는 내용을 전했다. 또 "박 대표는 아버지 박정희 전 대통령의 일화를 언급하면서 눈에 눈물이 가득한데도 닦지 않고 계속 연설을 이어갔다"면서, 두 눈에 눈물이 그렁그렁한 채 아버지 박정희 전 대통령의 일화를 언급하고 있는 박 대표의 방송 장면 사진도 추가했다.

동아일보, 2004년 3월 31일

물론, 이미지와 감성 편향 보도는 한나라당과 관련한 기사에서만 나타난 것은 아니었다. 열린우리당 또한 이벤트와 이미지를 주요 무기로 삼았고, '정동영의 앵커 정치'라는 말이 나오기도 했다.

기실 미디어 선거는 그 자체가 이미지와 감성에 젖어들 가능성이 높다. 특히 방

송의 영향력이 커져 가면서 방송 매체의 속성에 의해 일반 시청자들은 정치인의
이미지나 언변술 혹은 연출 효과 따위에 영향을 받기가 쉽다. 따라서 선거 공론장
에서 신문이 지녀야 할 공론장 구실은 그만큼 더 커질 수밖에 없다.

그런데도 앞서 분석했듯이 한국의 신문들은 방송 못지않게 이미지와 감성
중심으로 보도해 나가고 있다. 신문사들이 지닌 '불편부당의 편파성'이라는 이중
성은 모호성에 밑절미를 두고 있기 때문에 이미지 중심과 감성적 편집으로 이어
질 수밖에 없다.

거꾸로 언론이 만일 특정 후보나 정당을 공개적으로 지지하고 나선다면, 왜
지지하는지에 대한 분명한 논리 전개가 필수적이므로 그 자체가 정책 선거를 앞
당기는 좋은 방법이 된다. 무엇보다 신문 지면의 모호성이 사라지고 투명해짐으
로써 신문사 스스로 정책 중심의 보도로 나아갈 수밖에 없다. 따라서 현행 선거법
은 의도하지 않았다하더라도 정책 선거를 가로막고 있다고 볼 수 있다.

셋째, 우리 사회에서 언론이 제자리를 찾기 위해서 선거법 개정이 필요하다.
더 말할 나위 없이 선거는 민주주의에서 중요한 공간이다. 한 사회에서 다양한
세력들이 자신들의 의제와 의견을 공적 의제나 여론을 형성하기 위해 경쟁하는
것이 공론장이라면, 이에 대한 전형적인 상황이 바로 선거전이다. 특히 선거 공간
에서 이루어지는 여론조사는 현대 정치에서 정당의 힘을 점차적으로 약하게 만듦
과 동시에 여론조사 자체와 언론으로 하여금 정당의 구실과 힘을 대신하도록 이
끌고 있다. 현대 사회의 공론장은 미디어에 의해 생산되는 미디어 공론장의 성격
을 지니기에 더욱 그렇다.

현대 사회에서 사회 구성원들 대다수가 공동의 정치 현실에 참여하는 것은
언론의 정치 보도를 통해 이루어진다. 그런데 선거가 모호성 속에 치러져 이미지
와 감성 선거가 이루어지고 정당들의 정책 경쟁이 실종됨으로써 결국 유권자들이
가장 큰 피해자가 될 수밖에 없다. 게다가 국민의 전반적인 의식 수준과 토론

문화 때문에 언론의 후보 지지가 부적절하다는 주장은 한국 사회의 독자들 수준을 과소평가한 것이자 국민에 대한 더없는 모독이다.

기실 국민의 의식 수준에 대한 과소평가는 언론계나 학계뿐만 아니라 법조계에서도 발견할 수 있다. 후보자 공개 지지와 함께 선거법의 문제점으로 지적되고 있는 여론조사 공표 금지와 관련해서 1992년 헌법재판소는 선거 여론조사의 공표 금지가 언론 출판의 자유와 알권리 및 선거권을 침해하는 제도라는 사실을 인정하면서도, 여론조사가 갖는 부정적 기능과 국민 의식 수준, 선거 문화 등의 현실이라는 비법률적인 요소를 근거로 내세워 '합리적인 범위 내의 제한'이라고 해석했다. 헌법재판소의 국민 의식 수준 거론에 대해서는 캐나다의 사례가 시사적이다. 1998년까지 투표 전날 정오부터 투표가 끝날 때까지 여론조사의 공표를 금지한 캐나다에서 신문사들이 헌법 소원을 제기했을 때, 대법원은 1998년 여론조사 보도 금지는 위헌이라고 판결하면서 다음과 같이 '선언'했다. "여론조사의 보도 금지는 캐나다 유권자에 대한 모독이다."

무엇보다 신문의 사설이나 논평에까지 '기계적 공정성'을 법으로 강제하는 것은 언론 자유의 명백한 침해다. 전파의 공공성을 토대로 한 방송과 달리 신문사는 사설이나 논평으로 자신의 주관적 의견을 적극 개진해 왔다. 그것이 민주 사회에서 의견의 다양성을 보장하는 방법인 동시에 '사상의 공개 시장'에서 여러 의견을 조율하는 과정을 통해 건강한 여론을 형성하는 길이기 때문이다. 선거 공간에서 신문의 의견 제시를 결정적으로 제약하고 있는 선거법을 개정해야 할 이유도 여기에 있다.

미디어 선거의 입법 방향

지금까지 왜 선거법 개정이 필요한지 살펴보았다. 실제로 한국의 언론인들도 신문이 사설로 특정 후보를 지지할 수 있는 표현의 자유를 지녀야 한다는 문제의식은 적어도 공유하고 있는 것으로 보인다. 이는 앞서 살펴본 신문윤리실천요강에서도 입증된다. 신문윤리실천요강 제9조(평론의 원칙) 2항을 보자.

> ② (정치적 평론의 자유) 사설 등 평론은 실정법을 위반하지 않는 한 특정 정당 또는 특정 후보자에 대한 지지 또는 반대를 표명하는 등 언론사의 정치적 입장을 자유로이 표현할 수 있다.

물론, 이 조항에 단서가 없는 것은 아니다. "실정법을 위반하지 않는 한"이라는 조건이 그것이다. 하지만 윤리강령의 제정 정신이나 문맥으로 볼 때 이 조항은 "사설 등 평론"에서 "자유로이 표현할 수 있다"는 데 방점이 찍힌 것이다.

문제는 우리 사회에서 강력한 영향력을 행사하고 있는 한국신문협회와 신문방송편집인협회가 그 자유로운 표현에 걸림돌이 되고 있는 선거법 개정에 적극적으로 나서지 않는다는 데 있다. 그 이유는 앞서 분석했듯이 언론사들 스스로 표현의 자유를 쟁취할 생각보다는 선거 공간의 모호성을 지면 전략과 경영 전략에서 충분히 활용하고 있기 때문이다. 따라서 실정법을 개정하려는 운동 없이 윤리강령에서 표현의 자유를 강조한 것은 한국 언론이 지닌 또 다른 이중성이라고 판단할 수밖에 없다.

그러므로 중요한 것은 공정 보도를 누가 어떻게 담보해 낼 수 있느냐는 점이다. 언론인 단체들이 한목소리로 채택한 언론의 후보 지지에 관한 표현의 자유를 누리려면 선거법에서 8조 3항을 개정하거나 폐지해야 한다.

물론, 사설이나 논평이 아닌 신문 기사에선 선거법 8조(언론기관의 공정 보도

의무)와 96조(허위 논평·보도의 금지)를 존중해야 한다. 따라서 개정 작업은 의외로 간단하다. 8조에서 "사설"과 "논평" 두 단어만 삭제하는 것으로도 충분하다.

그로 인해 생기는 부작용을 우려하는 것은 비현실적이다. 개정하더라도 대다수 신문사들이 특정 정당이나 후보 지지를 밝히지 않을 가능성이 높기 때문이다. 또 밝히더라도 그로 인해 나타나는 부작용의 실체가 뚜렷한 근거를 지니고 있지 못하다. 설령 부작용이 있다면 그것은 그 자체로 해결해 나가는 것이 옳은 방법이다. 먼저 모호성을 투명하게 바꿔 공론장을 온전히 만들고, 나타나는 문제점들은 그 공론장을 통해 토론하고 개선해 나가는 것이 순리기 때문이다.

선거법이 바뀌어도 언론의 특정 후보 지지와 관련해 어떤 후보를 지지할 것인가를 누가 결정하느냐의 문제는 남아 있다. 2002년 대통령 선거를 앞두고 한국기자협회가 전국의 기자를 대상으로 실시한 여론조사 결과는 문제를 확연하게 드러내 준다. 설문에 응한 기자들은 대통령 선거 보도와 관련해 언론사 내부에서 영향력을 행사할 사람을 묻는 질문에 절반 이상인 52.5%가 사주나 경영진이라고 답했다. 또 앞으로 예정된 대통령 선거 보도 과정에서 사주나 경영진의 편집권 침해가 있을 것이냐는 물음에 71.4%가 그렇다고 응답했다(한국기자협회, 『기자협회보』 2002년 1월 1일). 한국 언론의 현실은 논설위원과 편집 간부들이 각 후보들의 정책 설명을 듣고 토의를 통해 결정하는 『뉴욕타임스』나 사원주주회사로 기자들의 토의 과정을 중시하는 『르몽드』의 사례와 대조적이기에 문제는 한층 심각하다.

실제로 2004년 17대 총선을 치르며 지역의 유력 신문인 부산일보에서 편집권 논쟁이 불붙었다. 부산일보 노조와 기자협회 소속인 차장급 이하 편집국 기자 100여 명은 총선을 사흘 앞둔 2004년 4월 12일, 기자총회를 열고 결의한 성명에서 "독자와 취재원들도 부산일보의 불공정 보도를 비판하고 있어 낯을 들고 다니기가 부끄러울 정도"라며 "불공정 보도가 계속된다면 제작 거부를 비롯한 가능한 모든 수단을 동원해 편집권 독립 투쟁에 들어갈 것"이라고 밝혔다. 기자들이 성명을 내고 대자보를 붙인 까닭은 박근혜 대표 출범 이후 한나라당과 박 대표를 띄워 주는 보도가 또렷하게 나타났기 때문이다. 부산일보는 박근혜 대표가 선출된 다음날부터 3일 연속으로 한나라당 관련 보도를 3면 머리기사로 다뤘다. 부산일보 노동조합의 공정보도위원회는 "객관적 근거가 부족한 낙관 일색이며 일부 표현에서는 지역주의의 부활을 기도하는 등 선거 보도 준칙에도 위배되는 내용이 여과 없이 보도됐다"고 지적했다.

주식회사 부산일보사의 지분 100%를 가진 정수장학회의 이사장이 박근혜 대표라는 사실에 주목하면, 선거 공간의 투명성 문제는 한층 더 절실한 과제가 될 수밖에 없다. 부산일보의 사례가 편집권 독립의 미비를 이유로 특정 후보 지지의 폐해를 거론하는 것이 얼마나 자가당착인가를 여실히 보여 주었기 때문이다.

지금까지 논의를 간추리면 다음과 같다. 한국 사회에서 선거 공간의 모호성을 투명하게 바꾸기 위해서, 그리고 정책 경쟁을 통한 민주주의 발전을 이루기 위해서, 더 나아가 온전한 공론장을 만들기 위해서, 언론의 특정 후보 지지를 금지하고 있는 선거법은 개정해야 한다.

한국의 모든 언론사들도 신문윤리강령을 통해 특정 후보 지지를 밝히는 게 옳다고 선언했지만, 이 글에서 분석했듯이 언론사 스스로 자신들이 쓰고 있는 가면을 벗을 의지도 없거니와 그렇게 할 이유도 없다. 언론의 궁극적 주권자인 독자들이 나서서 가면을 벗길 수밖에 없는 이유가 여기에 있다.

물론, 문제의 금지 조항을 없앤다고 해서 한국 저널리즘의 모든 문제가 풀리는 것은 결코 아니다. 하지만 죽은 공론장을 공론장답게 살려 나가려면 무엇보다 가면을 벗기고 진실부터 드러내야 한다.

'삼성 저널리즘'의 해체를 위하여

　　새삼스럽지만 한국 사회의 지배 구조를 재벌과 언론으로 규정한 것은 엇근 10년 전인 1996년 학술단체협의회였다. 학단협은 그해 10월 제9회 연합심포지엄을 열고 1980년대와 달리 1990년대의 지배 구조는 재벌과 언론이라고 분석했다.

　　"김영삼 정권의 등장 이후 재벌은 산업과 금융 등 경제 영역의 경계를 넘어 의회와 정당 행정 관료와 검찰 등 국가기구, 문화와 예술, 학술과 언론 심지어는 스포츠에 이르기까지 우리 사회 전 부문에 걸쳐 자신의 지배력을 강화하고 있다. 재벌은 더 이상 국가권력의 통제 대상이 아니라 국가권력의 숨겨진 핵심이라는 사실이 드러나고 있다."

　　"보수 언론은 정론, 불편부당, 객관성 등을 내세워 사회 모순을 은폐하고 기득권을 보호하는 데 앞장서고 있다. 한국 사회에서 언론은 군자인양 행세하면서 각종 비리를 자행하는 위선자 향원과 같은 존재이다. 1980년대 민족민주진영의 완강한 저항에 밀려 폭력적이며 권위주의적인 세력이 퇴조한 후, 재벌과 보수 언론은 그 힘의 공백을 장악하였다."

　　재벌과 언론이 1990년대의 지배 구조라는 분석이 나온 뒤 10년이 흐른 오늘, 학단협의 진단에서 '재벌' 대신 '삼성'을 대입하면 고스란히 현재의 지배 구조를 설명할 수 있게 되었다. 삼성 재벌의 힘이 재벌 일반의 힘을 압도할 만큼 커졌기 때문이다.

2000년대 한국 사회의 지배 구조가 '삼성과 언론'으로 기호화되면서 대한민국이 '삼성공화국'이라는 담론이 퍼져 갔다. 심지어 삼성공화국의 차원을 넘어서 '삼성제국'을 형성하고 있다는 지적까지 나오고 있는 상황이다.

삼성공화국 또는 삼성제국에서 가장 핵심적 구실을 맡고 있는 것은 다름 아닌 언론이다. 대다수 신문과 방송이 삼성그룹과 그 총수 일가의 부정적 현상에 대해서는 침묵하면서, 삼성 신화를 앞장서서 확대하고 있기 때문이다.

문제는 언론의 삼성 관련 보도가 '삼성에 대한 비판 기능 상실'이나 '삼성 신화의 형성'에 그치지 않는다는 데 있다. 우리 사회 전반이 해결해 나가야 할 의제들을 왜곡하고 있다는 데 더 심각한 문제가 있다. 그 왜곡의 구조는 무엇일까.

삼성 재벌과 언론 재벌의 관계는 단순한 유대의 차원을 넘어서서 동맹 관계에 가깝다. 이건희 회장에 대한 고려대의 명예 철학 박사 학위 수여식과 그 이후 일련의 사태는 이를 극명하게 보여 주었다. 앞서 2부에서 분석했듯이 고려대 학생들이 명예 철학 박사 학위 수여에 항의해 시위를 벌인 2005년 5월 2일 이후 일주일이 넘도록 한국의 신문과 방송은 일방적으로 학생들을 몰아세웠다.

주목할 것은 저마다 한국을 '대표'한다고 자부하는 세 신문과 삼성그룹의 물리적 연결망이다. 삼성그룹의 사실상 '계열사'인 중앙일보와 이건희 회장과 사주가 사돈관계인 동아일보 그리고 대광고주 관계로 얽혀 있는 조선일보 모두 삼성그룹의 이 회장을 두남두는 데만 급급했다. 대광고주로서 삼성의 힘은 비단 세 신문만이 아니라 모든 신문과 방송에 깊숙이 영향을 끼치고 있다.

삼성 재벌과 언론 재벌의 동맹은 실제로 일상적 보도 활동에서 공통점을 지니고 있다. 우리 사회의 의제를 왜곡하고 있는 삼성 저널리즘의 특성은 크게 다섯 가지로 간추릴 수 있다.

1. 전투적 노동 통제

미디어는 단순히 현실을 재생산하는 것이 아니라 의미화 작업을 수행함으로
써 '사회 현실의 규정자' 구실을 한다. 따라서 삼성의 노사 관계를 '무노조 경영'
으로 보도하는 것과 '전투적 노동 통제'로 보도하는 것은 큰 차이가 있다. 흔히
삼성그룹의 경영 방침을 '무노조 경영'이라고 규정한다. 하지만 삼성그룹의 무노
조 경영은 헌법에 보장된 기본권을 유린한다는 점에서 전투적 노동 통제라고 해
야 옳은 말이다. 실제로 삼성그룹의 무노조 경영 이면에는 회유와 해고, 심지어
납치까지 서슴지 않는 극렬한 노동 통제가 있다. 신문과 방송이 보도에 소홀했을
따름이다.

무노조 경영에 대한 한국 저널리즘의 문제의식 부재는 엉뚱한 의제 설정으로
이어진다. 가령 삼성경제연구소는 김대중 정부 시절인 2001년에 '강소국론'을
제기한 바 있다. 그룹 차원을 넘어서서 국가적 의제를 설정하겠다는 삼성경제연
구소의 의지가 드러나는 대목이다. 강소국론은 "우리나라는 네덜란드, 핀란드,
스위스 등 이른바 작지만 강한 나라의 발전 모델을 따라 첨단 기업 육성 등 선택
과 집중 전략을 펴야 한다"는 게 뼈대였다. 삼성경제연구소는 보고서 발표와 함께
여러 언론 매체의 현지 취재 후원을 통해 강소국론을 대대적으로 확산시켰다.

그러나 강소국론으로 예를 든 나라들과 한국 사이에는 결정적 차이가 있다.
'강소국'은 어느 나라든 노동조합의 힘이 강력하다는 사실이다. 무노조 경영이라
는 전투적 노사 관계를 고집하는 삼성그룹이 있는 한, 노사 대타협에 밑절미를
둔 '강소국 담론'은 무의미하다.

삼성의 무노조 경영과 관련된 또 다른 한국 언론의 의제 왜곡은 한국의 노동
운동이 강성이고 전투적이라는 주장에 있다. 하지만 노조 조직률이 민주노총과
한국노총 모두 합쳐 보아야 겨우 12% 선인 한국의 노조 운동은 실제로 강력하지

못하다. 오히려 전투적인 것은 헌법적 권리를 부정하는 것을 경영 방침으로 내걸고 있는 삼성그룹이다. 위헌인 삼성의 무노조 경영은 비판 받기는커녕 오히려 한국 언론을 통해 노조에 대한 부정적 인식을 확산하는 사례로 보도되고 있다.

노동운동에 대한 한국 언론의 마녀사냥은 그대로 삼성 재벌의 전투적 경영 방침과 일치한다. 그 과정에서 기본적인 사실관계 왜곡도 서슴지 않는다. 대표적 사례가 동아일보의 2003년 11월 26일치 제프리 존스Jefferey Jones 주한미상공회의소 명예 회장의 발언 보도다. 동아일보는 외국인의 입을 빌려 마치 우리나라에 정리해고제가 도입돼 있지 않은 것처럼 사실을 왜곡한다. 기사를 분석해 보면 '따옴표 저널리즘'만의 문제로 보기 어렵다.

"제프리 존스 주한미상공회의소 명예 회장은 25일 '노조의 파업이라는 수단에 한국 경영자들은 대응할 방법이 없다'면서 '노사 문제의 진정한 해결을 위해서는 정리해고제가 도입돼야 한다'고 주장했다. 존스 씨는 이날 서울 롯데호텔에서 신한은행이 주최한 조찬 강연에서 이같이 말하고 '정리해고제 도입은 비정규직 문제를 해결할 수 있는 방법인 동시에 외국인의 한국 내 투자도 다시 촉발시킬 수 있는 계기가 될 것'이라고 강조했다. 그는 '한국 경제는 수출 시장의 회복에 비해 내수가 부진한 상황'이라고 진단하고 그 이유로 정치적 혼란과 북한 문제, 노사 관계, 그리고 투명성과 법 준수가 결여된 문화의 네 가지를 지적했다."

존스는 국내에 아주 잘 알려진 인물이다. 한국에서 매우 오랫동안 살면서 수시로 한국 경제에 대해 활발하게 코멘트를 하고 있다. 그런 인물이 "한국의 경영자들이 노조 파업에 대응할 방법이 없다"고 말한다. 그 엄청난 손배 소송과 가압류는 존스 명예 회장의 눈에는 보이지 않는 모양이다. 더구나 한국은 이미 근로기준법 제31조에 정리된 4개항의 정리해고 요건에 따라 정리해고가 '활발'하게 이뤄지고 있다.

한국의 여론 시장을 독과점하고 있는 세 신문사가 노동 문제 보도에서 일방적으로 노동자들을 비난한 것은 어제오늘의 일이 아니다. 보도와 논평을 보면 세 신문사가 과연 노조의 존재 의미를 이해하고 있는지조차 의심스러운 대목이 많다. 삼성의 전투적 경영과 노사 관계에 대한 언론의 전투적 편집은 닮은꼴이다.

임기 초기에 친노동자 정책을 펼 것이라고 기대했던 노무현 대통령이 앞장서서 노조에 대한 부정적 담론을 펴 나간 배경에는 노조에 대한 한국 언론의 왜곡 보도가 큰 몫을 차지했다고 볼 수 있다. "여론의 장을 지배하는 사회적 힘의 균형에서 경제계가 세지만, 앞으로 5년 동안 힘의 불균형을 시정하겠다"는 대통령의 발언이 어느새 실감이 나지 않을 만큼 '참여정부'의 노동 정책은 '우향우'해 있다. 노사 관계의 민주화가 본격적으로 전개되리라는 전망도 환상으로 드러났다. 결국 그것은 한국 민주주의의 후퇴로 귀결되고 있다.

2. '법대로' 이중 잣대

노동조합을 인정하지 않는 삼성의 초법적 경영은 재벌 경영에서도 그대로 이어진다. 하지만 한국 언론은 전투적 노사 관계에 대해 의제 설정을 하지 않듯이 삼성의 초법적 경영에 대해서도 모르쇠하고 있다.

가령 지난 2003년 3월부터 2004년 9월까지 금융감독위원회 부위원장으로 일한 이동걸 금융연구원 연구위원도 지적하고 있듯이 삼성그룹의 힘은 법치주의를 근본적으로 흔들고 있다. 이 위원은 삼성카드가 계열사인 에버랜드 지분 25.6%를 보유하면서 금감위 사전 승인을 받도록 한 법 규정을 어겼다고 강조했다. 또 에버랜드가 보유 중인 삼성생명 지분(19.3%)도 시가 아닌 취득 원가로 변칙 회계 처리했고, 삼성생명이 계약자 몫으로 돌려야 할 2조 원 정도의 이익을 회사 몫으로 돌려 부당 이득을 취하려 한 사실을 들었다. 이 위원은 금감위가 삼성생명의 부당 이득에 대해서만 시정 조처를 내렸다고 강력하게 비판했다. 관례와 달리 회사와 책임자 문책이 전혀 없었고, 삼성카드와 에버랜드에 대해서는 결정을 미뤘기 때문이다. 금감위가 국민은행의 변칙 회계 처리에 대해 행장 퇴진까지 요구하고 끝내 이를 관철시킨 사실과 비교하면 아주 대조적이다.

법을 어기면서도 법망을 피해 가는 삼성그룹의 비밀은 강력한 법무팀에 있다. 헌법재판소에 위헌 소송을 내는 삼성그룹은 2005년 7월 19일 구조조정본부(이하 구조본) 법무팀을 법무실로 확대 개편한다고 발표했다. 상임 법률고문 겸 법무실장에는 이종왕 변호사를 영입했다. '사장급 변호사'가 된 이종왕 씨는 노 대통령의 사법시험 17회 동기로, 대통령과 가까운 '거물' 법조인으로 알려졌다. 삼성의 법무팀 강화는 그대로 다른 재벌의 '모방'으로 이어진다. SK그룹은 2005년 6월, SK㈜ 사장 직속으로 윤리경영실을 신설하고 부사장급인 실장에 김준호 서울고등검찰청 부장검사를 선임했다. 그보다 앞서 6개월 전에는 대통령 비서실 행정관을 지낸 강선희 변호사를 상무로 영입했다. LG그룹도 최근 법무팀장을 상무에서 부사장으로 승진시켰다.

재계 안팎에는 삼성이 이종왕 실장을 영입한 것은 법대 교수들이 2000년 고발한 '에버랜드 전환사채(100억 원) 부당 저가 발행' 사건과 관련이 있다고 입을 모은다. 삼성그룹의 경영권 승계에 대한 문제이기 때문이다.

삼성은 이 실장 이전에도 거물 법조인을 영입해 왔다. 이들은 '삼성 근무 이후'에 더 화려한 경력을 쌓았다. 윤영철 헌법재판소장과 김석수 전 국무총리, 송정호 전 법무부 장관 등이 삼성을 거쳤다.

삼성의 '법대로' 이중 잣대는 공세적 경영으로 나타나고 있다. 2005년 6월 28일 삼성그룹의 세 개 계열사(삼성생명, 삼성화재, 삼성물산)는 4월 1일에 발효된 '개정 공정거래법'이 계열 금융회사의 의결권 행사를 가로막는 위헌 조항을 내포하고 있다고 헌법재판소에 위헌 심판 소송을 제기했다. 삼성그룹의 헌법 소원 제기는 단순한 위헌 시비 문제가 아니다. 삼성이 자신이 지닌 힘을 국가의 사법권에까지 시험해 보려는 시도로 해석할 수 있다. 삼성이 헌법 소원을 낼 때 헌법재판소장은 1997년부터 1999년까지 삼성전자와 삼성생명 등의 법률고문 등을 역임하면서 수 억 원에 이르는 돈을 받은 바 있는 윤영철이었다.

삼성이 헌법 소원을 제기한 조항은 공정거래법 제11조 1항 3호와 처벌 조항인 제66조 1항 7호로서 자산 총액 2조 원 이상의 기업 집단에 소속된 금융 보험사가 보유한 계열사 주식의 의결권 행사 제한에 관한 것이다. 법 개정 전에는 특수 관계인의 지분을 포함해서 30%까지 의결권 행사가 가능했으나, 법 개정으로 의결권 행사 범위가 2006년 4월 1일부터 3년간 매년 5% 포인트씩 줄어 15%까지 낮아지게 되는데, 삼성 측은 개정된 법이 재산권을 침해하고 평등권에 위배되어 삼성전자를 적대적 인수 합병에 노출시켜 경영권 안정에 심대한 위협이 된다고 주장하고 있다.

하지만 재벌 금융사의 의결권 행사는 심각한 이해 상충의 문제를 불러일으키기 때문에 완전 금지가 원칙이다. 실제로 우리나라도 2001년 말에 적대적 인수합병을 과장한 재계의 로비로 〈공정거래법〉이 개정되어 내부 지분율을 30%까지 허용하기 전까지는 원칙적으로 완전히 금지했다. 그러나 당시의 개정 조치가 산업 자본과 금융 자본의 분리 원칙을 근본적으로 훼손할 뿐만 아니라 금융 계열사들에 의해 기업 지배 구조에 기형적인 악영향을 미친다는 비판 여론이 일면서 다시 U턴을 시도했었다. 결과는 U턴이 아니었다. '완전 금지'라는 공정거래위원회의 원안과 달리 3년에 걸쳐 매년 5% 포인트씩 줄여 2008년까지 15%까지만 의결권 행사를 허용하기로 절충했다.

여기서 명확히 해 둘 게 있다. 대한민국 헌법 제119조 2항이 명시하고 있듯이 "국가는 균형 있는 국민경제의 성장 및 안정과 적정한 소득의 분배를 유지하고, 시장의 지배와 경제력의 남용을 방지하며, 경제주체 간의 조화를 통한 경제의 민주화를 위하여 경제에 관한 규제와 조정을 할 수 있다." 따라서 삼성그룹은 의결권을 제한하는 것이 재산권과 평등권을 침해 및 위배하는 것이라고 주장하지만, 재벌의 경제력 남용과 탈법 행위로 다른 경제주체들의 권익이 위협을 받게 될 때 규제를 통해 공공성을 확보하는 것은 합헌 여부 차원을 넘어 꼭 필요한 일이다.

더욱이 삼성전자가 주장하는 '경영권 위협'은 근거가 희박하다. 2005년 현재 삼성전자의 지분 5% 이상을 소유하고 있는 대주주는 씨티은행 미국 본점^{Citibank} ^{N.A.}(10.29%)과 삼성생명(7.23%)뿐이고, 시티은행 미국 본점은 그 자체로서 의결권을 행사할 수 있는 단일 주체가 아니다. 또 대부분 1~2%를 소유한 뮤추얼 펀드들은 경영권을 침탈하거나 위협하는 것을 목적으로 하는 펀드들이 아니기 때문에 삼성전자는 현재로서는 경영권 위협에 전혀 노출되어 있지 않다.

삼성그룹의 헌법 소원 제기는 우리 경제의 문제가 어디에 있는가를 명확하게 드러내 주었다. 2001년 말 이전에는 현재 개정법보다 훨씬 더 강력한 의결권 금지 원칙이었던 공정거래법을 그냥 두고 있다가 왜 갑자기 헌법 소원에 나선 것일까라는 문제가 당연히 제기될 수밖에 없다. 삼성그룹이 노 정권과 긴밀한 관계를 맺고 있다는 판단 또는 자신감이 배경에 깔려있다고 추론할 수 있다.

결국 재벌 개혁에 대한 도전적이고 공격적인 삼성의 행보와 언론의 엉뚱한 의제 설정으로 참여정부의 재벌 개혁 정책은 애초 의지가 있었는지 의문이 들 만큼 퇴색했다.

'무노조 경영'이라는 전투적 노동 통제를 일상적으로 해 나가면서 재벌 개혁의 입법에 정면으로 위헌 소송을 내는 삼성그룹의 이중 잣대는 한국 언론에서도 발견할 수 있다. 탈세 사실이 드러났는데도 이를 언론 탄압으로 강변하는 모습이 그것이다. 심지어 조선일보와 동아일보는 중앙일보의 홍석현 당시 사장이 보광그룹 탈세 사건으로 구속될 때 들이대던 법의 잣대마저 정작 자신의 사주가 구속될 때는 들이대지 않는 이중성을 보였다.

3. 경제성장 만능론

무노조 경영이라는 전투적 경영과 초법적 경영은 곧장 '경제성장 만능론'으로 이어진다. 삼성전자가 2004년 한 해에 10조 원(100억 달러)의 순익을 올린 뒤 경제성장 만능론은 삼성과 한국 저널리즘을 통해 더 확대되고 있다.

이미 노무현 정권이 출범하기 직전인 2003년 2월에 대통령직 인수위원회는 "국정과제와 국가운영에 관한 아젠다"라는 내용의 방대한 연구 보고서를 검토했다. 총 400여 쪽 분량의 보고서는 삼성경제연구소 연구진 70여 명이 공동으로 작성했다. 보고서 내용은 공개되지 않았다.

삼성이 제기한 경제성장주의는 1인당 국민소득 2만 달러론, 산업 클러스터(집적단지) 연구 보고서가 상징하듯이 언론의 의제 설정을 통해 퍼져 가고 정부가 이를 받아들이는 형태로 전개되고 있다.

가령 노무현 대통령이 취임 6개월 만인 2003년 8·15 광복 경축사에서 공식적으로 제기해 정부 경제 정책의 선회로 여겨진 '2만 달러론'이 나오는 데 삼성경제연구소가 큰 구실을 했다는 게 정설이다. 재계는 노무현 정부 출범 직후 전국경제인연합회 주도로 "국민소득 2만 달러 달성 결의문"을 채택했다. 이건희 회장도 남미식 경제 불황에 빠지지 않으려면 '마의 1만 달러 덫'에서 빨리 탈출해야 한다고 주장하는 등 국민소득 증대를 줄기차게 주장했다.

노무현 정권의 산업 정책을 특징짓는 클러스터 정책도 마찬가지다. 2004년 6월 산업자원부에서 발표한 '산업 단지 혁신 클러스터화' 추진 방안에서 구체적 모습을 드러낸 클러스터 정책은 구미·창원·울산 등 전국 산업단지 여섯 곳의 연구개발R&D 기능을 강화해 질적 성장을 꾀하는 내용으로 돼 있다. 이런 내용의 클러스터 정책이 나오기 1년 전인 2003년 5월 삼성경제연구소는 『한국 산업과 지역의 생존전략 클러스터』라는 책을 펴냈다. 이 책은 삼성경제연구소가 김대중 정권 시절 강소국론을 거론할 때부터 제기해 온 클러스터 전략을 '집대성'한 것으로 평가된다. 미국 실리콘밸리처럼 기업, 대학, 연구소 등을 특정 지역에 모아 그물망(네트워크)처럼 묶어 사업 전개, 기술 개발, 부품 조달, 인력·정보 교류에서 상승(시너지) 효과를 내자는 게 산업 클러스터 전략의 방향이다. 삼성경제연구소가 클러스터 전략을 제기한 뒤 노무현 대통령의 입에서 클러스터라는 말이 자주 등장했다. 노 대통령은 2003년 11월 12일 대전·충남 지역 언론과 만난 자리에서 "지방화 전략 중에는 지역의 학교와 산업을 함께 연결시키고 그것을 기술 혁신의 중심으로 삼아나가는 '지역 혁신 산·학·연 클러스터 전략'이 있다. …… 충청권에서는 대덕연구단지라고 하는 아주 고도의 지식 집적 단지가 있어 '국가 혁신 클러스터'가 될 수 있다"고 말했다. 노 대통령은 같은 달 26일 전북 지역 언론과 만난 자리, 27일 부산-거제 간 연결 도로 기공식 연설에서도 클러스터 전략을 입에 올려 '2만 달러론'과 함께 대통령의 '애용어'라는 평을 낳았다. 삼성경제연구소가 제기한 클러스터 전략이 대통령의 입을 거쳐 정부의 산업 정책으로 이어진 셈이다.

노 정권이 2003년 8월 10일에 확정한 '10대 국가적 미래전략 산업'에서도 삼성의 '입김'을 느낄 수 있다. 당시 정부의 역량을 집중하기로 선정한 10대 전략 산업은 △지능형 홈 네트워크 △지능형 로봇 △미래형 자동차 △디지털TV 및 방송 등이다. 삼성경제연구소가 비슷한 시기에 초안을 마련한 '2만 달러로 가는 길'에도 10대 성장 동력 산업을 발굴·육성해야 한다는 주장이 담겼다. 예시한 10대 부문이 정부의 그것과 꼭 일치하는 것은 아니지만, '10대'라는 구호의 유사성은 충분히 눈길을 끄는 대목이다.

삼성경제연구소는 또 2004년 9월 의정연구센터와 공동으로 토론회를 열었다. 의정연구센터는 잘 알려진 대로 노 대통령의 측근으로 분류되는 열린우리당의 이광재·서갑원·백원우 의원이 주축을 이루는 의원 모임이다. 당시 삼성경제연구소는 '경제 재도약을 위한 10대 긴급 제언'을 통해 △디지털 칸(한국의 디지털 실험

장화) △네오 뉴딜(정보 기술 투자) △소프트 산업의 성장 엔진화 과제를 제시했다. 당시 토론회에서 논의된 내용은 정책 자료집, 벤처 관련 법안에 반영됐다.

삼성과 삼성경제연구소가 언론에 집중 부각되면서 정부 부처를 비롯해 공공 부문에서 '삼성 배우기'가 줄을 잇는 현상은 우리 사회의 미래에 암울한 그림자를 드리우고 있다. 그나마 존재하고 있던 공공영역이 경제성장론과 민영화론 속에서 급속도로 허물어지고 있기 때문이다.

4. '일등주의' 경쟁론

삼성의 '일등주의'는 잘 알려진 사실이다. 고 이병철 회장 시절부터 내려온 '유훈'이다. 실제로 삼성은 세계적 경쟁력을 갖춘 상품들을 적잖게 내놓고 있다. '세계 1위'를 자랑하는 반도체 전문 회사인 삼성전자가 만든 핸드폰, PDP, LCD TV 등이 대표적이다. 그 점에서 삼성은 한국 자본주의가 단순히 '종속 자본주의'가 아님을 보여주는 사례이기도 하다.

하지만 기업의 사회적 책임보다 수단과 방법을 가리지 않고 이윤 추구에 몰입하는 것이 장기적으로 과연 경쟁력 강화로 이어질 것인지 냉철한 평가가 필요하다. 삼성의 경쟁력 강화는 내부 구성원들의 치열한 경쟁 구조 속에서 이루어지고 있는 게 현실이다. 물론, 그 경쟁은 앞서 살펴본 전투적 노동 통제와 성장제일주의 속에서 이루어지기 때문에 억압적이거나 비윤리적일 수밖에 없다. 간헐적으로 터져 나오던 삼성의 산업스파이 사건은 일등주의가 성장만능론과 결합해 불러온 필연적 귀결이다.

수단과 방법을 가리지 않는 실적 중심론은 그대로 신자유주의적 경쟁이 지배적 가치로 이어지는 계기가 되었다. 모든 수단을 동원해 일등에 나서려는 삼성의 행보는 고스란히 한국 언론으로 이어진다. 그들 스스로 비데와 자전거를 비롯한 비싼 경품들을 법의 규정을 어겨 가면서 마구 뿌림으로써 판매 시장 정상화를 가로막고 있기 때문이다.

한국 언론의 일등주의 이데올로기는 비단 판매 시장에 그치지 않는다. 지면을 통해서도 일등주의는 강조된다. 특히 조선일보가 그렇다. 조선일보는 일등주의를 적극 옹호하면서 비판 여론에 대해서는 '직업적 안티꾼'이나 '열등의식' 따위로 폄하한다. 가령 조선일보 경제부장이 삼성 이건희 회장을 옹호하며 쓴 다음과 같은 칼럼이 대표적이다.

"세계 무대에서 인정받는 일류 기업으로 당당히 자리 잡은 삼성을 보면서 대견스럽고 뭉클하기까지 한 감정을 맛본 한국인들이 적지 않을 것이다. 그러나 그런 삼성에 대한 대우가 가장 야박한 데가 정작 한국이라는 사실은 아이러니다. 우리 사회는 '일등'을 칭찬하는 데 인색하다. 특히 상대방의 장점과 약점, 공功과 과過를 객관적으로 평가하는 균형 감각이 부족하다. 장점과 공은 외면하고, 약점과 허물만 부풀려서 편 가르고 매도하기 일쑤다. 반대를 위한 반대를 업業으로 하는 '직업 안티antiꞏꞏ'들이 우리처럼 목소리를 높이는 나라도 드물 것이다"(이준, "도요타와 삼성, 그리고 '민족 高大'", 조선일보 2005년 5월 5일 27면).

이 칼럼은 조선일보 중견 간부의 세상 읽기를 그대로 보여 준다. 삼성그룹에 대한 비난을 안티조선 운동(조선일보 구독ꞏ기고 거부운동)과 교묘하게 연결 짓고 있다. "장점과 공은 외면하고 약점과 허물만 부풀려서 편 가르고 매도하기 일쑤"라고 하지만 안티조선 운동이나 안티삼성 운동을 단순히 그런 차원에서 "편 가르고 매도하기"는 그만큼 조선일보가 조선일보를 거부하는 자발적 시민모임이나 기고 거부 지식인 선언에서 아무 것도 배우지 못했다는 반증이다.

앞서도 말했듯이 엄청난 규모의 세금을 포탈해 불법을 저질러 놓고도 그것을 '정치권력의 언론 탄압'으로 몰아치면서 '일등에 대한 헐뜯기나 매도'로 헐뜯고

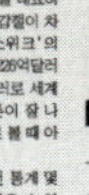

조선일보, 2005년 5월 5일

매도하는 '언론 행위'는 조선일보의 인식과 삼성의 인식이 놀라울 만큼 유사하다는 사실을 입증해줄 뿐이다.

삼성과 언론이 확신하며 확산해 나가고 있는 일등주의 이데올로기는 결국 우리 사회가 해결해 가야 할 양극화의 의제 설정을 가리틀고 있다. 일등주의는 그렇지 않아도 경쟁 지상주의에 물들어 있는 한국 자본주의의 천박한 문화를 지속시키는 강력한 신화가 되고 있다. 그 결과, 사람과 사람 사이에 경쟁보다 연대를 중시하는 사회적 가치는 언론에서 전혀 다뤄지지 않고 있다. 일등주의와 무한 경쟁은 결국 우리의 삶을 황폐화시킬 수밖에 없다는 점에서 삼성과 언론의 동맹 체제는 한국 사회의 질적 발전에 결정적인 걸림돌이 되고 있다.

5. 황제식 경영 세습

한국 언론에 따르면 이건희 회장은 '직관 경영'을 한다. 직관의 탁월함을 찬양하는 보도들이 곰비임비 이어졌다. 이 점 또한 신문사 사주가 신문사 안에서 황제처럼 군림하고 있는 한국 저널리즘의 현주소와 같다.

이건희 회장에 찬가를 부르기 위해 외국 언론을 왜곡해서 인용하는 보도까지 서슴지 않고 저지른다. 가령 중앙일보는 『뉴스위크』 아시아판(2003년 11월 24일자)이 이건희 회장을 '은둔의 왕'The Hermit King으로 묘사한 보도를 '수도자적 경영인'으로 옮겨 찬양 일변도로 보도했다(11월 19일자). 참고로 조선일보는 '숨은 제왕'으로 보도했다. 중앙일보만 볼 때 『뉴스위크』가 이 회장을 찬양만 한 것으로 생각하기 십상이다.

하지만 『뉴스위크』는 이 회장에 대한 부정적 측면까지 보도하고 있다. "마지막 거물 실업가"라는 제목으로 시작되는 기사의 원문은 "삼성그룹의 불가사의한 enigmatic 회장이 자신의 그룹 이상의 것을 이끌고 있는지도 모른다"고 시작한다. 이 회장이 "전 세계에서 수집한 고가 예술품과 함께 귀족적인 생활을 즐기는 것으로 알려져 있다"거나 "한국이 당면한 문제는 이 회장이 투명성과 효율성의 시대로 이 나라를 이끌고 있는 것인지, 아니면 낡은 문화에 젖은 거물 실업가상을 홀로 지지하고 있는 것인지 여부"라는 내용들이 실려 있다. 하지만 그런 내용은 중앙일보에 소개되지 않았다. 『뉴스위크』는 또 이 회장이 1993년부터 '처자식을 빼고 모두 바꿔라'는 신경영을 내세웠다는 사실과 함께, "이 회장은 공룡이다. 유교 윤리를 체

중앙일보, 2003년 11월 19일

"삼성이 한국경제 이끌어"

이건희 회장, 뉴스위크 표지인물로

세계적인 시사주간지 뉴스위크는 아시아판 24일자에 삼성 이건희 회장을 커버스토리로 특집 보도했다.

뉴스위크는 '수도자적 경영인(The Hermit King)'이란 제목으로 李회장을 표지인물(사진)로 내세워 "그가 이끄는 삼성이 한국 경제를 부활시키고 있다"고 소개했다. 이 특집 기사에서 뉴스위크는 "한국의 대기업이 아시아 금융위기 동안 분리·해체되는 어려움을 겪은 반면 삼성은 1993년 李회장이 강력한 리더십과 함께 추진한 신경영으로 기업혁신을 단행, 현재 외국인 투자자들이 가장 선호하는기업이 됐다"고 전했다. 이 잡지는 "실제로 삼성은 외환위기 6년 뒤 세계 최고의 하이테크 제조업체가 됐고, 신경영 10년 만에 수익이 30배로 늘었으며, 메모리 반도체·평면TV 등 열아홉개 제품에서 세계 시장의 으뜸이 됐다"고 밝혔다. 또 "성공적인 구조조정으로 삼성은 브랜드 가치 1백8억달러를 달성해 인터브랜드사로부터 세계에서 가장 빨리 성장한 브랜드로 선정됐으며, 한국 수출의 20%를 담당하고 시가 총액의 30%를 차지하는 등 한국 경제를 주도하는글로벌 기업

으로 성장했다"고 평가했다.

뉴스위크는 이어 "李회장이 16년 전 삼성을 물려받은 뒤 대담하게 기업을 이끌어 왔다"면서 임직원들에게 '처 자식 빼고 다 바꿔라'는 주문을 한 신경영을 대표적인 경영 혁신 사례로 들었다. 특히 "일본 기업을 벤치마킹한 삼성이 현재는 전자·금융·서비스에 핵심을 두고 있는 미국 GE와 아주 비슷해졌다"며 "경제위기를 온전하게 극복해낸 삼성이 한국 기업의 모델로 계속 유지될 것"이라고 전망했다.

李회장은 93년 5월 포천과 94년 2월 비즈니스위크에서도 커버스토리로 소개된 바 있다. 정선구 기자
sungu@joongang.co.kr

께, "이 회장은 공룡이다. 유교 윤리를 체

득한 다른 한국 지도자들과 마찬가지로, 이 회장은 종업원들로부터 절대적인 충성을 요구한다. 다른 재벌 총수들과 마찬가지로 그의 재직 기간은 정치인에게 뇌물을 주고 취약한 계열사를 지원한 혐의로 얼룩져 있다. 이 회장은 수익성 있는 다국적 기업으로 삼성을 슬림화하는 데 성공했음에도 불구하고, 효율적이고 공평무사한 경영을 옹호하는 흐름이 지배적인 시기에 자신의 아들인 이재용 씨를 삼성그룹의 사령탑에 앉히는 데 몰두하고 있다"고 날카롭게 지적했다. 기사는 이재용 씨에게 그룹을 물려주려는 시도가 "이 회장의 최후의 전투"라고 지적하며, 이재용 씨가 편법 증여 의혹을 사고 있다는 사실, 이 회장이 정치인에게 뇌물을 제공한 혐의로 유죄판결을 받은 사실, 삼성자동차 진출 실패 등에 대해서도 소개하고 있다.

실제로 한국 언론이 찬양하는 이건희 회장의 '직관 경영'은 삼성자동차나 영상 사업의 파탄을 불러왔다. 황제식 경영의 문제는 삼성그룹이 이병철에서 이건희로 넘어오는 데서 분명히 나타난다. 이건희에서 다시 이재용으로 넘어가는 과정에서 불법과 탈법이 드러나고 있기 때문에 더욱 그렇다. 무엇보다 이재용은 상속을 하면서도 세금을 법대로 내지 않았다. 3세 총수가 승계받은 재산이 수조 원인데도 실제 납부한 세금은 16억 원뿐이기 때문이다.

그럼에도 검찰과 법원은 관대하기만 했다. 이 사건에 대한 검찰의 기소 자체도 '세금 없는 대물림'에 대한 시민 단체의 끊임없는 문제 제기에 마지못해 면피용으로 나선 것이다. 결국 삼성의 황제 경영은 언론과 사법부의 도움 아래 이재용으로 넘어가고 있다. 하지만 우리보다 경제가 앞선 나라들에선 2세, 3세로 넘어가면서 전문 경영인에게 경영을 위임하고 있다. 총수는 배당금을 받으며 자선사업 활동을 벌이거나 유유자적 살아간다. 이는 2세나 3세 총수가 능력도 검증되지 않은 채 경영 일선에 나설 경우 자칫 그룹 전체가 위기에 부닥칠 수 있기 때문이다.

다소 예외적으로 경영에 대한 '총수'의 영향력이 강한 대표적 사례로 스웨덴

발렌베리 가문을 들 수 있다. 하지만 발렌베리조차 지배권을 행사하면서 가문의 인물이 일부 계열사의 이사로 활동하는 정도다. 삼성그룹처럼 총수가 중요 사항을 모두 결제하고 심지어 임원들이 읽을 책까지 지정해 주는 따위의 일을 하지는 않는다. 더구나 스웨덴의 기업에서는 노조가 이사를 파견하고 있으므로 특정 가문이 멋대로 경영할 수도 없다.

문제는 한국 저널리즘이 황제식 재벌 경영과 세습 체제에 대해서 의제로 설정하는 데 소극적이거나 아예 무심하다는 데 있다. 그 결과 대다수 한국 사회 구성원들은 재벌이 자자손손 기업을 세습하는 현상에 대해 아주 당연하게 받아들이고 있다. 이처럼 황제식 경영과 그에 따른 세습 체제에 대한 무비판적 보도가 나오는 큰 원인은 다른 데 있지 않다. 한국 언론 스스로 황제식 경영과 세습 체제를 갖고 있기 때문이다.

삼성과 언론의 동맹을 해체할 과제

지금까지 살펴보았듯이 전투적 노동 통제, '법대로' 이중 잣대, 경제성장 만능론, 일등주의 경쟁론, 황제식 경영 세습은 삼성그룹과 한국 언론이 지닌 공통점이다. 삼성을 튼튼한 물적 기반으로, 삼성경제연구소를 논리적 기반으로, '삼성 저널리즘'은 우리 사회 곳곳에 퍼져 가고 있다. 문제의 심각성은 저자가 제기한 삼성 저널리즘의 다섯 가지 특성이 모두 공론장을 왜곡함으로써 민주주의의 발전을 위해 필요한 의제 설정을 가로막거나 비튼다는 데 있다.

경제 발전에 국한해 보더라도 마찬가지다. 두루 알다시피 재벌과 언론의 동맹 체제는 학술단체협의회의 분석 바로 다음해인 1997년 IMF 구제금융 체제로 파탄이 났다. 재벌과 언론 모두 학계의 지적을 귀담아 듣지 않은 까닭이다. 결국 그

3개월에 2조원 이익 낸 삼성전자

삼성전자가 올 3분기(7~9월) 사상 최대인 11조2천억원의 매출을 기록했다. 영업 이익만도 2조5백억원으로 전 분기보다 무려 77%가 늘었다. 어려운 여건에서 괄목할 만한 실적이며, 어두운 소식뿐인 최근 분위기 속에서 낭보가 아닐 수 없다. 우리나라 예산이 약 1백18조원(일반회계)인 점을 감안할 때 한 기업의 3개월 실적이 이 정도니 성공한 기업의 힘이 어떤 것인지 보여주고 있다.

삼성전자는 한국 대표기업의 위상을 넘어 세계적 기업으로 발돋움한 지 오래다. 반도체는 세계 시장의 30%를 차지하고 있으며, 휴대전화 등은 해외에서도 가장 인기있는 품목 중 하나다. 그 성공 배경에는 리더의 미래를 내다본 통찰력과 과감한 투자 결정, 그리고 일관성 있는 경영 전략 등이 자리잡고 있다. 또 이를 뒷받침하기 위해 고급 인력과 첨단 기술 개발에 대한 투자를 아끼지 않았다.

삼성뿐 아니라 현대자동차·LG전자 등 한국 경제를 선도하면서 세계 시장에서 치열한 경쟁을 이겨나가는 주요 기업들의 성공 이면에는 비슷한 공통점들이 있다. 통찰력·결단력·일관성·그리고 인력과 기술을 바탕으로 한 경쟁력 등이 그것이다. 지금 같이 경제적으로 암울한 시절에 우리는 이런 유수한 기업들의 성공 메시지가 우리 사회 전체에 스며들게 해야 한다.

반면 우리 정부는 어떠한가. 불행히도 새 정부 들어 지금까지 비전 없이 표류하면서 기업 활동과 경제에 걸림돌이 되고 있는 것은 아닌가. 몇몇 기업의 활약에도 불구하고 한국 경제는 전반적으로 성장의 능력을 잃고 있다. 세계 경제는 회복 조짐을 보이는데도 불구하고 우리는 무엇을 먹고 살아야 할지 걱정해야 할 정도다. 국민은 불안하고 나라는 혼란스럽기만 하다.

정부와 정치권에 희망이 없다면 개별 기업들이 나서야 한다. 그 새로운 도약의 모멘텀을 바로 성공하는 기업들의 모범에서 찾아야 한다.

중앙일보, 2003년 10월 18일 사설

피해는 대우그룹의 붕괴가 상징하듯 재벌 체제의 재편을 불러왔고 궁극적으로는 민중 대다수 삶의 고통으로 귀결되었다. 재벌의 재편 과정에서 가장 큰 이익을 본 재벌이 바로 삼성이었다. 그 점에서 삼성과 언론의 동맹 체제는 어찌 보면 자연스러운 귀결이었다.

하지만 바로 그렇기에 한국 경제의 또 다른 파탄이 오기 전에 해야 할 일이 있다. 삼성의 미래는 더 이상 개별 기업 차원의 문제가 아니다. 삼성은 2005년 현재 수출의 22%, 세금 수입의 8%, 주식시장 시가 총액의 23%, 상장기업 매출의 15%와 이익의 25%를 차지하고 있다. 따라서 어떠한 이유에서든지 삼성이 무너지면 우리 경제는 IMF 외환위기보다도 더 큰 경제위기에 처할 위험이 있다.

따라서 '잘나가는 삼성'을 배우자는 식의 일방적 찬양은 누구를 위해서도 바람직하지 못하다. 감시가 본연의 기능인 언론의 경우에는 더욱 그렇다. 하지만 정작 우리 신문과 방송들은 찬가만 불러댔다. 2004년 삼성전자가 순익 100억 달러를 기록하자 이를 대서특필했다. 물론, 언론 재벌들의 삼성 예찬은 어제오늘의 일은 아니다. 중앙일보는 이미 2003년 10월 18일자에 "3개월에 2조 원 이익 낸 삼성전자"라는 제목의 사설을 내고 "(성공한) 기업들의 성공 메시지가 우리 사회 전체에 스며들게 해야 한다"며 "국민은 불안하고 나라는 혼란스럽기만 하다. …… 정부와 정치권에 희망이 없다면 개별 기업들이 나서야 한다. 그 새로운 도약의 모멘텀을 바로 성공하는 기업들의 모범에서 찾아야 한다"고 주장했다.

아예 대학이 삼성학과를 만들어야 한다는 파격적 주장까지 있다. 조선일보 경제부장(2005년 5월 5일자)은 칼럼에서 "한국의 지성들이 모였다는 대학에서, 말도 안 되는 돌출 행동이 되풀이되는 배경에는 우리 사회에 존재하는 '일등 끌어 내리기'의 뒤틀린 정서가 깔려 있다"며 "사실 우리 사회에서 '삼성 배우기'가 가장 절실한 부문은 대학"이라고 주장한다. "우리 대학들이 정말 세계 속의 대학으로 나아가려면 삼성식 경영을 전문적으로 연구하는 '삼성학과'를 만들어도 부족하다"는 것이다.

그랬다. 삼성을 줄기차게 감시하고 견제한 것은 결코 언론이 아니었다. 오히려 언론의 찬가 속에 삼성은 공룡으로 커 갔다. 기실 안기부 X파일로 드러난 불법정치자금 제공, 이재용 씨에 대한 편법 증여, 금산법 위반 논란 따위는 공룡이기 때문에 가능한 현상들이다.

시민사회와 노동계의 줄기찬 투쟁으로 여론이 악화되자 삼성은 2006년 2월 7일 '국민께 드리는 말씀'을 발표했다. 이재용 씨가 얻은 '부당 이득'을 환원하는 차원에서 8,000억 원을 재단에 출연하고, 구조조정본부 축소 및 금융계열사의 사외이사 확대로 지배 구조를 개선하겠다는 것이다. 삼성은 또 앞서 언급한 공정거래법 헌법 소원을 스스로 취하하겠다고 밝혔다.

하지만 이는 무장 악화되어 가는 여론과 그에 부담을 느끼는 검찰의 압력을 비켜 가려는 삼성 특유의 '맞대응'에 지나지 않는다. 노조 탄압이나 황제식 경영이 상징하는 삼성 공화국의 지배 '원칙'에 대해서는 전혀 언급이 없다는 게 그 '증거'다.

삼성 저널리즘의 다섯 가지 특성은 공론장을 왜곡함으로써 삼성은 물론이고 한국 경제 그리고 더 나아가 대한민국의 미래를 어둡게 한다. 민주주의의 발전만이 아니다. 한국 경제의 지속가능한 발전을 위해서도 삼성과 언론의 동맹을 해체하고 삼성 저널리즘을 넘어서야 옳다.

삼성 저널리즘의 천박한 영혼에 '정신적 논리'를 제공하는 삼성경제연구소에 맞서 진보적 '싱크탱크'도 제 구실을 할 수 있도록 힘을 모아야 한다. 삼성과 언론의 동맹으로 상징되는 기득권 체제와 그 첨병인 삼성 저널리즘 앞에 시민 언론운동과 언론 노동운동이 손잡아야 할 절실한 이유도 바로 여기 있다. 시민운동과 노동운동 또한 마찬가지다.

아직 오지 않은 저널리스트를 기다리며

1

이 책 『어느 저널리스트의 죽음』의 마지막 장을 열며 새삼 저널리즘에 인생의 '황금기'를 바친 저자의 삶을 되돌아보게 된다. 1984년에서 2004년. 옹근 20년 동안 날마다 신문사로 출근했다. 2005년 1월 1일부터는 '비정규직'으로, 한겨레에 칼럼을 쓰고 있다.

저자가 언론계에 발을 들이민 1984년은 언론 비평의 시각에서 볼 때도 상징적인 해였다. 언어와 논리의 조작이 판치는 조지 오웰의 작품 『1984』는 고스란히 한국의 1984년이었다. '정의사회'를 내건 쿠데타 정권, '민주사회'를 내건 학살 정권의 서슬이 시퍼렇던 시기였다. 그 암울한 시대는 결국 저자에게 '언론 비평가'의 길을 걷게 만들었다. 민주주의의 위기가 미디어 공론장, 저널리즘의 위기와 맞물려 있다는 판단은 1970년 후반에 대학에 들어가 학생운동을 하고 1980년의 학살을 지켜본 누구에라도 지극히 자연스러운 결론이었다.

저자가 저널리즘 비평으로 처음 발표한 글은 "편집비판과 비판편집"이라는 평론이다. 1988년 1월에 열린 한국편집기자회 토론회의 발제문으로, 저자의 첫 언론 비평서인 『신문편집의 철학』(1994)에 "비판편집의 논리적 모색"이라는 제목으로 실려 있다. 동아일보 기자였을 때 쓴 그 평론에서 저자는 '비판편집'의 논리를 다음과 같이 제시했다.

"비판편집은 기사의 객관성이라는 허구를 거부하고 기사가 전달하는 사실의 의미를 역사적·사회적으로 분석하여 그에 근거한 가치 판단을 내려야 한다."

따라서 저널리즘은 "아카데미즘의 조류, 특히 역사학과 사회과학의 최근 성과들에 늘 깨어 있는 관심을 가져야 할 것"이라고 강조했다. "보도의 객관성은 가치 판단을 배제할 때가 아니라 가장 올바른 역사적 평가를 내릴 때 비로소 획득될 수 있기 때문"에 '비판편집'을 제안한 그 글은 저자가 저널리즘 비평에 나선 출발점이었다.

전두환 정권 시기에 편집국 편집부에서 일하면서 편집이 기본적으로 가치 판단 없이는 불가능하다는 사실을 깨달은 것은 언론 비평의 길을 걸어가는 데 소중한 밑절미였다. 군부독재 시절 '보도지침'이 횡행했었기에 더욱 그랬다. 이어 1988년 가을 한국기자협회가 발행하는 『저널리즘』 복간호에 "분단시대 민족언론의 길"을 발표했다. 저자가 '분단시대'나 '민족언론'처럼 언론학에서 조금은 낯선 개념들로 제시한 논리는 다음과 같다.

"민족이 분단되고 그 분단을 악용해 노동운동을 억압해 온 것이 우리 사회의 지난날이라면 분명 민족이 통일되고 실질적인 민주주의가 뿌리내려야 하는 것이 우리 사회의 내일이어야 마땅하다. 그렇다면 '오늘'은 과연 우리에게 무엇이어야 하는가. 민주주의와 통일. 그것은 아직 '오지 않은 현실'일 뿐만 아니라 '아직 완성되지 않은 개념'이다. 그것은 통일을 지향하는 민족언론이 논의의 활성화와 여론 조성을 통해 완성시켜 나가야 할 개념이며 미래인 것이다."

1980년대 분위기를 물씬 풍기는 "분단시대 민족언론의 길" 평론을 쓴 뒤 18년이 흘렀다. 하지만 지금도 저자는 "민족이 통일되고 실질적 민주주의가 뿌리내려야 하는" 과정에서 저널리즘이 담당해야 할 몫이 크다고 생각한다.

2

1990년대 들어 저자는 한국기자협회가 발행한『저널리즘』과『기자협회보』, 그리고 전국언론노동조합연맹이 발행한『민주언론』에 "민족통일운동과 언론노동운동"(1990), "언론노동운동의 현실과 과제"(1990), "남북 체육경기 편집의 새 길"(1990), "현단계 한국 언론의 정치적 과제"(1991), "숨은 권력과 편집국민주주의"(1991), "한국 언론의 신성동맹"(1991), "91년 동아사태의 본질과 교훈"(1991), "언론민주화운동의 현주소"(1992), "언론 개혁과 편집권 독립"(1993), "숨은 권력의 편집이데올로기"(1994)를 발표했다. 이어 1995년 1월부터 1996년 1월까지 전국언론노동조합연맹 정책기획실장으로 파견 나가 언론 개혁 운동에 나섰다. 그 시기에 언론 비평 주간지『미디어오늘』이 창간되어 편집위원으로 참여했다.

저자가 언론 비평가이자 언론 운동가로 활동하게 된 것은 언론 비평과 언론 운동을 벌여 나갈 역사적 조건이 마련되었기에 가능했다. 기실 분단 공론장에서 역사적 전환기마다 되풀이해서 나타났던 미디어의 폭증과 급감, 억압과 분출은 변증법적 과정을 거치면서 아래로부터 공론장을 조금씩 넓혀 왔다. 그것이 누적되면서 1987년 6월항쟁 뒤 분단 공론장의 구조 변동 조짐이 일어났다. 6월항쟁 뒤 공론장의 억압과 분출이라는 '주기적 순환' 구조가 되풀이되지 않았기 때문이다. 3·1운동 공간과 해방 공간, 그리고 4월혁명 공간과 달리 6월항쟁 공간에서 폭증한 미디어는 급감의 운명을 겪지 않았다. 이는 한국 공론장의 억압과 분출이라는 변증법적 순환 구조가 오랫동안의 양적 발전 위에 질적 전환을 이루기 시작했다는 것을 의미한다.

6월항쟁 공간에서 창간된 한겨레는 한국의 언론 역사에서 처음으로 편집국에 언론을 비평하는 부서로 '여론매체부'를 두었다. 한겨레 여론매체부에서 기자·차장·팀장·부장을 거치고 미디어 담당 논설위원을 맡으며 저자의 의도와 관계없이

'저널리즘 비평가'가 되었다. 최근 신문사는 물론이고, 방송사와 통신사는 언론을 담당하는 부서를 만들거나 미디어팀을 구성함으로써 활발한 언론 비평에 나서고 있다. 1988년 한겨레가 만든 뒤 12년 동안 여느 언론사 편집국에서도 존재하지 않던 여론매체부가 2000년 12월 〈연합뉴스〉에 신설되었다. 2001년 1월 국세청의 언론사 세무조사를 계기로 앞 다퉈 미디어 면도 만들었다. 더구나 문화방송·한국방송·교육방송이 미디어 비평 프로그램을 만들었고 여기에 인터넷 신문들이 가세함으로써 '언론 비평의 전성시대'라는 평가까지 나오고 있다.

무엇보다 한국 사회에서 언론을 비평할 때 고려해야 할 특수성은 이념적 지형이 여전히 닫혀 있다는 사실이다. 민주주의가 모든 사회적 쟁점을 공론장에서 논의하고 해결책을 마련해 가는 제도라는 점에 비추어 이는 대단히 중대한 결함이다. 사상과 표현의 자유를 근본적으로 부정하는 국가보안법의 존폐에 대한 논의가 '색깔론'으로 번지는 모습은 한국 민주주의의 수준을 적나라하게 드러내준다. 문제의 핵심은 바로 그 한복판에 한국 저널리즘이 존재한다는 데 있다.

사상의 자유와 표현의 자유를 가장 앞서서 옹호해야 할 언론이 되레 국가보안법을 적극 옹호하는 현실은 분명 잘못된 구조이다. 그 결과 한국 사회에서는 합리적 수준에서의 논쟁이 원천적으로 봉쇄되어 있다. 저자의 언론 비평이 보수와 수구 세력을 구분해 온 까닭도 여기에 있다. 민주사회의 기본 가치를 부정하는 수구 세력의 논리가 여전히 수백만 부씩 발행되는 지면 위에 지배적 '가치'로 전파되고 있기 때문이다.

더러 거칠고 더러 과격해 보일 수도 있지만, 이참에 명토 박아 밝히고 싶은 사실은 저자의 비평 척도가 민주주의의 원론적 수준과 상식에 있다는 점이다. 문제는 한국 사회의 이념적 특수성, 아니 이념적 협소성에 있다. 강준만 교수가 저자의 "언론 비판이 궁극적으로는 사회 비판"이라고 분석(『인물과 사상 3』, 1997)한 것도 이 때문이다.

무릇 미디어 비평의 주체는 언제든 또 다른 비평의 대상이 될 수도 있기 때문에 비평 주체 스스로 엄격한 도덕적 규범과 논리적 일관성을 요구받는다. 저자는 1997년 외환위기와 구제금융 체제를 계기로 한국 언론이 신자유주의와 '구조 조정'을 앞장서서 전파하는 현상을 '부자 신문'이라는 개념으로 비평해 왔다. 엄청난 순익을 남기는 부자 신문의 '구조 조정'과는 의도와 목표가 전혀 다름에도, 저자가 몸담고 있는 한겨레에서 '구조 조정'이 현실로 나타날 때 모르쇠 할 수 없었던 가장 큰 이유였다. 저자가 한겨레에 사표를 낸 사실이 〈연합뉴스〉와 〈오마이뉴스〉에 보도된 뒤 어느 토론회 자리에서 만난 한 경제학 교수는 농담을 건넸다.

"써 오신 글이 부메랑이 되었군요."

우스개로 던진 말이지만, 어쩌겠는가. 그것이 진실인 것을.

무릇 비평은 모두 부메랑이 아닐까 싶다. 상대에 대한 비평의 잣대는 자신에게 더 엄격해야 한다는 데 동의하는 까닭이다. "편집비판과 비판편집"(1988)의 글에서 저자는 비판편집의 개념을 제안한 것이 앞으로 "이론적 모색을 시도하고자 한 이유에서였다"고 밝혔다. 언론 현장에서 언론 운동가와 언론 비평가를 오가며 시도한 "이론적 모색"은 언론학 박사 학위 논문으로 이어졌다. 앞서 소개한 분단 공론장의 갈등구조론이 연구 주제였다.

지금 저자의 앞에는 여전히 달라지지 않은 한국 언론이 존재하고 있다. 저자가 걸어온 언론 비평의 길에 대한 회고가 새로운 '다짐'일 수밖에 없는 까닭이다. 언론 비평의 공간은 저자가 처음 언론 비평에 나설 때와 비교할 수 없을 만큼 넓어졌다. 반가운 일이다. 하지만 저널리즘의 죽음을 고하는 장송곡도 여느 때보다 퍼져 가고 있다. 언론 현장의 기자로서, 그리고 언론 연구자로서 앞으로도 저널리즘 비평과 실천의 길을 걸어가고 싶다. 그 길에서 언제든 어디서든 저자에게 돌아올 비평의 부메랑을 맞을 채비도 되어 있다.

3

저널리즘 비평의 실천으로서 비정규직 언론인이 된 오늘, 저자에게 희망은 젊은 저널리스트와 아직 오지 않은 저널리스트다. 젊은 저널리스트들에게 거는 희망의 근거는 충분하다. 지금 이 순간도 이 땅 곳곳에서 젊은 기자들이 권력과 자본이 숨기고 싶은 새로운 사실들을 발굴해 나가고 있다. 한국기자협회가 1990년 9월부터 달마다 신문 방송 통신의 기사 가운데 가장 좋은 기사를 심사해 시상하는 '이달의 기자상' 심사위원으로 참여하면서 얻은 소중한 희망이다. 문제는 일선 기자들의 노력이 애면글면 열매를 맺고 있는데도 한국 저널리즘이 불신받고 있고, 기자들 스스로 불신하는 이유에 있다. 그것은 이 책에서 보았듯이 우리 시대가 풀어 가야 할 중요한 의제들에 대해 한국 저널리즘의 의사 결정권자들이 제구실을 전혀 못하거나 오히려 가로막고 있기 때문이다.

앞서도 강조했듯이 1987년 6월항쟁 뒤 한국의 미디어 공론장은 구조 변동이라는 과도기를 맞고 있다. 저널리스트들의 죽음을 불러오고 있는 한국 공론장의 위기, 기실 그것은 분단 공론장의 위기일 따름이다. 바로 그 점에서 그 위기의 긍정성을 찾을 수 있다. 구조 변동의 과도기에서 저널리즘의 정립이라는 결론을 낼 일차적 주체는 저널리스트들 자신이다. 그것은 분단 공론장을 '해방 공론장'으로 만들어 가는 길이기도 하다. 이 책에서 한국 저널리즘의 외적 왜곡과 내적 배제를 가혹하게 드러낸 이유는 오늘의 저널리스트들이 자신의 생산물인 저널리즘에 어떤 착각이나 환상도 없어야겠다는 충정 때문이다. 저널리즘이 죽었다는 진실을 직시할 때, 부활의 문을 비로소 두드릴 수 있지 않겠는가.

이른바 '언론고시' 현상이 빚어지면서 저널리스트가 되는 게 쉬운 일은 아니다. 그 맥락에서 "똑똑한 사람이 들어와서 바보가 되는 곳, 그곳이 언론사"라는 말이 자조적으로 들리는 시대임을 저널리스트들 스스로 찬찬히 톺아볼 필요가 있다. 이 책에 실린 비평들은 주로 조선일보, 동아일보, 중앙일보에 집중됐다. 그 이유는 다른 데 있지 않다. 여론 시장에서 그만큼 그 신문에서 일하는 저널리스트들의 책임이 크기 때문이다. 영향력이 큰 만큼 책임의식도 그만큼 성숙해야 한다.

한국의 '미디어 공론장' 곧 분단 공론장의 존재는 한국 저널리즘은 물론, 민족 근현대사가 풀어야 할 오랜 숙제다. 6월대항쟁 뒤 한국의 언론 노동운동과 시민 언론운동에서 본격화한 언론 개혁 논의도 그 뿌리는 공론장의 활성화에 있다. 공론장의 활성화는 한국 민주주의의 성숙만이 아니라 남북통일을 맞이하기 위해서도 절실하다. 분단 공론장의 중층 구조를 벗어나지 않는 한, 통일은 다시 혼란을 불러올 수밖에 없다.

그래서다. 이 책에 마침표를 찍으며 아직 오지 않은 저널리스트들을 다시 불러오는 까닭은. 죽은 저널리즘을 살리는 길, 그 길을 걸어가는 것을 굳이 아름답다고 말하고 싶지는 않다. 하지만 분명한 것은 있다. 보람 있는 길이다. 어느 저널리스트의 죽음을 딛고 그 길의 어딘가에서 한국 저널리즘은 기어이 거듭날 것이기에 더 그렇다.